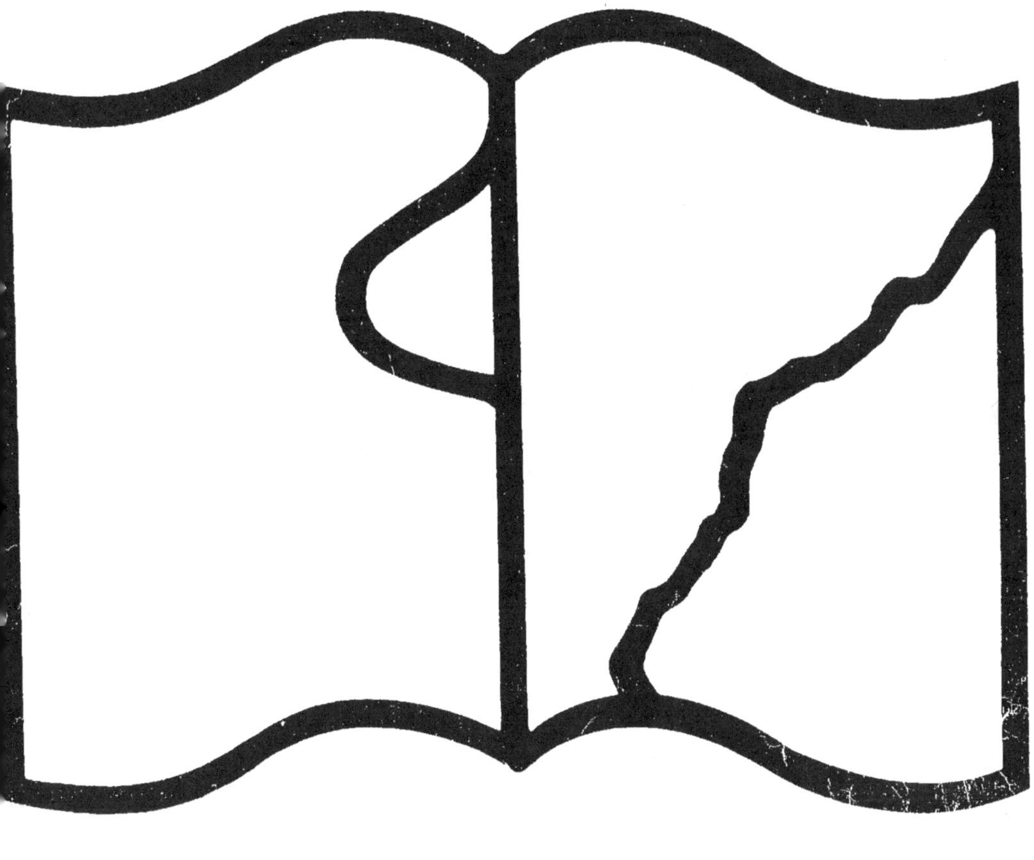

Texte détérioré — reliure défectueuse

NF Z 43-120-11

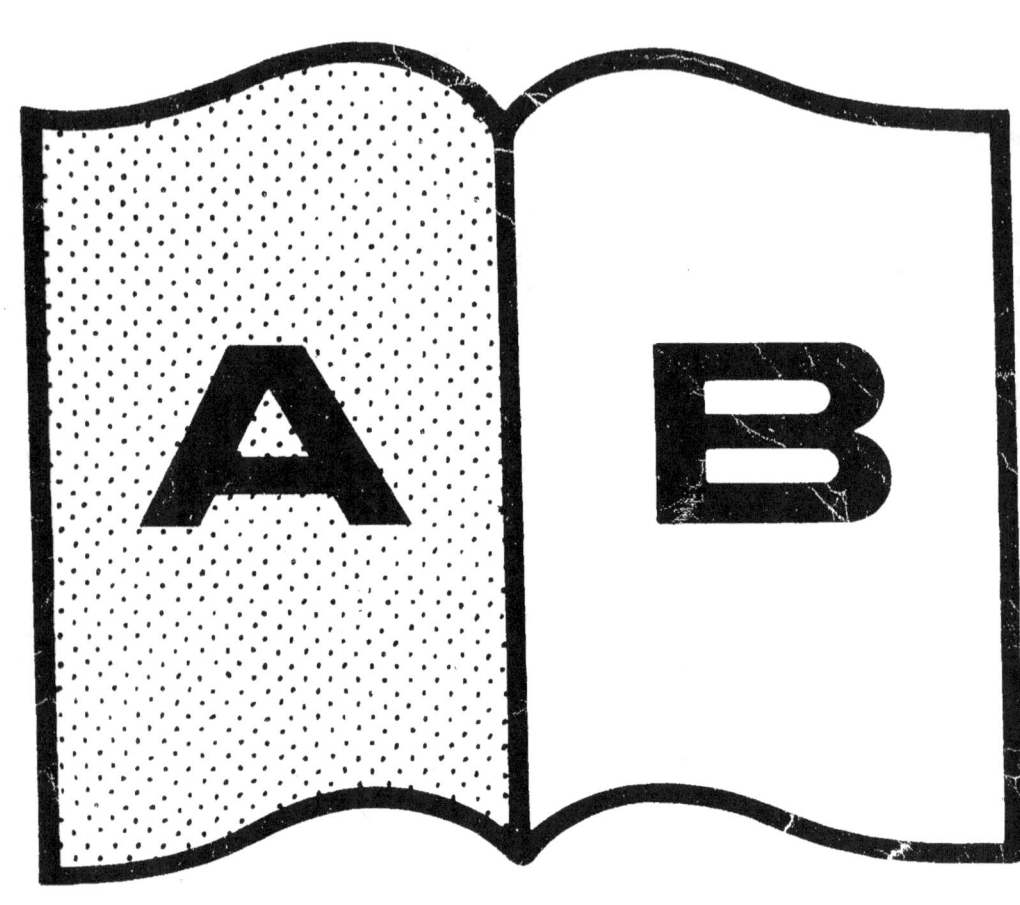

Contraste insuffisant

NF Z 43-120-14

EXPOSITION RÉTROSPECTIVE
DE NANCY

IMPRESSIONS
ET
SOUVENIRS

E. AUGUIN

Ingénieur civil des Mines
Rédacteur en chef du Journal de la Meurthe et des Vosges

NANCY
TYPOGRAPHIE G. CRÉPIN-LEBLOND
14, Grande-Rue (Ville-Vieille)

1875

EXPOSITION RÉTROSPECTIVE
DE NANCY

IMPRESSIONS
ET
SOUVENIRS

E. AUGUIN

Ingénieur civil des Mines
Rédacteur en chef du Journal de la Meurthe et des Vosges.

NANCY
TYPOGRAPHIE G. CRÉPIN-LEBLOND
14, Grande-Rue (Ville-Vieille).

1875

IMPRESSIONS

ET

SOUVENIRS

1875

EXPOSITION DE NANCY

IMPRESSIONS
ET
SOUVENIRS

E. AUGUIN

Ingénieur civil des Mines
Rédacteur en chef du Journal de la Meurthe et des Vosges.

NANCY

TYPOGRAPHIE G. CRÉPIN-LEBLOND

14, Grande-Rue (Ville-Vieille).

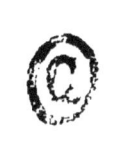

Tout succès dépend de l'étude des sources; mais on ne saurait croire combien de choses on découvre dans les sources par cela seul que d'avance on a été averti de ce qu'il y fallait chercher.

(SAVIGNY.)

1ᵉʳ juin 1875.

Comme tous les autres généreux sentiments l'amour du sol natal a ses heures de découragement et de défaillance. C'est pour le soutenir qu'il convient d'écarter quelquefois nos yeux des trop sombres images du présent ou des incertitudes de l'avenir et de reporter nos regards vers ce qui fut une gloire avant d'être aujourd'hui un refuge et une consolation ; vers le souvenir des grands faits accomplis par nos ancêtres ; vers la contemplation du milieu dans lequel nos pères ont grandi, vécu, aimé et souffert ; des armes avec lesquelles ils ont vaillamment défendu notre sol, des œuvres d'art qu'ils ont admirées, des meubles mêmes dont ils ont fait usage. Qui pourrait affirmer qu'en cherchant la raison de leur grandeur, les origines de leurs habitudes, les secrets de leurs préférences, là où nous n'étions attirés que par un intérêt de curiosité, nous ne serons pas retenus par le plaisir de trouver un enseignement et peut-être même un exemple ?

S'il en était ainsi, c'est à la Commission de l'Exposition rétrospective que nous serions redevable de l'occasion qui nous est offerte de faire un profitable retour vers les belles choses du passé. Elever nos cœurs par le respect des traditions perdues ; faire revivre dans notre souvenir la mémoire, sinon de tous, au moins de quelques-uns de ceux dont la vie est un titre de gloire pour la Lorraine tout entière, tel est sans doute le but que s'est proposé la Commission, but auquel nous avons applaudi dès le premier jour.

Voilà en quelques mots ce qu'est l'exposition rétrospective.

La Commission a-t-elle absolument atteint le but qu'elle se proposait ? N'y a-t-il pas dans son œuvre des côtés imparfaits ? C'est là un point délicat dont tous les visiteurs seront juges. Si nous le soulevons, c'est pour exprimer d'une manière tout à fait franche notre opinion sur cette question qui ne manquera pas d'être controversée.

Sans doute il eût été désirable, à tous les points de vue, qu'une méthode, procédant à la fois des principes de l'art et de l'histoire, eût présidé à la classification des divers objets exposés. Nous sommes toutefois les premiers à reconnaître que les membres de la Commission se sont trouvés le plus souvent dans l'impossibilité absolue de satisfaire les exigences d'une semblable classification. Comment en effet diviser les objets exposés en catégories parfaitement tranchées, lorsque certains collectionneurs ne prêtent leurs vitrines, (parfois composées d'objets les plus hétérogènes), qu'à la condition de n'en distraire ni déranger aucun objet ? Et, il faut bien le dire, autant de collectionneurs, autant d'*ultimata*. Il n'y avait donc qu'un parti à prendre, parti que les artistes et les érudits regretteront sans doute — comme nous, mais qu'ils auront la raison — comme nous encore, de ne point blâmer, en songeant qu'il valait mieux plier devant les exigences des prêteurs et exposer çà et là de très belles choses que de décourager les bonnes volontés naissantes, et de ne rien exposer du tout.

Ajoutons de suite que ce qui a été perdu

pour la science a profité au côté séduisant de l'imprévu, du brillant, du pittoresque. Le groupement des divers objets n'est point heureusement du désordre; ou plutôt c'est un désordre prévu, combiné, cherché; un beau désordre enfin — qui comme on sait est un effet de l'art. Jamais paradoxe ne s'est mieux vérifié.

Nous en appelons à tous ceux qui auront comme nous ressenti ce mélange d'admiration et d'étonnement qu'on éprouve infailliblement en franchissant le seuil de la grande salle. C'est merveille vraiment que de voir un tel entassement de choses de toutes provenances, de toutes couleurs, de toutes espèces, groupées avec une irrégularité qui n'exclut pas l'harmonie. Les trois couleurs dominantes dans cette confusion de nuances sont celles du brun, du bleu et du blanc : des meubles, de la céramique et des décors de la salle, sur lesquels se détachent le ton puissant des vieilles tapisseries et les étincelants cliquetis du cristal des lustres.

Donc, succès véritable d'effet; utilité réelle obtenue au point de vue de la science et de l'histoire : tels sont les véritables caractères de l'exposition rétrospective à Nancy. Les résultats atteints eussent-ils même été moins intéressants et moins dignes d'éloges, nous voudrions être encore les premiers à louer sans réserve ce qui a été obtenu.

Trop facilement, en province surtout, on cède au sentiment qui fait envisager par le petit côté les résultats d'une excellente entreprise. On cède au malin plaisir de critiquer, avant de s'être rendu compte de ce qu'il faut de soin, de patience, de volonté, de persévérance et quelquefois même de courage pour triompher des routines et des obstinations de tous ceux qui ne veulent point qu'une chose se fasse pour cette seule raison qu'elle ne s'est jamais faite.

Après avoir vu de près et longuement cette exposition, nous sommes convaincu que tous ceux qui comme nous, pourront se rendre compte des difficultés vaincues, en parcourant cette salle enrichie pour deux mois de véritables trésors, rendront un juste hommage au dévouement des uns et à la complaisance des autres : des uns qui ont tout fait pour obtenir ; des autres qui ont beaucoup risqué pour prêter.

Et maintenant, après avoir cherché à expliquer comment nous avons compris l'œuvre de la Commission et ce qu'elle a fait, disons de suite dans quelle pensée nous avons entrepris le travail que nous nous proposons de publier.

C'est en parcourant cette vaste collection d'objets d'art, en ajoutant nos impressions particulières aux souvenirs de tous, que l'idée nous est venue d'établir, autant que possible, sinon un lien historique — ce qui eût été impossible — du moins un lien littéraire entre tous ces témoins épars d'époques dont les mœurs nous sont aujourd'hui presque inconnues.

Mais au moment d'entreprendre notre travail, nous nous sommes trouvé en présence d'une difficulté sérieuse. Quel ordre suivre ? Quel plan adopter ?

Celui de la salle ? Mais nous avons dit qu'il n'a aucun rapport avec l'histoire du pays.

Celui des catégories ? Mais il y a tant d'objets qui sont uniques de leur espèce !

Voici de quelle manière — très imparfaite, nous ne nous le dissimulons pas — nous avons éludé cette difficulté.

La portion de la salle qui se trouve à gauche en entrant est presque entièrement composée de meubles *meublants*, disposés par panneaux et travées, entre lesquelles il est peu aisé d'établir une classification de genre d'époque et de style.

A droite sont des vitrines littéralement encombrées de menus objets, dont quelques-uns ont été le plus et le mieux classés qu'il était possible à la Commission.

Dans la partie gauche, nous n'avons pas cru qu'il fut utile de diviser les objets exposés par groupes ou par séries. Nous nous sommes donc contenté de procéder à un examen raisonné aussi minutieux que possible de tous les objets saillants de cette partie de l'exposition.

Quant à ceux qui sont classés dans les vitrines, nous nous sommes attaché à compléter l'œuvre de la Commission en les groupant par catégories distinctes, dans lesquelles nous avons, autant qu'il nous a été possible, cherché à établir un ordre chronologique. Nous avons dû franchir, en les mentionnant, bien des lacunes, notamment dans les ivoires, les bronzes et les meubles. Notre première pensée avait été, on le voit, de jeter, en rapprochant les types divers exposés, les bases d'un travail d'ensemble sur l'histoire générale de l'Art en Lorraine. Nous avons dû, faute de documents, nous contenter le plus souvent d'ajouter simplement quelques notes et quelques appréciations historiques aux renseignements toujours un peu froids du catalogue ultérieurement publié par la Commission.

En le faisant, nous avons pensé être utile aux visiteurs. Si le résultat avait trahi nos intentions, nous sollicitons pour notre travail, tout insuffisant qu'il soit, l'indulgence à laquelle lui donnent droit les difficultés que nous avons éprouvées lorsque nous avons voulu ne point nous borner à une simple nomenclature dépourvue de tout intérêt.

Nous ne saurions point d'ailleurs entreprendre

notre examen sans avoir remercié du bon concours qu'ils nous ont prêté, tous les membres de la Commission et plusieurs collectionneurs nancéiens à l'obligeance et aux souvenirs personnels desquels nous avons mainte fois pris la liberté de faire appel.

I

MEUBLES MEUBLANTS

Meubles meublants

(Côté opposé aux fenêtres.)

A l'entrée de la grande salle, un chef-d'œuvre d'ébénisterie mêlée d'orfévrerie s'impose à l'attention de tous les connaisseurs. C'est une haute pendule, style rocaille, d'une exécution parfaitement pure. Les cuivres sont ciselés d'une façon remarquable. On sait que la dorure au mat du bronze est une invention française tout à fait moderne qui remonte seulement à la fin du règne de Louis XV. Cette découverte, due à Gouthières, ouvrit à l'orfèvrerie une carrière nouvelle. On dora les pendules, les flambeaux et une foule d'ornements. Le bronze devint dès lors un objet de luxe et d'ameublement et, dans cette voie, ses progrès allèrent toujours croissant. Jusqu'à cette époque on s'était surtout appliqué à mériter l'approbation des connaisseurs par la pureté des formes, la délicatesse des ornements, et on suppléait à l'éclat factice des dorures par le poli du cuivre obtenu au brunissoir. Cette pendule, antérieure à la découverte de Gouthière, a été gracieusement envoyée par la ville de Metz. C'est sans contredit l'une des pièces les plus belles du Salon. La composition en est très-harmonieuse de formes. La figure expressive du Temps qui, penché sur le cadran, fauche les heures au moment où elles s'en échappent, est d'un magnifique effet. Cette horloge est peut-être l'objet qui, dans toute la salle, frappe le plus les collectionneurs curieux d'étudier les types parfaits de l'époque de Louis XV. (26.)

A côté de cette pendule et le long du chambranle de la porte d'entrée, se trouvent trois Croix dont nous reparlerons lorsque nous traiterons des objets d'orfévrerie.

Passons de même sans nous arrêter devant le premier meuble qui se présente au visiteur, à gauche de la porte du grand salon. C'est là sans doute une élégante vitrine, mais qui n'affiche point de prétention à l'ancienneté. Tenons-la simplement pour un joli spécimen de l'art moderne et réservons l'examen de son contenu pour le moment où nous classerons en catégories les objets de vitrine.

Sur cette vitrine elle-même, il convient de remarquer un hanap italien en vermeil, appartenant à M. de Scitivaux, hanap d'une forme très élégante. Sans nous arrêter outre mesure à la tapisserie de M. G.-Picard, placée au-dessus, réservons notre attention pour le meuble, très curieux par sa disposition générale, qui fait suite à la première vitrine. (342.) Ce meuble est une armoire qui se compose de trois corps, dont les deux faces extrêmes sont en retrait sur la face du milieu. L'ensemble de cette armoire, un peu hétérogène, est évidemment composé de pièces dont le style appartient à différentes époques et dont la fabrication paraît aussi ne point devoir être attribuée à une même origine. C'est ainsi que les panneaux qui semblent à première vue s'inspirer d'un sentiment italien, sont simplement l'œuvre d'un artiste de la Lorraine. Les sujets sculptés qui décorent les deux vanteaux de la porte du milieu ont été longtemps la propriété d'un jardinier des Trois-Maisons, avant de devenir celle de M. Gény, père. Ils ont été rapportés à ce meuble, dont la fabrication générale paraît plutôt se rapporter à la portion de la Lorraine voisine de l'Alsace qu'à toute autre provenance. Les sujets de ces panneaux sont empruntés à deux compositions célèbres de Raphaël. Celui de gauche représente Adam et Eve chassés du Paradis par la Colère céleste. Le sujet du panneau de droite rappelle sensiblement comme disposition le tableau du Louvre où l'archange Saint Michel terrasse le démon. Le caractère le plus remarquable de la décoration de ce meuble est peut-être celui de la portion inférieure où se trouvent deux rosaces d'un style très soutenu et très élégant. L'ornementation y est sobre et cependant d'une expression délicate. Cette armoire nous paraît toutefois digne surtout d'attention par la disposition même du plan qui, bien qu'il garde une certaine élégance, n'est peut-être pas à imiter.

Au-dessus du meuble de M. Gény est un énorme coffre, d'un travail japonais, en laque incrustée de nacre, dont on ne s'expliquerait que difficilement l'emploi, si l'on n'en connaissait l'origine. (343.) Sous le règne de Louis XIV, le prince Marc de Beauveau, prince de Craon, administrateur de la Toscane pour le compte de François de Lorraine, envoya au roi de France les restes d'un martyr, massacré au Japon. Ces restes se trouvaient avoir été rapportés dans le coffre que nous avons sous les yeux. Lorsque le prince de Beauveau remit au roi ce précieux trésor, le roi fit don au prince du coffre dans lequel le martyr se trouvait renfermé. Ce coffre est devenu depuis la propriété de la famille. Il est d'un travail très délicat ; on peut d'ailleurs en juger plus facilement si on le compare au coffre identique, mais d'une dimension moindre qui se trouve à l'extrémité de la première grande table.

Des deux côtés du coffre sont deux belles potiches bleues du Japon à M. de Carcy. (344, 345.)

Presque à côté et tout à fait dans l'angle du salon nous trouvons une curieuse encoignure en laque de Chine appartenant à M. Dupont. (340.)

Au-dessus de cette encoignure, se trouve exposée une chasuble appartenant à l'évêché. (341.) Cette chasuble, remarquable spécimen de broderie du XVIIe siècle, vient de l'abbaye des Prémontrés de Pont-à-Mousson. Cette abbaye fût, on le sait, construite et meublée avec complaisance au XVIIe siècle, parce que là était le Noviciat de l'ordre. La tradition est que les princesses et les dames de haute noblesse tenaient à honneur de broder pour l'abbaye les principaux sujets des ornements sacerdotaux. Ces ornements étaient ensuite achevés et montés par les religieux. C'est pour ce but que fut fondé un atelier dans le bâtiment lui-même, atelier qui, après avoir fait simplement des réparations, se livra bientôt à la confection et à la fabrication. Il est sans doute difficile de dire si la chasuble qui nous occupe est un don ou un produit de l'habileté des religieux. Elle est gardée aujourd'hui au Petit-Séminaire où on la réserve exclusivement pour les solennités exceptionnelles. Comme elle avait subi quelque peu l'action du temps, sa réparation a pu être faite, grâce à l'obligeance de trois Sœurs de la Doctrine chrétienne.

Au-dessus de la chasuble dont nous venons de parler, se trouve un portrait représentant une guerrière le corps couvert d'une cuirasse. Les traits sont empreints d'une certaine fermeté. On croit que le portrait est celui de Jeanne-d'Arc. La peinture nous paraît plutôt italienne que française, elle procède directement de l'école de Léonard. Ce tableau est la propriété de M. de Braux.

Nous voici au centre du premier groupe composé par des meubles en grande partie de style Louis XIV. Une table encore toute dorée appartenant à M. de Luxer nous fournit un exemple remarquable du style français du XVIIe siècle dans toute sa majesté. C'est bien là cette puissante affirmation des lois de la convenance dans la forme qui distingue la laborieuse et autoritaire époque de Louis XIV. (325.) Il semble que, sous le grand règne, les meubles, non moins rigides dans leur disposition générale que pendant la période qui précède, empruntent un aspect mieux en rapport avec leur véritable destination et surtout avec les mœurs du moment. Les meubles ont toujours été et resteront l'image fidèle des mœurs prédominantes dans les sociétés pour l'usage desquelles ils ont été fabriqués ; et, entre tous les meubles, les tables sont peut-être ceux dont la transformation est la plus délicate et la plus intéressante à saisir. Sous les Gaulois, peuple quasi nomade et siégeant sur le foin, la table s'élevait à peine au-dessus du sol. Avec la civilisation gallo-romaine et l'introduction des lits, elle reprit sa hauteur normale. Mais sa destination fut encore presque particulière aux repas. C'est pourquoi ses dimensions en longueur augmentèrent avec les traditions hospitalières du moyen-âge, les tables des seigneurs servant surtout aux banquets d'apparat. Au XIe siècle, les croisades transformèrent singulièrement les mœurs de la noblesse. L'habitude des camps et l'exemple des mœurs orientales firent sentir curieusement leur influence. La table disparut presque un moment pour faire place, dans les sociétés élégantes, à l'usage du tapis qu'on posait par terre, comme en Asie, et autour duquel on prenait le repas. Ce ne fut qu'au XIIe et au XIIIe siècle que la table reparut dans les festins. A partir de ce moment, elle fut souvent ornée, mais elle garda encore, et même sous la Renaissance, un rang presque secondaire parmi les meubles d'un usage habituel. Ce n'est donc point sur l'ornementation des tables que s'exerça principalement l'imagination des artistes. Sous Louis XIII elle revêtit la forme correcte et austère dont tout l'ameublement était lui-même empreint. Il appartenait à l'époque de Louis XIV de lui donner, sans rien lui faire perdre de sa solidité apparente, un peu de cette élégance de bon goût qui est le caractère principal de l'ébénisterie française. Toutefois, comme il ressort clairement du type magnifique que nous avons sous les yeux, les tables de cette époque furent faites encore, malgré tout le luxe dont on les entourait, pour supporter des pièces massives. Leur disposition ne dut donc point exclure l'idée d'équilibre et de force qu'elles expriment par l'épaisseur de la tablette généralement en marbre, par la rectitude, la largeur et l'aplomb des pieds ; ces pieds, s'évasant dans la partie supérieure, deviennent le prétexte d'ornements nombreux sur les traverses qui relient encore entr'elle la partie inférieure du meuble, comme pour assurer sa parfaite stabilité. Envisagée à ce point de vue, la table de M. de Luxer est un remarquable spécimen du style Louis XIV appliqué à la table de bois dans toute la pureté de son ornementation à la fois massive et opulente.

Qu'on nous pardonne cette digression, à propos d'un meuble. S'il est vrai que le spectacle de nos modes passées puisse être un sujet de sérieuses études, il n'en est pas, selon nous, de plus intéressant que l'examen des formes et des raisons de convenance dont l'habitude s'est peu à peu imposée aux générations qui nous ont précédés.

Passant de ce meuble lui-même aux objets d'art qui sont groupés au-dessus, nos regards se portent sur un grès allemand du seizième siècle extrêmement curieux, (325) à M. Dauvé. Ce grès porte près du col la date 1588. Une grande partie des gourdes de la Renaissance se distinguent par leur forme plate. Quelquefois elles sont disposées en couronne, mais toujours elles portent sur la partie supérieure des ornements en relief le plus souvent bleus, dont le dessin varie à l'infini. Tous nos lecteurs savent l'intérêt qui s'attache à l'étude des *grès*. Ce nom convient à toutes les poteries à pâtes compactes et opaques, assez bien cuites pour n'être point rayées par le fer, et faire, tout au contraire, feu par le briquet. Les grès qui, souvent, sont plus résistants que de la porcelaine dure, en diffèrent surtout par leur opacité et aussi par leur coloration ; mais rien n'empêche d'obtenir des grès blancs. On parvient à la dureté du grès par la cuisson ou par l'adjonction, parmi les argiles diverses, d'une base capable de former un

silicate fusible qui produit un commencement de
vitrification. C'est au premier procédé que nous
pensons devoir attribuer la finesse et la dureté des
grès-cérames particulièrement en usage chez les
Flamands. La base de ces grès est, en effet, une
argile très plastique et peu ferrugineuse, contenant
une grande proportion de sable fin, mais peu ou
fort peu de chaux qui en altérerait la dureté. La
cuisson de ces grès exige une température
fort élevée. Le grès-cérame dont nous avons là un
superbe exemple, n'était pas connu avant le XVe
siècle ; cette poterie s'est modifiée à partir de
1615 environ, et les grès fabriqués depuis, sous le
même nom, n'offrent plus le même caractère. Ce
fut la poterie de luxe des Flamands et d'une partie de l'Allemagne ; elle revêtit, chez eux, les
formes les plus bizarres et les plus imprévues.

L'exemple qui nous est offert est assurément l'un des plus élégants que nous ayons vu ;
sa décoration est d'un goût sûr et d'une grande
finesse d'exécution. Les casques et les armes qui
sont mêlés aux rinceaux, non moins que la forme
et la matière, assignent à cette gourde une origine
allemande. Il est curieux de rapprocher son ornementation de celle qui se trouve dessinée dans
le tome IV du *Moyen-Age et de la Renaissance*.
Les reliefs bleus nous paraissent avoir été obtenus
par une peinture contenant de l'oxyde de cobalt.

Presque à côté, nous trouvons une pendule intéressante, appartenant à M. Dupont, et dont l'origine évidemment anglaise nous paraît remonter au commencement du dix-septième siècle.

Sur la table de M. de Luxer sont encore deux ivoires à M. Butte, une Vierge, pareillement en ivoire, qui nous paraît espagnole, à M. Bertaux, ainsi qu'un buste de vieillard en terre cuite à M. Bouchotte, derrière lequel est une signature : *Lepeau*. Cette signature est postérieure à la cuisson de la terre, ce qui permet de n'y attribuer qu'une importance secondaire. Le piédestal est d'Adam. Nous y reviendrons en temps et lieu.

N'allons pas plus loin sans remarquer un vieux cabinet italien en ébène dont les portes sont ornées de deux reliefs très élégamment traités, et qui appartient à M. de Haldat. (332.) Au-dessus se trouve un petit meuble délicat, orné de cuivres, qui ressemble à certains coffrets vénitiens. Ce meuble curieux est la propriété de Mlle Rollin. (314.) La croix de bois, placée au-dessus, toute entière incrustée en nacre, appartient à M. Butte. (333.) On trouve un certain nombre de ces croix en Palestine. Nous remarquerons plus loin un coffre de même genre qui lui sert de pied. Des deux côtés sont deux faïences italiennes, genre Gubbio, à M. Dupont. (335.)

Le premier panneau est séparé du second par

un meuble que nous considérons comme très intéressant dans son espèce. (317.) A certains indices, notamment à la multiplicité des bois employés, il est facile de reconnaître un meuble de la Vallée du Rhin. Son état de conservation est remarquable, si l'on tient compte de la nature de ces bois très tendres. En considérant la composition même du meuble, la forme d'autel donnée aux décorations des portes dans les deux corps, les statues religieuses qui ont garni dès l'origine les deux niches pratiquées dans l'entrecolonnement, il est à supposer que cette armoire a été primitivement destinée à quelque monastère. Les caractères même du meuble paraissent étranges, les colonnes ioniques ont une longueur de fût hors de toute proportion avec les autres éléments ; celles des portes sont renversées comme si l'artiste avait tenu à bien indiquer qu'elles n'intervenaient là que pour un motif de décoration et qu'elles ne jouaient aucun rôle sérieux dans la stabilité du meuble. Un des caractères les plus remarquables est l'ornementation de la façade obtenue par des incrustations de poirier découpées dans une seule surface cylindrique et appliquées sur le fût en les encastrant dans le corps même des colonnes. Les statuettes qui ont été ajoutées depuis, à l'exception des deux figures qui sont placées dans les niches et qui remontent à l'époque même du meuble, sont lorraines, très fines, du XVIIe siècle et proviennent de la collection de M. Gény. Les ferrures sont les types de la serrurerie allemande au XVIIe siècle. C'est, à n'en pas douter, sur des meubles de ce modèle que s'inspiraient les ébénistes alsaciens, dans la fabrication de leurs armoires à bois variés, si répandues aujourd'hui sur le versant occidental des Vosges. Rien que dans le travail de la façade antérieure, on peut reconnaître la présence du sapin, du noyer, du frêne, du chêne, de l'érable, du poirier et du cerisier. C'est du reste le seul exemple de ce genre qui soit à l'exposition. Ce meuble fut laissé à Nancy au moment de l'évacuation par le chargé d'affaires allemand, M. Radolinski, d'où il est devenu notre propriété particulière. M. Radolinski l'avait rapporté de Stuttgard.

Au-dessus, remarquons, pour les retrouver plus tard, deux bustes largement exécutés par Sigisbert Adam, à M. Martin, et le pied de la croix incrustée de M. Butte. (318, 319, 320.)

Dans le même genre que l'armoire précitée, mais purement alsacien, est le fauteuil de M. Noël en bois découpé et sculpté qui se trouve près de l'armoire de M. Gény. Ce fauteuil du XVIIIe siècle est un spécimen de l'art alsacien à cette époque. Il témoigne, par certaines de ses décorations, de ce fait, qu'à un moment où l'art français avait entièrement changé de caractère, l'art alsacien avait conservé certaines traditions de la Renaissance italienne. Ce fauteuil porte la date : 1739. (337.)

A droite de l'armoire allemande, nous nous trouvons pour la première fois en présence d'un *groupe* charmant du sculpteur éminemment Lorrain, Cyfflé. Le sujet représente *Renaud et Armide*. (301.)

De ce groupe nous préférons ne rien dire, ainsi que de son pendant, afin de ne point déflorer un sujet — l'œuvre de Cyfflé — que nous nous proposons de traiter longuement à l'article des *Terres de Lorraine*. Contentons-nous d'en admirer en passant le fini et la grâce; nous aurons occasion d'y revenir lorsque se présentera la charmante vitrine où se trouvent réunies les pièces si intéressantes de l'œuvre de Cyfflé que la patience et le goût de M. Morey ont pu réunir.

Ces deux groupes sont placés sur deux encoignures en vieille laque de Chine qui ont un haut intérêt, en raison de leur ancienneté et du travail en creux à laquelle le vernis Chinois a été soumis avant d'y poser les ors. Ces deux meubles remarquables ne pouvaient être passés sous silence. Donnés par Louis XVI à un secrétaire d'ambassade, M. Cotler, ils sont devenus la propriété de M. Butte. (298, 299.)

Avançant quelque peu, nous nous trouverons en présence d'un ensemble d'objets dont le rapprochement savamment conçu fait valoir avec goût le style si délicat de la période Louis XVI. Sur une très belle commode de cette époque, appartenant à M. Noël, (292) où l'on apprécie la valeur des cuivres appliqués à la fois avec convenance et discrétion, se trouve réunie dans un esprit parfait une magnifique garniture de cheminée, à M. de Perceval. (293, 302, 303.) Entre la pendule d'un très beau style et les flambaux sont suspendues deux appliques anciennes, spécimens très rares de *vieux Saxe*, à M. Dupont. (310, 311.) Cet admirable ensemble se trouve couronné par un gracieux trophée d'objets d'arts de la même époque qui sont, presque tous, la propriété de M. de Scitivaux. Le ravissant portrait de jeune femme qui figure au centre (178.) est un chef-d'œuvre de délicatesse dû au pinceau de Nattier. Quelques-uns ont prétendu que cette figure était celle de Mme Dubarry, mais aucune présomption sérieuse ne permet d'ajouter foi à une supposition aussi dénuée de fondement. Tel qu'il est, ce portrait reste un véritable chef-d'œuvre de peinture rehaussé de tout l'éclat d'un superbe cadre d'époque qui en fait merveilleusement valoir la grâce et la fraîcheur. A droite et à gauche sont deux charmants pastels dont l'un, celui de droite, qui appartient à M. de Scitivaux, est un original très authentique de Latour. En contemplant cette délicieuse tête de jeune fille on se sent pris d'admiration pour le maître du genre. Suave sans mollesse, il finit jusqu'au bout et reste léger. Ses touches indicatives, osées, exagérées de près, sont d'une vérité frappante à la distance voulue. Quand on a l'œil sur la toile, on dirait d'un assemblage fortuit de légères hachures et d'épaisses traînées de lumières; mais, si on recule de trois ou quatre pas, on retrouve, à travers ces badinages du crayon, dont la familiarité est calculée, tous les accents et tous les accidents de la vie. Les yeux sont humides, les lèvres remuent, les narines respirent, les cheveux poudrés se soulèvent, et quelques touches de blanc, posées sur le front, étendues sur les pommettes, frappées sur les os et les cartilages du nez, en font sentir sans dureté les places en relief, tandis que les tournants se reflètent et conduisent l'œil dans l'espace qui sépare la tête de son fond. Le fondu et l'accord de ses teintes, il les obtient par une juxtaposition savante, et les laissant se marier d'elles-mêmes, il les applique juste, hardiment, avec sûreté et ne les tourmente plus. De là cette vivacité amusante, cette tenue, ce mélange de fermeté et de souplesse qui faisaient dire au baron Gérard montrant une tête ébauchée de Latour : « on nous pilerait tous dans un mortier, Gros, Girodet, Guérin, tous les G, qu'on ne tirerait pas de nous le morceau que voici » (1).

Moins séduisant peut-être comme aspect, mais digne d'un tout autre intérêt historique est le pendant de cette gracieuse tête de jeune homme, un pastel aussi, (signé : *Fredon* et appartenant à M. le comte du Coëtlosquet), qui nous retrace avec un sentiment profond les traits du jeune duc de Bourgogne voué par la maladie, comme l'indiquent les deux dates inscrites sur le cadre, à une mort prématurée. Plus large peut-être d'exécution, ce pastel se recommande à l'attention des connaisseurs par l'accent de profonde vérité qui se dégage de ces traits empreints d'une mélancolie maladive et par une fermeté d'exécution qui n'exclut ni la suavité ni la grâce. (94.)

Nous avons vu quelques visiteurs incertains sur la personnalité historique de ce jeune prince dont la vie s'est écoulée si rapidement (1751-1761). D'après les recherches que nous avons faites, cet enfant, duc de Bourgogne, dont il n'est point ou dont il est fort peu fait mention dans l'histoire, n'est autre que Louis-Joseph Xavier, duc de Bourgogne, né le 13 septembre 1751. Son père était Louis Dauphin, fils de Louis XV et sa mère Marie-Josèphe de Saxe, fille de Frédéric Auguste,

(1) Charles Blanc. *Grammaire des arts et du dessin*.

roi de Saxe et de Christine de Brandebourg. Il était donc petit-fils de Louis XV et frère de Louis XVI, né trois ans après lui. Il eût occupé le trône de France si la mort ne l'eût enlevé si promptement.

Au-dessus de ces trois remarquables tableaux, une magnifique glace de Venise complète l'ensemble de ce groupe dont rien ne dépare l'harmonie. Tout y est beau, simple et sincère, jusqu'aux meubles de salon, style Louis XV, fin Louis XIV, appartenant également à M. de Scitivaux. Ces fauteuils sont revêtus de tapisseries d'Aubusson dont l'éclat n'a rien perdu depuis un siècle et demi et dont les sujets gardent encore, malgré l'irréparable outrage du temps, la fraîcheur et la grâce des premiers jours. (312, 313, 315.)

Avant de quitter ce joli groupement dont l'honneur revient entièrement aux artistes du siècle précédent, approchons-nous, et ne craignons point d'examiner tout à fait en détail de jolis riens, qui font aujourd'hui le désespoir de ceux qui n'ont plus ni l'inspiration gracieuse ni la féconde facilité de nos artistes passés. Voici deux groupes placés en pendants sur deux consoles de style. L'un est une de ces petites mièvreries galantes comme la fabrique de Saxe excellait à les faire. L'autre, plus sérieux, et non moins beau, est un sujet agreste. Combien ressortent mieux à côté d'objets de même époque, les tons harmonieux de ces groupes placés symétriquement, notamment de cette chasse en *vieux Saxe* appartenant à M. de Setivaux! Mais ce n'est là qu'un des côtés du *vieux Saxe*. Il y a dans cette porcelaine tout un monde de compositions liliputiennes, chefs-d'œuvre de vivacité et d'esprit dont les quatre petits mirmydons de M. de Perceval placés sur la partie supérieure de sa pendule peuvent à peine nous donner une idée. (293, 304, 309.)

Tout à côté, Cyfflé se trouve encore représenté par son joli groupe de la *jeune fille à la fontaine surprise par des chasseurs*. Ce groupe est aujourd'hui l'un des plus disputés par les amateurs. (300.)

Certes, il y a des moments où l'on se prend à maudire la rigidité inflexible de la corde qui défend d'approcher de toutes ces merveilles. Comment en effet apprécier à leur juste valeur ces charmantes compositions que nous avions cru d'abord destinées à deux éventails et qui, sous verre, se détachent sur un fond noir? Ce doivent être tout simplement deux écrans ; mais combien jolis sont ces sujets délicatement traités à la gouache! Sans doute, si quelqu'un doit plus que nous en vouloir à cette terrible corde, c'est sans contredit M. de Meixmoron, propriétaire de ces charmantes petites peintures. (304, 305.)

Après avoir mentionné les bols en japon (296, 297.) sur cuivre à M. de Marnezia et les coupes de Delft, à M. Hemmerdinger (294, 295.) sur le devant de la table, il ne nous restera plus, pour avoir terminé l'examen de la deuxième série, qu'à attirer l'attention du visiteur sur les trois remarquables Boucher qui se trouvent suspendus, à la partie supérieure, entre chaque groupe. Deux de ces Boucher, dont l'un, le plus joli, est gravé, sous le titre du *Chapeau de paille*, ont toujours été la propriété de la famille de M. de Scitivaux. On ne peut que regretter que la hauteur à laquelle ils se trouvent placés ne permette pas suffisamment d'en apprécier l'incontestable valeur. Deux de ces tableaux ont été donnés à M. de Scitivaux par M. Guerrier de Dumast.

En poursuivant notre examen, toujours dans le même sens, nous nous trouvons brusquement obligés de remonter de plusieurs siècles. Nous voici devant un vieux meuble lorrain, éminemment curieux, (284.) provenant de la collection de M. Gény. C'est un coffre sur pied appartenant, à n'en pas douter, à l'époque de transition qui a précédé la Renaissance. Les serrures, délicatement découpées, sont, suivant l'usage, placées sur un fond rouge destiné à mieux faire ressortir l'importance du travail. L'application du fer, comme on le voit dans les garnitures supérieures, joue déjà un rôle important dans l'ornementation. Il serait sans doute difficile de préciser quel pouvait bien être l'emploi de ces sortes de meubles. Peut-être étaient-ils destinés à contenir des effets de valeur. A partir du sixième siècle, le luxe mobilier devint un privilége aristocratique jusqu'au XVe siècle. Pendant cette période, la destination des meubles se retrouve encore facilement, chacun d'eux portant pour ainsi dire un caractère connu, princier ou religieux, et presque toujours, dans le premier cas, somptuaire. Au XVe siècle, eut lieu la diffusion, c'est-à-dire la confusion des emplois. Quoi qu'il en soit, tout nous porte à croire que le meuble qui nous intéresse ici était plutôt destiné à contenir des bijoux ou des effets précieux. L'ornementation en est très riche et le style rappelle par des traits frappants les sculptures de Mansuy Gauvain ; en le voyant, on songe involontairement à la décoration de la *porterie* du Palais ducal. Les macarons ornés de portraits lui donnent une valeur particulièrement historique. L'ensemble du meuble est d'ailleurs d'un charmant aspect. C'est celui qui nous paraît présenter le plus haut intérêt parmi tous ceux qui figurent à notre exposition. Sans aucun doute, sa place pourrait être facilement marquée au musée de Cluny. Nous reviendrons sur son ornementation dans le travail d'ensemble où nous traiterons de la sculpture sur bois en Lorraine.

A côté du meuble de M. Gény on peut remarquer en passant un curieux carquois indien, à M. Butte. (290.)

Sur le meuble lui-même grimace un magot japonais (285.) à Mlle Rollin, d'une expression fort amusante et d'une grande précision de travail. Ce petit dieu Pu, qu'on dirait échappé d'une poésie bien connue de Louis Bouilhet, rit aux deux potiches de M. Butte, (288, 289.) potiches de ce joli bleu que les fabriques de Delft s'efforcèrent toujours d'imiter, sans pouvoir le plus souvent l'atteindre. A côté sont deux grès flamands assez fins dont l'un appartient à M. Dauvé et l'autre à M. Hemmerdinger. (286, 287.)

Le troisième panneau se trouve séparé du deuxième par un élégant cabinet Louis XIII, à M. de Metz, en bois mélangés, ébène et poirier. (278.)

Entre deux petits vases anciens de Chine de la famille verte, un Saint Michel allemand, (279.) à Mme v^e Balbâtre, armé en guerre comme on savait s'armer au XIVe siècle, semble vouloir trancher la tête à un charmant buste d'enfant qui sourit à son frère, sans souci de la longue épée qui le menace. Ces deux têtes d'enfant, à M. de Meixmoron, sont dues au ciseau de Flamand, sculpteur français estimé, qui vécut à Rome au XVIIe siècle. (282, 283.)

Le troisième panneau est plus simple et moins chargé d'objets que le précédent. Au centre se trouve (271.) une superbe commode Louis XIV, à M. Noël, d'un travail très riche qui confirme pleinement tout ce que nous disions précédemment de la table de M. de Luxer. Ici, peu ou point de place perdue : tout est fort, solide, confortable. C'est aussi dans la riche pendule de M. de Perceval, (272.) qui la couvre, qu'on reconnaît le caractère majestueux et opulent de la décoration du grand siècle. Cette Minerve, fièrement campée, couronne dignement l'édifice, — car à cette époque, la pendule est un véritable édifice — au pied duquel se marient avec noblesse et simplicité les attitudes des trois Parques; entre leurs mains se tisse la trame de nos destinées; c'est là un ingénieux sujet de pendule fort habilement traité. Les cuivres sont d'une ciselure très-soignée.

Sur le même meuble, sont deux grands et beaux vases; l'un, du Japon, (273.) à M. de Scitivaux, où des fleurs d'un rouge très réservé s'épanouissent sur un fond d'un bleu très intense. L'autre, de Chine, (274.) à Mme de Haldat, curieux spécimen, où la décoration des fleurs dont les flancs sont couverts, est sculptée et se détache en un fort relief.

Puisque nous sommes à parler de la Chine, remarquons ces curieux dessus de pagode en bronze, à M. de Carcy, (269, 270.) hauts de 1^{m}20, sur les pieds desquels s'enroulent des animaux marins remarquablement ciselés. Le milieu de ces objets s'ouvre au moyen d'une petite porte, ce qui permet d'y introduire une lanterne. On sait que les pièces de bronze des Chinois sont coulées *à cire perdue*. L'examen de ces deux remarquables objets suffirait à lui seul pour témoigner de l'habileté que déploient les peuples de l'extrême Orient dans la fabrication du bronze.

Dans l'enceinte assez large formée par la seconde travée, deux fauteuils, deux chaises et deux écrans en bois doré, garnis de damas en soie rouge broché blanc, attireront l'attention de tous ceux qui cherchent à définir les limites de chaque style. (275) Voilà en effet des siéges dont la forme générale, le décor, la cannelure et surtout la verticalité absolue des pieds, présentent tous les caractères des meubles de salon tels qu'on a coutume de les voir sous le règne de Louis XVI ; on serait même tenté de rapporter ce genre de dossiers rectangulaires à la portion du *Louis XVI*, qui se rapproche le plus de l'Empire. L'origine certaine de ces meubles vient cependant démentir ces curieuses apparences. Ce meuble, qui appartient aujourd'hui à Mme Lambert-Levylier, fut acheté par son père à la vente du château de Lunéville, pendant la période révolutionnaire. Il a fait partie du mobilier du château, sous le règne de Stanislas.

L'étoffe qui le couvre et qu'on ne fabrique plus aujourd'hui ne laisse du reste aucun doute sur sa date. C'est, à n'en pas douter, un meuble qui a été exécuté sous le règne de Louis XV. Ce type très curieux et dont un très grand prix a été jadis offert au propriétaire, permet donc d'affirmer qu'à une même époque, qui est celle de la fin du règne de Stanislas, ont été fabriqués simultanément des meubles de styles Louis XIV, Louis XV *rococo* et Louis XVI.

Les deux pans coupés de la travée que nous décrivons sont formés de deux coffres sur pied, Renaissance; l'un, (276.) celui de gauche, appartient à M. Laprévote; l'autre, (264.) celui de droite, à M. Morey. Le premier de ces meubles nous paraît avoir emprunté ses principaux éléments à l'époque du duc Charles II. On voit d'ailleurs par l'ornementation que tous deux sont certainement de fabrication lorraine. Le meuble de M. Morey est peut-être le plus ancien des deux. Les têtes de lion qui décorent les centres des portes sont d'une très fière expression. Elles nous semblent n'être point dues au ciseau du même artiste qui a sculpté les figures beaucoup moins hardies des pieds. Dans le meuble de M. Laprévote, plus récent, l'influence du goût allemand se reconnaît quelque peu au style des personnages. Sur le meuble sont placés depuis peu deux cornets et un vase en vieux Japon laqué

(277.) d'un travail très rare. Le musée céramique de Sèvres ne possède, nous assure-t-on, qu'un spécimen de ce genre de décor. Ces trois pièces sont aussi à M. Leprévote.

A droite est un coffret lorrain à M. Bernaüer, sur lequel on a placé une petite figurine en bois, à M. Martin. Cette petite figurine assez imparfaite, est intéressante ; c'est le seul spécimen certain que nous ayions à l'exposition du talent de Lupot.

Des deux côtés de cette figurine sont deux statuettes, à M. Bernauer représentant Sainte Cécile et Saint François que, d'après la nature du bois et du travail, nous pensons être italiennes.

Jetons les yeux en passant sur le cabinet, Louis XIII, à M. de Meixmoron, (259.) situé au bout de la travée suivante et d'un goût très élégant. Dans ce cabinet, qu'on a eu l'heureuse pensée d'entr'ouvrir pour laisser voir sa curieuse décoration intérieure, on a placé un joli groupe de l'artiste lorrain Lemire, à M. Liffort. (260.) Sur le dessus du meuble, des deux côtés d'un remarquable cloisonné indo-chinois ancien, à M. Bertaux, (263.) se trouvent deux vases chinois en bronze ancien, ciselé, trouvés dans les fouilles de Hon-Tchang-Fou, à M. Welsch. (261, 252.)

Passons maintenant rapidement à l'examen du panneau suivant, remarquable à tous les points de vue. Comme meubles, nos regards se portent d'abord sur une magnifique table Louis XIV dont les tiroirs et les pieds sont garnis de splendides incrustations en cuivre. (225.) Cette table appartient à M. Gailliard. Nous ne nous rappelons pas d'avoir vu quelque part un meuble d'une composition plus sévère et à la fois plus riche. La note claire des incrustations atténue savamment la majestueuse pondération des lignes principales. Les cuivres dorés qui garnissent les huit pieds sont de toute beauté. On s'aperçoit aisément que la partie supérieure est un meuble entièrement distinct de la table, bien qu'appartenant à la même époque. Un simple hasard et le goût de ceux qui ont classé les objets les ont seuls rapprochés.

Tout ce qui est autour ou au-dessus de cette table a une valeur incontestée. C'est en premier lieu le délicieux Boucher à M. Bonvié, *Amours en vendanges* (n° 20, Catal. des tableaux), si plein de lumière et d'une composition si gracieuse. Cette production du maître a été retrouvée en Suisse par M. Bonvié, dans une propriété de famille, où il était exposé, de la part des enfants, à toutes sortes de dégradations; ce tableau est assurément une des perles de l'Exposition. Au-dessous est un plat de Chine curieux, à M. Dupont, plat qui est remarquable plutôt par l'harmonie calculée des couleurs que par le côté ingénieux du dessin. (244.)

Sur le bureau lui-même, deux éléphants blancs cloisonnés d'un grand prix, à M. Bertaux, se recommandent par l'ingénieux effet obtenu au moyen de cloisons mêlées à la pâte blanche et bordées par des rayures bleues concentriques. Il y a là un procédé intéressant et rare dont la complication, se fait mieux sentir à côté de la magnifique quoique très simple, décoration des deux cornets du Japon à Mme de Haldat. Au milieu se trouve une chimère en bronze chinois, sur pied en bois, à M. de Chabon. (233, 234, 235.)

Des deux côtés du beau plat de Chine de M. Dupont viennent, symétriquement placées, deux très belles appliques de style Louis XVI, très pures et vraiment anciennes, à M. de Scitivaux. (245, 246) Puis deux émaux dont l'un, à M. Bertaux, (243.) représentant une Madeleine, est de Jean Laudin, et du XVIe siècle ; et l'autre, du XVIIe, à M. de Meixmoron, paraît être un Noailher. (242.) Au-dessus viennent deux pendules anciennes qui remontent apparemment, l'une à l'époque de Louis XIII, la seconde à celle de Louis XIV. Ces pendules portaient et portent encore (il est difficile de dire pourquoi) le nom de *Religieuses*. Elles étaient destinées dans l'origine à être posées simplement au milieu d'une table. Ce n'est qu'ultérieurement que prévalut l'usage des supports consoles, comme ceux sur lesquels nous les voyons placées et qui d'ailleurs ne sont ni de la même fabrication ni de la même époque. L'une de ces pendules, celle de gauche, appartient à M. Lombard l'autre à M. de Meixmoron. (247, 248.)

Revenons au style Louis XVI ; il est rare de rencontrer des flambeaux de cette époque à trois branches. Presque toujours le nombre des lumières portées par le même pied se réduit à une ou deux. Voici pourtant une paire de flambeaux curieux qui font exception. (240, 241.) C'est celle appartenant à M. Luxer et qui admet trois porte-lumières. Et cette curiosité n'est point la seule. Dans la portion du meuble incrusté qui se trouve posé sur la table de M. Gailliard, voyez un peu quelle singulière mine font les petits magots en porcelaine de Mennecy Villeroy (France) à M. Bertaux, (231, 232.) au-dessus d'une coupe indo-chinoise dont le couvercle sert de prétexte à des enroulements d'animaux fantastiques en cuivre ! Voilà certes une étrange décoration, un peu barbare sans doute puisqu'elle n'admet ces énormes gemmes que pour le seul avantage de leurs éclatantes couleurs! Les Chinois ont changé tout cela, et ils ont bien fait, suivant notre goût. Cette coupe est à M. Bertaux. (230.)

N'est-ce point dommage que la trop grande élévation ne permette point d'apprécier toute la finesse des peintures sur verre qui décorent la belle glace italienne appartenant à M. le Cte de Ludres, placée dans la partie supérieure du deuxième panneau rouge. (251.) Dans les premiers jours nous avons pu voir de près cette étonnante glace ; chaque panneau pris isolément est très curieux par lui-même, en raison du sujet qu'il renferme. L'ensemble est d'un effet pittoresque et dont rien ne pourrait donner l'idée si on ne l'avait pas vu.

Des deux côtés de cette glace sont deux appliques Louis XIV, à M. de Ludres, (252, 255.) près de deux superbes plats du Japon, les plus beaux, suivant nous, qui soient à l'exposition ; il est difficile de pousser plus loin la science des couleurs. Ces deux plats sont la propriété : celui de gauche de M. Gaudchaux-Picard, et celui de droite de M. de Haldat. (249, 250.)

A côté de la table de M. Gailliard sont deux chenets Louis XIV (227, 228.) au même propriétaire et deux consoles en bois incrusté, japonaises, à Mlle Rollin. Ces consoles, élégantes de formes, sont d'un travail très-délicat. (238, 239.)

C'est avec intention que nous avons négligé, en commençant l'étude de ce panneau, de parler des coffrets qui frappent tout d'abord les regards, afin d'y revenir plus longuement.

Voici en premier lieu un cabinet Louis XIII d'un détail fin et élégant, à M. Lévylier. Chacun de ses tiroirs est orné d'un paysage peint sur ivoire. La décoration de ces tiroirs était du reste, à l'époque où se composaient ces délicats petits meubles ; un prétexte à recherches de toute espèce qui donnaient lieu quelquefois à de très ingénieux dessins. (254.)

Le cabinet qui se trouve à gauche, en le considérant attentivement, nous paraît, d'après la nature de la fabrication et de l'ornementation, appartenir à une origine hollandaise. Le musée Hammer de Stokholm en possède un comme celui-ci, du commencement du XVIIe siècle; tous les tiroirs sont aussi ornés de peintures à l'huile représentant des paysages. Il est d'ailleurs curieux de reconnaître l'influence évidente du genre espagnol sur le travail des Flandres, en comparant le cabinet de M. Levylier au cabinet espagnol, de M. de Scitivaux, qui se trouve quelques pas plus loin; il y a sans doute plus de grandeur dans ce dernier,— mais on sent toujours, dans l'un comme dans l'autre, la recherche de l'effet.

Pas plus du reste en Hollande qu'en Flandre, nous n'avons su trouver le type véritable du cabinet. Ce meuble, nommé *Stipo* en italien, était, comme on sait, destiné à renfermer, outre les bijoux et les dentelles, les correspondances galantes, fort en usage dans la société policée de l'époque. Il fut à la mode surtout en France et en Italie, vers la fin du XVIe et pendant le XVIIe

siècle. Or, aucun meuble, selon nous, n'a mieux gardé le caractère plein de contradiction des personnes et des choses pour lesquelles il était destiné. En considérant ces petits coffres (et nous en avons justement quatre sous les yeux), le plus souvent coupés carrément, et toutefois légers d'allures, affectant à la fois un profil sévère et une ornementation capricieuse, cherchant à rester dignes sans cesser d'être agréables : ne trouve-t-on point là quelque analogie entre la société d'alors qui, quelquefois, gardait tous les dehors des sentiments les plus austères en professant la passion la plus incurable pour les galanteries et le culte littéraire le plus exagéré pour les tours d'esprit? N'était-ce pas bien, au fond de ces petits tiroirs où les arabesques déliées se croisent comme les reparties des Précieuses dans une des soirées intimes de l'hôtel de Rambouillet, que devaient être soigneusement gardés les vers héroïques de St-Sorlin, les pastorales d'Urfé ou les sonnets de Benserade traducteur en rondeaux des métamorphoses d'Ovide? Où trouver une meilleure place à ces jolies niaiseries d'époques, débitées par des galants sévèrement vêtus de velours, que dans ces tout mignons coffrets enjolivées d'entrelacs en ivoires, subtils dans leur détail comme les *concetti* italiens et pourtant d'un dehors sévère et solennel comme celui d'une arche d'alliance ?... N'est-ce point

d'ailleurs de ces oubliettes du bel esprit que
Molière avait entendu parler, dans un vers du
Misanthrope où le parterre ne voit souvent qu'une
plaisanterie de mauvais goût, lorsqu'à la demande
d'Oronte :

> Mais ne puis-je savoir ce que dans mon sonnet ?...

Il fait répondre par Alceste :

> Franchement, il est bon à mettre au *cabinet*.

Comme nous dirions aujourd'hui : « Franchement, il est bon à mettre au panier. »

Non, il faut bien le reconnaître et nous en avons la preuve dans les cabinets florentins que l'on peut voir dans toutes les collections particulières ou publiques, nos maîtres en ce genre furent encore les Italiens. Eux, du moins, mêlèrent directement à leurs profils quelques courbes gracieuses qui atténuèrent la rigidité des contours. La décoration fut en harmonie avec la forme. Des incrustations polychrômes furent même admises. Ils surent concevoir et exécuter quelque chose qui fut à la fois complètement gracieux et familier, sans cesser d'être de bon goût, tandis que nos ébénistes s'évertuèrent le plus souvent à ne rien admettre comme forme, en dehors du simple coffre carré. Trop d'uniformité conduit à l'ennui. C'est le propre des Italiens d'avoir toujours su l'éviter.

Au point de vue de la fabrication elle-même, ces

meubles ont été parfois la source de bien des mécomptes pour les collectionneurs inexpérimentés. Les Italiens continuent ce genre d'ébénisterie et produisent de si belles choses que l'amateur empressé achète souvent aujourd'hui comme meubles anciens, qui étaient tous soit en ébène, soit en chêne noirci, des meubles actuels qui ne sont qu'en bois tendre, noirci et poli.

Quoi qu'il en soit, il y a toujours à faire une distinction dans l'appréciation qu'on porte sur ces meubles, entre ceux qui sont le produit du travail *direct* et ceux qui n'en sont que la *contre-partie*. On conçoit facilement que la pensée première du travail a été conçue de telle sorte que les ivoires gravés ressortissent sur un fond noir, comme par exemple dans les deux vitrines modernes, exécutées par M. Majorelle et qui se trouvent de part et d'autre de la porte d'entrée. (2 et 30.) Toutefois, comme le plus sûr moyen de parvenir à loger exactement les incrustations dans les places réservées, est de découper la plaque d'ivoire et celle d'ébène l'une sur l'autre, il en résulte que le travail se trouve fait en double, et que, lorsqu'on a terminé une incrustation blanche sur fond noir, il reste en main à l'ouvrier tout ce qu'il faut pour répéter la même incrustation noire sur fond blanc. Celle-ci est nommée *la contre-partie*. Nos lecteurs distingueront eux-mêmes la différence. Il y a à l'exposition des incrustations *directes* et des *contre-parties* fort belles, plus belles mêmes que le travail direct. De ce genre est la table en cuivre incrusté à M. Gailliard que nous avons décrite, dont la partie supérieure est un travail direct tandis que la partie inférieure est une contre-partie peut-être préférable.

On voit d'ailleurs que dans ces *vide-poches* littéraires les ébénistes du seizième et du dix-septième siècle se sont plu à reproduire souvent tantôt de magnifiques gravures sur ivoire, tantôt de simples entrelacs, de capricieux rinceaux qui s'entremêlaient et se déroulaient à l'infini, suivant toutes les fantaisies de l'artiste. Nous en avons un exemple dans ces deux meubles, le premier sur table (222.) et l'autre à Mme Deglin placé sur le premier (221.), où les ivoires sont gravés avec une science très habile de l'ornementation. A droite, sur le meuble de Mme Deglin, est un curieux bronze Japonais à M. Butte (223.) où un aigle étouffe un lapin fasciné par un serpent. Sur le meuble Hollandais de M. Lévylier, signalons en passant une belle statuette en albâtre à Mme de Haldat, représentant *l'Amour maternel* (257.) et deux vases Médicis, d'une riche coloration, en faïence de Chaffaggiolo, à M. de Meixmoron. (255, 256.)

A côté de ces vases, nos regards se portent sur un cadre en bois renfermant un portrait du cardinal de Rohan, en tapisserie des Gobelins, (258.) donné au docteur Herrgott, comme témoignage de reconnaissance d'un de ses malades. Le don paraissait de médiocre valeur au premier moment. On lava la tapisserie au savon, avec un pinceau à barbe, on fit couler dessus une très grande quantité d'eau et les couleurs reparurent dans tout leur éclat. Il est à supposer que cette tapisserie fut envoyée au cardinal de Rohan au moment où celui-ci, étant évêque de Strasbourg, en 1704, commanda les hautes-lices qui sont encore aujourd'hui exposées à certains jours dans la Cathédrale de cette ville.

En face du portrait du cardinal de Rohan, à M. Herrgott, est une ancienne vitrine espagnole, remarquable par son contenu. Les trois premiers étages supérieurs ont été garnis des plus jolies petites figures qu'on puisse voir en faïences diverses. (29.)

Sur l'étage le plus élevé, trois groupes de premier ordre attirent l'attention ; le premier à droite, *les quatre Saisons*, charmant de composition et de couleur, à Mme de Baudot, est un joli spécimen de la vieille porcelaine de Frankenthal. On ne peut non plus se lasser d'admirer *Les Cornes*, scène de la comédie italienne, et la *Leçon de Musique* en *vieux Saxe*, à Mme Saladin. Que de grâce et que d'esprit dans cet habile groupement de personnages ! Quoi de plus réjouissant pour les yeux que ces tons harmonieusement combinés des vêtements ? La robe d'une de ces femmes est à elle seule un petit chef-d'œuvre. Au-dessous, de part et d'autre, sont deux personnages italiens en ivoire, à M. Martin. Signalons, à droite, des figurines à MM. Michel et Bernauer; à gauche une charmante *Oiselière* et des *Bergères* de toutes sortes échappées avec leur fuseau et leurs moutons enrubannés de la collection de M. de Perceval. Sur le troisième étage de la vitrine, les *Saxes* ont cédé le pas à une petite merveille d'orfévrerie. Ce n'est point simplement en passant qu'il faut mentionner ce coffret à M. le comte de Chabon (du Dauphiné). La svelte délicatesse de l'art italien apparaît là. Il y a place pour tout dans ce petit coffre à bijou : pour des frises découpées en d'infimes feuillages ; pour des niches garnies de microscopiques statuettes. C'est un édifice véritable, décoré de pilastres, orné de sujets terminés par de prodigieux petits personnages ; le tout fouillé, découpé, ciselé à merveille. Après avoir donné toute son attention à ce chef-d'œuvre, on serait tenté de passer outre sans remarquer une curieuse salière en *Haguenau* à M. Dauvé et les *Saxes* placés sur le même étage, à M. Bertaux. Ce serait vraiment dommage, car rien n'est à omettre dans ce petit meuble. En voyant réunis tous ces bonshommes, on apprécie mieux cette jolie citation faite par M. Morey dans sa notice publiée sur les *Terres de Lorraine* : « C'est un monde, dit M. P. Burly, qui rit, qui « chante, qui minaude, qui piaffe, qui grimace, « qui se décollette, qui se rengorge avec une « naïveté, une malice, une souplesse, une bouffon- « nerie vraiment incroyables dans leur diversité. » Rien n'est plus vrai que cette appréciation. Seul, sur une étagère, un de ces petits personnages ne dit rien ; mettez-en deux, ils auront l'air de causer ; trois, ils vont prendre vie. Mettez-en dix : vous les verrez se mouvoir et peut-être même serez-vous tenté d'ouvrir la vitrine pour leur rendre la liberté.

L'étage inférieur de ce meuble qui ne renferme que des chefs-d'œuvre, ne le cède point aux précédents. Après les *Saxes*, les ivoires ; après les ivoires, l'orfévrerie ; après l'orfévrerie, la terre de Lorraine, et quelle terre ! Sur une seule planche, Cyfflée et Lemire ! Lemire représenté par son groupe si piquant d'enfants portant des nouveaux-nés dans une corbeille ; Cyfflée, par sa statuette connue sous le nom du *Patineur* ou sous le nom du *Fils de Cyfflée attachant son patin*. Sans contredit, voilà une vitrine qui suffirait à elle seule pour la richesse d'un collectionneur. La Chine elle-même n'a point été oubliée comme nous pouvous nous en convaincre en jetant les yeux sur la riche boîte de laque rouge appartenant à M. Butte. Cette boîte (216.) est une des nombreuses richesses rapportées de Chine à la suite de l'expédition. Celle-là provient directement du palais d'Eté, on sait comment s'obtiennent ses reliefs. La laque ne peut se travailler que pendant trois mois de l'année. Pour parvenir à des décorations aussi variées, il est nécessaire quelquefois — et c'est ici le cas — d'abandonner un sujet jusqu'à la saison suivante. C'est ainsi que les ouvrages sont repris de récolte en récolte. On conçoit dès lors que le fini et l'épaisseur des couches déterminent la valeur du travail. Envisagée à ce point de vue, la boîte de M. Butte est un remarquable exemple de patience.

Cette laque est celle qu'on rencontre dans les environs de Pekin. Elle ne peut être confondue avec les autres espèces de laque. La Chine en emploie trois espèces : la laque noire, la rouge et la blonde. La côte de Coromandel qui s'étend dans la partie méridionale du golfe de Bengale, de la rivière de Kistnah à la pointe du cap Calymère où se trouvent Madras, Pondichéry et Tranquebar, est aussi renommée pour ses laques, que des amateurs ou commerçants européens ont souvent fait appliquer sur des meubles, construits en Europe, envoyés à cet effet en Coromandel et cela particulièrement à l'époque de Louis XIV et Louis XV, à la suite de l'établissement des Compagnies hollandaises et françaises des Indes. Les meubles de Coromandel, originaires du pays, sont en bois *gravé en creux*, peint et laqué par-dessus ; ils sont rares et recherchés. Nous en avons déjà eu un remarquable exemple dans les encoignures appartenant, comme la boîte rouge dont nous parlons ici, à M. Butte.

Le fond du cinquième panneau est formé entièrement par un cabinet Louis XIII appartenant à M. de Scitivaux. (208.) Ce cabinet est certainement l'un des plus beaux d'aspect qui se trouvent à l'exposition. La sévérité de sa composition est tempérée par de magnifiques ornements en cuivre repoussé qui en augmentent sensiblement la valeur ; ce travail est tout entier espagnol. Sur ce coffre se trouve placée entre des girandoles anciennes ornées de cristaux et envoyées par la ville de Metz, (200.) une admirable pendule florentine appartenant à M. de Ludres. Cette pendule est rehaussée d'une décoration en jaspes de différentes couleurs qui lui donnent un singulier cachet d'élégance. (209.)

A droite et à gauche sont des cabinets de diverses provenances, tous deux anciens. L'un (212.) est un meuble en chêne renaissance qui nous paraît de fabrication lorraine mais conçu sous l'influence d'une inspiration franchement allemande ; l'autre

(192.) est un cabinet sur pied en ébène, à M. Villemin, dont les panneaux sont décorés de sujets sculptés d'un style très-élégant. Sur le meuble en chêne on a placé des vases du Japon, et deux *craquelés* chinois à M. Martin. On sait que les *craquelés* ont été pour nos artistes européens un sujet de recherches récemment couronnées de succès. Sur l'autre meuble en ébène, voici un cœur en laque auquel peut-être on ne prêterait qu'une médiocre attention si l'on ne savait la valeur historique qui s'attache à ce souvenir. C'est dans ce cœur que l'impératrice de Russie, la grande Catherine, renfermait sa correspondance secrète. Qui pourrait dire les secrets, politiques et autres, qu'a renfermés cette discrète boîte de laque de si modeste apparence !.....

Tout à côté, sur le mur, est un bel émail de Limoges qui nous paraît du XVIe siècle. Avant de passer à la travée suivante, arrêtons-nous quelques instants devant le très-intéressant cabinet ancien appartenant à M. Bretagne et dont chaque tiroir et les faces internes des portes se trouvent décorés de gracieux paysages. (186.) Comme nous l'avons dit, à l'époque où ce meuble était en grande vogue, l'imagination des artistes s'était donnée carrière pour inventer de nouvelles formes d'ornementations qui, sans compromettre le caractère léger et gracieux de ces coffrets tout à fait intimes, en fissent ressortir au contraire l'élégance. Dans l'exemple présent, c'est à la peinture que l'ébénisterie a eu recours et, chose curieuse, l'attribution de ces paysages a été faite, même à une époque contemporaine de la fabrication du meuble, au pinceau de notre célèbre artiste Claude Lorrain. Sur le fond d'un tiroir est en effet inscrite cette note curieuse, en écriture du temps : « Payé 40 livres à Georges pour le faict et 60 à maistre C. Gellie pour les veües » On sait que ce nom de C. Gellie est précisément celui qui se retrouve dans les œuvres de jeunesse du maître. Les panneaux doivent donc être considérés comme présentant un curieux exemple de la première manière de Cl. Lorrain. Envisagé à ce point de vue, ce meuble présente un haut intérêt pour ceux qui s'attachent à l'étude historique de la peinture.

Au nombre des objets qui ont un caractère véritablement local, il est convenable de citer le meuble en deux corps, garni de ferrures — le tout dans un style purement lorrain, — à M. Luxer. (180.) Rien du reste n'est plus curieux à étudier que la physionomie du mobilier lorrain depuis son époque la plus reculée. Il est regrettable que de plus nombreux spécimens ne permettent pas d'en faire une histoire continue. Le meuble dont il s'agit en ce moment et qui n'est presque point décoré porte déjà en lui un cachet tout à fait local. Ce sont d'abord deux corps séparés, placés l'un sur l'autre et absolument indépendants de forme ; puis, dans la décoration qui paraît remonter au commencement du XVIIe siècle, l'emploi presque exclusif de la gouge pour fouiller le bois, emploi qui se trahit par une préférence marquée pour un système de feuilles se recouvrant suivant une loi régulière, et à peine saillantes.

Très peu de reliefs. Beaucoup de creux, voilà le caractère dominant de l'ornementation.

Ce système se retrouve partout. Il existe déjà à l'état de traces dans le meuble du XVe siècle de M. Geny ; on le trouve manifestement représenté dans le meuble de M. Luxer. Là, comme dans les huches du Barrois dont nous avons fait aujourd'hui des coffres à bois, le système des évidements est poussé jusqu'à l'admission de niches absolument vides comme motifs de décoration. La *niche* est évidemment trop peu creuse pour qu'on puisse admettre l'hypothèse d'un autre but que celui de créer simplement une variété dans l'ornementation. Ces niches, lorsqu'elles se répètent, forment alors une série d'arcatures dont nous trouverons plus loin un intéressant exemple.

De cette ornementation, nous ne disons ici qu'un mot, désirant traiter ce sujet plus largement lorsque nous parlerons de la sculpture sur bois en Lorraine.

Qui ne reconnaîtrait d'ailleurs, dans ces gros balustres qui soutiennent le corps supérieur, le type de nos garnitures d'escaliers si fréquents encore dans les vieilles maisons de Nancy ? Ce n'est là, à proprement parler, qu'une armoire à linge ordinaire comme on s'en servait au XVI⁰ et au XVII⁰ siècle dans nos campagnes. Le siècle de Louis XIV est venu opérer dans ces meubles une réforme radicale. La dimension en hauteur prévalut à partir de ce moment ; c'est à cette époque et pendant celle qui l'a suivie, que furent faites ces grandes armoires que nous voyons aujourd'hui chez tous nos paysans et qui ne manquent ni de fierté, ni d'élégance. Il en est peu qui ne portent point des traces, très réservées toutefois, d'ornements. Toutes sont marquées au coin du goût le plus sobre. Et, pour notre part, rien ne nous réjouit davantage les yeux que le spectacle de ces puissants meubles en chêne à longues charnières en fer ou en cuivres, bien luisants, garnis d'entrées de serrures découpées souvent avec un grand bonheur d'invention. Une époque viendra sans doute où l'on comprendra mieux le prix et l'avantage de ces vastes armoires, immuables dans leur aplomb, d'une construction toute franche et dénuée de prétention. Ceux-là avaient vraiment l'esprit lorrain, pratique et sûr, qui, dans un siècle où l'élégance de mauvais aloi courait les rues, et où les habitudes de boudoir détrônaient les antiques coutumes du foyer de famille, conservaient des traditions de formes sévères, et, même au milieu de la décadence, un esprit sédentaire ennemi des bouleversements capricieux et des changements de résidence.

Rien, à notre sens, ne révèle mieux l'esprit et les mœurs des habitants d'une contrée que l'examen esthétique des meubles d'un usage permanent comme celui que nous avons sous les yeux. Oui, nous le répétons, ceux-là ne se perdaient point en détails inutiles qui imprimaient à des objets, témoins de leur vie de famille, ces profils simples et forts, mais non exempts de hardiesse, et témoignaient de leurs goûts sévères par le choix raisonné ou inconscient qu'ils faisaient de leur architecture intime ; c'est en cherchant par là à pénétrer, comme nous le faisons, les secrets penchants de leur génie natal, que nous pouvons reconnaître la profonde vérité de ce portrait tracé de main de maître par un écrivain qui a tenu à honneur de se montrer digne de la race dont il révélait l'histoire : « Issus du mélange des peuples Bataves
« établis au nord de l'Europe et des guerriers
« francs qui avaient conquis l'Occident, les Lor-
« rains réunissaient quelques-unes des qualités
« particulières aux descendants de ces races
« différentes. Comme les Hollandais, ils étaient

« paisibles, circonspects, tenaces dans leurs
« habitudes et entendus à se procurer le bien-
« être à force de laborieuse activité. (1) »

Quelle preuve plus manifeste pouvons-nous trouver de cette activité tenace et modeste que l'individualité qu'ils ont su garder dans leurs productions artistiques, lors même qu'ils ont été fondus dans le grand tout Français ? C'est donc avec raison que nous regrettons de n'avoir vu représenter à cette Exposition rétrospective aucun spécimen du mobilier lorrain *populaire* à l'époque du XVIII° siècle. On peut dire que nos meubles de la Renaissance foisonnent dans cette grande revue du passé. Ceux du siècle de Louis XIV ne font point défaut. De meubles lorrains *Louis XV*, nous n'en trouvons point et nous n'avons comme type du siècle de Louis XVI que l'armoire enjolivée et incrustée qui se trouve perdue au fond de la salle d'entrée ; encore n'est-ce point dans cette imitation peu originale de l'Allemagne et de la Hollande que nous pouvons chercher une manifestation du véritable goût lorrain, toujours fidèle, malgré les entrainements des modes étrangères, à ses traditions de primitive simplicité.

Au moins, lorsque nous nous trouvons en pré-

---

(1) Comte d'Haussonville. (*Histoire de la réunion de la Lorraine à la France*, tome Ier, pages 5 et 6).

sence d'une armoire comme celle de M. Luxer, il nous est facile de reconnaître cette persistance de l'habitude qui a voulu n'emprunter aux séductions de la Renaissance qu'une intelligente modification de la forme. La décoration est restée personnelle et simple ; c'est son grand mérite.

A côté du meuble de M. Luxer sont deux bien curieuses chaises cannées à M.G. de Ludre.(202,203) Ces chaises remontent à l'époque Louis XV. L'introduction en France des garnitures de siéges faites de canne était évidemment peu ancienne lorsque furent fabriqués les modèles que nous avons sous les yeux. Elle y fut apportée par les Hollandais qui firent longtemps seuls le commerce des Indes orientales. « C'est, dit un auteur du temps, en
« 1772 des Indes que nous viennent les cannes ou
« roseaux nommés *Rotings*, on ne s'en sert guère
« en France que pour garnir les siéges, ce qui est
« en même temps plus solide et plus propre que
« la paille et le jonc. On s'en sert aussi pour
« garnir les voitures de campagne et les chaises
« à porteur. »

Ceux qui ne s'intéressent ni aux origines, ni aux transformations des choses s'imaginent difficilement combien de temps a mis pour s'introduire dans nos mœurs un usage qui paraît aussi naturel que celui de nos siéges savamment équilibrés.

Nous avons plus haut rappelé en quelques traits

l'histoire des tables en France, celle des chaises n'est ni moins curieuse ni moins intéressante. On peut dire que ces meubles ont suivi dans leurs différentes évolutions les tables elles-mêmes, pour lesquelles elles étaient le plus souvent destinées. Les Gaulois ne se servaient que de pailles et de nattes, les Romains introduisirent dans les repas l'usage des lits, qui paraît avoir prévalu chez la noblesse pendant la période gallo-romaine. Sous les Mérovingiens, les canapés à coussins remplacèrent les lits; c'est alors qu'on vit paraître les formes romanes altérées. Les artisans s'inspirèrent visiblement aux mêmes sources que les artistes. Pendant la période romane, les chaises, d'un fréquent usage en plein air, furent souvent revêtues d'un toit; l'usage du dais protecteur passa de la procession à l'église, de l'église au cloître et du cloître à l'appartement. Le toit des stalles du moyen-âge s'imposa aux chaises d'intérieur. Les dossiers, comme les basiliques, se partagèrent en étages où domina la courbe préférée du plein ceintre, qui donnait à la construction une forme invariable comme un dogme; car, de même qu'il n'y a qu'une seule ligne droite, il n'y a qu'un seul arc plein ceintre. Dans ces chaises, les reins étaient soutenus le plus souvent de coussins cylindriques. A l'époque des croisades s'introduisit le tapis oriental, mode passagère qui fut d'ailleurs particulière aux classes fortunées. Au XIII⁰ siècle reparut l'usage général du siége. Le mot de *banquet* indique suffisamment que le *banc* était le siége usité dans ces sortes de repas. Sur les pieds de ces bancs fut alors introduite la décoration fantastique du style roman. On retrouve dans la représentation obscure et farouche des animaux symboliques l'empreinte des vagues frayeurs du moyen-âge. Mais toujours ces sujets empruntés à une forme toute mythologique, sont relégués dans la partie inférieure et la moins noble du siége, comme si l'artiste tenait dans ses œuvres à affirmer la constante supériorité de la nature humaine sur les passions mauvaises dont les figures apocalyptiques de l'art roman sont le symbole. De cet âge, non plus que du suivant, nous ne retrouvons aucune trace à l'Exposition. C'est avec plaisir que nous aurions vu figurer dans cet ensemble de vieilles choses toujours jeunes, quelques-unes de ces chaises, véritables trônes, enrichies de toutes les distinctions nobiliaires, de moulures et de blasons souvent émaillés. Au XIV⁰ et au XV⁰ siècle, les siéges sont essentiellement nobles, le banc reste l'apanage du roturier. L'ébénisterie parisienne acquiert alors dans ces sortes d'ouvrages une véritable renommée ; on tient à honneur de posséder une chaise *ex operagio parisiensi*. Mais c'est seulement à la

Renaissance que le siége prend en France une allure sérieusement étudiée. Sous Louis XIII, il garde une forme essentiellement stable et correcte. Les courbures dont l'intention affaiblirait la pensée du meuble sont proscrites. L'élégance cède le pas à l'idée de force et de domination. L'unité vers laquelle marche le pouvoir se fait sentir dans le dessin même des objets les plus vulgaires. Le souffle de liberté qui a passé sur le siècle précédent s'est déjà atténué et a fait place à quelque chose de simple, d'austère et de grave comme le pouvoir fort et absolu — même d'un premier ministre.

Jusqu'au dix-septième siècle, les pliants furent très en usage. Déjà nous en trouvons la trace dans les premiers âges. Vers Louis XIII, le pliant était imposé aux jeunes seigneurs comme une forme de la galanterie. Très bas, ces siéges laissaient en réalité le sexe fort dans une apparence de soumission galante et presque au pied de la moitié gracieuse du genre humain. Bientôt les traditions des salons *précieux* se perdant, le pliant disparut peu à peu de l'usage particulier. Longtemps encore il demeura en honneur à la cour, notamment près du roi, chez les grands princes et les ambassadeurs, et généralement chez tous ceux qui étaient obligés de garder ce qu'on appelle l'étiquette, c'est-à-dire les usages attachés aux différentes

préséances. Ce fut scandale lorsque certaines favorites royales obtinrent un tabouret. Ce tabouret n'était qu'un pliant. A mesure que l'usage du pliant se perdait, la mode du siége devenait générale, et on en faisait l'objet d'une étude presque rationnelle. Nos lecteurs seront peut-être bien étonnés d'apprendre que des maîtres menuisiers ne dédaignaient pas d'écrire, et en fort bon français ma foi, de véritables traités sérieux où l'on en était venu à discuter les mérites de la chaise *cabriolet* à dos concave ou de la chaise *à la Reine* à dos plat. Pareillement on réforma le ceintre du devant, et nous avons retrouvé sur ce sujet un curieux plaidoyer à la bibliothèque de Nancy. Il est écrit en 1772 par le sieur Roubo le fils, maître menuisier : « Le devant, dit-il, doit être ceintré,
« ce qui est nécessaire pour qu'on puisse être
« assis commodément; puisque les cuisses tendent
« naturellement à s'évaser lorsqu'on est assis, il
« est bon qu'elles portent naturellement partout,
« mais encore plutôt en dedans, qui est le côté le
« plus charnu, qu'en dehors, qui est le côté des os
« par conséquent, le plus exposé à être fatigué. »
Combien peu de nos tapissiers actuels se doutent que leurs devanciers ont poussé si loin l'étude rationnelle des formes et ont appuyé leurs préférences sur une aussi subtile analyse !

Les chaises dont nous nous occupons d'ailleurs

ici étaient encore construites suivant l'ancien système de dossiers qui prévalait sous Louis XIV. Bientôt la hauteur de ce dossier diminua. Le même curieux mémoire nous en donne la raison généralement ignorée. « On construit aujour-
« d'hui, dit-il, les dossiers de 18 ou 19 pouces au
« dessus du siége, afin qu'on puisse s'y accom-
« moder les épaules sans que la tête y porte en
« aucune manière, de crainte de déranger la coif-
« fure, soit des femmes, soit des hommes (qui ne
« sont pas moins curieux de sa conservation), ou
« de gâter avec la poudre et la pommade le haut
« de ces mêmes siéges. C'est pourquoi, — dis-je,
« on a diminué la hauteur des dossiers de chaises
« qui dans le dernier siècle allaient jusqu'à trois
« pieds, de sorte qu'ils surpassaient encore la tête
« de ceux qui étaient assis dessus, laquelle alors
« pouvait s'y appuyer commodément. » Avions-nous tort de dire que l'histoire du mobilier se lie intimement à celle du costume et des mœurs de nos pères ? Combien peu soupçonnent que la pommade seule nous a privé de ces grands dossiers auxquels on tend à revenir aujourd'hui dans les siéges en chêne sculpté de nos salles à manger !

Dans le dernier panneau nous trouvons trois portraits. Deux qui forment pendant sont de Duplessis. Le troisième, ainsi que l'indique la souscription, est un beau portrait du roi Louis XVI donné par lui-même à M. de Sivry, alors ministre plénipotentiaire pour la délimitation du duché des Deux-Ponts, il est resté depuis la propriété de la famille de Scitivaux à laquelle appartiennent aussi les deux précédents portraits.

Au-dessous, est une commode Louis XVI, parfaitement pure de style, à M. Bruneau, et achetée par son père dans un château ayant appartenu à Mme de Pompadour. (150.)

Au milieu de cette commode est une fort belle pendule, genre *bergère*, dont les cuivres sont d'un magnifique travail. Ce morceau rare est la propriété de M. de Beaupré. Sur l'un des côtés est inscrit : Edit du roi 1774. (151.)

Sur deux consoles de même époque sont deux vases en faïence de vieux Rouen, à M. Bertaux, (161, 162.) vases dont la décoration est extrêmement délicate. Non loin, sont deux émaux de valeur dont l'un du XVIIe siècle, la *Vierge à la chaise*, appartient à M. Butte. (171.) L'autre, pareillement du XVIIe siècle, est signé de Nicolas Laudin et appartient à M. de Scitivaux. (172.)

La liste serait longue, sans doute, si on voulait prendre à tâche d'énumérer toutes les jolies choses qui se trouvent groupées dans ce petit coin. Nous avons parlé hier du cœur en laque de la grande Catherine. Tout à côté est un buste en bronze de

Henri IV, (195.) d'un très beau caractère, sur un double pied en porphyre. Ce bronze est la propriété de M. de La Salle. Nous ne mentionnons que pour mémoire les pièces voisines : un reliquaire de l'abbaye d'Orval, à M. Martin, (194.) des théières japonaises à M. de Carcy, (215.) des potiches bleues, au même propriétaire (183.) et des bronzes chinois, en forme de chandeliers, à M. Martin. (213.) Portons plutôt nos regards sur le magnifique Christ, de Bagarre, qui se trouve derrière. (179.) Tout autour des grands portraits du Roi et des deux personnages qui nous sont demeurés inconnus, sont groupés plusieurs objets qui ne manquent pas d'intérêt. C'est, en premier lieu, une peinture sur cuivre très fine, représentant le couronnement de sainte Thérèse, à M. le comte du Coëtlosquet ; puis deux petits biscuits pleins de grâce, posés dans les consoles dorées qui portent les *vieux Rouen* de M. Bertaux. Suivant toujours le même sens, nous rencontrons un vieux petit cadre Louis XIII, à M. Dupont, (168.) puis un médaillon en cuivre doré, représentant M. de Voyer d'Argenson, lieutenant général de police, à M. de Meixmoron.

Sur la commode elle-même, sont deux urnes dorées Louis XVI, en bronze et albâtre, à Mme de Saint-Paul, (154, 155.) et des coupes en jade, à M. Martin. (158, 159.) Au-dessus, on peut remarquer de très belles appliques, à M. de Ludre, (169, 170.) et à droite, une tête de Saint Jean-Baptiste, en albâtre, provenant de l'abbaye de Salival, à M. Martin. (163.)

En haut sont deux charmants cartels dont l'un, (174.) celui de gauche, appartient à Mme Faivre et celui de droite à Mme Favier. (147.) Ce dernier provient des Tuileries. Perdu au milieu de tous ces bibelots, est un joli bénitier Louis XIII, à M. Hannequin. (145.) A droite et à gauche de ce panneau sont deux cornes, l'une en ivoire sculpté et l'autre en corne naturelle. Ces deux curiosités sont la propriété de M. Butte. (146, 175.)

Au-dessus du cabinet appartenant à M. Bretagne et peint par Claude le Lorrain et du petit coffret italien incrusté d'ivoire qui le domine est une remarquable croix ancienne, du XVIe siècle probablement, propriété de M. Luxer. 190.) Cette croix est entièrement composée de fragments de cristal de roche d'une rare grosseur. On sait qu'en raison de son éclat et de la difficulté de la taille, le cristal de roche est une substance d'une valeur relativement très-élevée. Les cuivres qui garnissent cette croix en fixent à peu près la date. On ne doit point non plus passer sous silence les deux Vidercomes en ivoire sculpté qui sont de part et d'autre de la croix. L'une de ces pièces qui nous paraît d'origine allemande appartient à M. Butte.

L'autre plus délicatement ouvragée et probablement italienne appartient à M. le commandant Bertauld.

Au nombre des jolies choses de ce groupe, il faut encore citer le cartel Louis XVI placé directement au-dessous du portrait du roi et les deux groupes en biscuit, genre Lemire, faisant partie de la collection de M. Godchaux-Picard. (189, 191.)

En poussant plus loin, nous nous trouvons en présence d'un meuble, appartenant à M. de Scitivaux, sculpté partout, et sur la partie supérieure duquel on a groupé à profusion des statuettes en bois qui jurent notamment avec le caractère des ornements. Le style de ce meuble, fabriqué en Alsace à n'en point douter, est absolument allemand. Dans la décoration apparaissent même des armes et des emblèmes dont l'origine vient certainement d'outre-Rhin. Tout au contraire, les statuettes qui sont sur la partie supérieure sont des imitations malheureuses du style des Adam, sculpteurs lorrains, dans ce qu'il a précisément de plus tourmenté. (139.)

Ce n'est point, d'ailleurs, sur ce meuble que notre attention doit s'arrêter, mais bien plutôt sur les quatre statuettes en marbre qui ont été déposées dans son intérieur; ce ne sont rien moins que les originaux des sculptures qui décoraient la portion inférieure de la façade du mausolée de Charles-le-Téméraire, à Dijon. Lorsque vint la révolution, ces statues furent soustraites aux sacriléges mutilations des révolutionnaires par le pieux dévouement d'une personne qui les déroba à la fureur publique. Depuis, elles devinrent la propriété de M. de Broissia à qui elles appartiennent encore. Aujourd'hui, on offre, paraît-il, un prix très élevé de ces originaux auxquels on a substitué, sur le mausolée, de médiocres pastiches. (140.)

Au-dessus de ce meuble est une belle glace Louis XIII, avec fronton, à Mme Faivre. (141.)

Pour terminer la série des objets qui se trouvent sur la façade du salon opposée à la place Stanislas, il ne nous reste plus qu'à faire remarquer la magnifique garniture de cheminée *Vieux-Sèvres*, composée d'une pendule et de deux vases, dans la forme des vieux modèles de pâtes tendres qui ont fait la réputation de cette royale manufacture. Cette garniture de cheminée est devenue la propriété de M. de l'Espée après avoir été celle de M. le comte d'Ourches. Nous y reviendrons en traitant des porcelaines. (136.)

On sait le grand intérêt qui s'attache à ces types uniques d'un art perdu aujourd'hui pour nous. Le moule n'existe plus. Les connaisseurs le mieux au courant des prix estiment que ces trois seules pièces représentent une valeur de 100,000 francs.

Au nombre des pièces curieuses comme céramique, est sans contredit le service à thé rangé dans un écrin à côté de la garniture dont nous venons de parler. Ce service est un don qui fut fait par l'électeur de Saxe à Charles Auguste, dernier duc des Deux-Ponts. Il est la propriété de M. Thilloy. Ce service est en porcelaine de Berlin. (138.)

N'allons pas plus loin sans jeter les yeux sur les beaux fauteuils Louis XV (133, 134.) qui sont devant nous et qui appartiennent à M. Bonvié, non plus que sur le splendide Christ florentin à M. l'abbé Barbier, curé de la paroisse des Trois-Maisons. (126.) Nous avons déjà eu occasion de rencontrer une pendule florentine à M. de Ludre également décorée de jaspes. Le christ de M. l'abbé Barbier est le pendant, comme composition et comme style, de cette pendule. Il est placé sur une console appartenant à M. Dupont. (132.) De part et d'autre sont des émaux de diverses époques, dont le plus curieux est, sans contredit, celui du XIe siècle, facile à distinguer en ce qu'il n'est point peint comme le sont les deux autres, mais bien incrusté dans le métal. (127.)

Au-dessus de cet ensemble d'objets est une glace de Venise, à M. Bruneau. On croit que les glaces ont été inventées au moyen-âge. Pendant longtemps, le monopole de leur fabrication appartint aux Vénitiens, qui les préparaient par le procédé du soufflage. Ce procédé fut importé en France par Colbert, en 1665, et il s'établit alors à Tourlaville, près de Cherbourg, une manufacture de glaces soufflées qui n'a cessé d'exister qu'en 1808. La glace de M. Bruneau nous donne, surtout dans sa partie supérieure, une belle idée de la fabrication vénitienne. (125.)

En poursuivant notre examen, c'est-à-dire en continuant le tour du mur de la salle, de gauche à droite, nous nous trouvons en présence de quatre meubles en chêne sur lesquels ont été groupés les plus remarquables exemples de céramiques.

En premier lieu, nous rencontrons un meuble hollandais à deux corps, sévère de forme et dont l'origine est facile à reconnaître à la moire dont les bois sont revêtus. Cette moire provient de ce que, dans leur travail, les Hollandais avaient l'habitude de couper en biseau la fibre du bois. La frise qui décore ce meuble est d'un beau style. Il est à remarquer cependant que les panneaux en chêne qui garnissent les portes ne sont ralliés qu'insuffisamment au reste du meuble par les tores de même bois qui garnissent les colonnes. Les panneaux devaient, dans l'origine, porter des sculptures. Les coffres dont les panneaux étaient ainsi garnis d'ébène se trouvaient en général revêtus, sur la portion inférieure du fût des colonnes, d'incrustations de ce bois. C'est là une remarque de détail qui n'ôte rien à la valeur de cette armoire. Pour nous, l'armoire hollandaise est un des types les mieux combinés comme disposition et comme style du meuble architectural. (120.)

Au milieu de la salle est un meuble, (715.) mi-partie ancien, mi-partie moderne, à M. d'Assonvillez. Le panneau d'en bas mérite d'être cité. Réservons toutefois notre attention pour la charmante armoire à deux corps de M. le Dr Rousset. Ce meuble fut trouvé par lui aux environs de Sarreguemines, dans un couvent de Wadgasse (Lorraine allemande). On peut voir, à la belle patine luisante de l'encaustique, le soin véritablement religieux qui en a été pris et auquel il doit sa conservation. Ce meuble est doublement curieux par l'évidement original de ses colonnes en doubles tores helicoïdaux et par le caractère déjà presque alsacien des sculptures. On pressent dans les guirlandes, et surtout dans le fronton dont le meuble se passerait très bien, l'influence de l'épais goût allemand ; quoi qu'il en soit, cette armoire toute lorraine fait le plus grand honneur à l'ébénisterie de nos contrées : c'est sans contredit l'une des plus séduisantes d'aspect qui soient à l'exposition.

Tout à côté est une immense et majestueuse

crédence à M. Bonvié. (102.) Le bas de cette crédence rétabli par notre habile restaurateur de meubles anciens, M. Martin, est uniquement composé de panneaux provenant de la démolition d'une chaire qui se trouvait dans la Suisse italienne. Ces panneaux sont d'ailleurs d'une grande élégance de décoration.

Ces deux derniers meubles sont couverts entièrement de magnifiques produits de Céramique ancienne. L'examen de ces diverses pièces trouvera place dans l'étude synthétique que nous ferons des porcelaines et faïences exposées. Mieux vaut mentionner dès à présent l'unique mais très curieuse armure de Charles-Quint à M. Cailly qui se trouve entre ces grands meubles. La cuirasse porte sur sa face des personnages dorés et gravés, qui ne sont autres que les figures de Charlemagne et de Charles-Quint lui-même à cheval. (105.)

Devant ces différentes armoires et crédences se trouvent plusieurs tables dont deux présentent, l'une surtout, un réel intérêt local. Celle de M. de Marnésia, couverte d'une décoration plus fouillée et plus relevée en même temps, paraît avoir été fabriquée dans la portion du sud-ouest de la Lorraine, mais à une époque assez récente, celle de l'Empire peut-être. (116.) Il ne serait pas impossible d'y reconnaître, dans les dessins et les enroulements des feuilles qui garnissent les pieds, certaines analogies de style entre cette table et quelques armoires alsaciennes. Quant aux balustres, leurs galbes n'ont rien de commun avec celui de nos vrais meubles de Lorraine. On en saisit facilement la différence si on jette les yeux sur l'autre table, celle de M. Imhaus. (108.) Celle-là est franchement lorraine par les pieds, par les balustres, par les bordures. Elle nous semble remonter à l'époque de Louis XIII, et, tout comme le meuble de M. Luxer, elle porte franchement la marque de son origine.

Sur la table de M. de Marnésia est une photographie qui intrigue au plus haut point la curiosité du public. Cette photographie, qui n'est la reproduction d'aucun meuble présent, donne simplement l'idée d'une armoire lorraine, de l'époque Renaissance, à M. Petitjean, le père de notre sympathique peintre nancéïen. Ce meuble n'a pu être exposé.

Dans un style tout à fait différent est la table-bureau Louis XIV, genre Boulle, (101.) à M. de Liocourt. On sait que l'ébéniste, ou pour mieux dire l'artiste Boulle, introduisit dans nos meubles une véritable réforme en répandant le mode des incrustations cuivre et écaille. Après la perfection à laquelle sont arrivés nos fabricants contemporains, il n'est pas sans intérêt de recourir de temps en temps aux types originaux qui ont déterminé une grande réforme dans notre mobilier. Le public peut être ainsi rendu juge des progrès réels qu'ont pu faire l'élégance des formes, le choix des motifs de décoration et l'habileté de la main-d'œuvre. Quoi qu'il puisse résulter d'ailleurs de cette comparaison entre les produits anciens et modernes d'un même genre, la table de M. de Liocourt sera considérée sans aucun doute par les véritables connaisseurs comme un modèle de goût et de délicatesse.

A côté de la grande crédence de M. Bonvié se trouve un certain nombre d'objets divers qui présentent un intérêt tout particulier. C'est d'abord un élégant cartel, (100.) genre Louis XVI, en écaille verte à Mme de Dietrich, spécimen d'une rare beauté du type qui prévalut à l'époque du régent. Au-dessous sont deux curieux bustes de Socrate ; l'un florentin, (99.) à M. Legay ; l'autre antique, (96.) à M. de Scitivaux. Le type de Socrate est connu de tous ; la forme de son nez est devenue populaire. On voit cependant, en comparant ces deux reproductions du même visage, exécutés à tant de siècles de distance, combien l'action du temps peut s'exercer d'une façon favorable et atténuer certaines laideurs que l'imagination publique s'est plu à transfigurer. Certes, nous ne voudrions pas manquer de respect à la mémoire d'un aussi grand philosophe ; mais en considérant ce masque peu gracieux, en songeant en outre à certaines vertus de patience domestique, qui, dit-on, manquaient totalement au grand homme, n'est-on pas suffisamment édifié sur les motifs plus ou moins fondés qui ont pu faire naître ses chagrins d'intérieur?

A côté de ces meubles est un tableau peint par Marie Leckzinska, reine de France, (93.) épouse de Louis XV. Ce tableau, qui représente la fuite de la Sainte Famille en Egypte, fut donné par la reine elle-même à Mgr du Coëtlosquet, évêque de Limoges et précepteur des enfants de France. Cette toile, qui n'offre d'ailleurs qu'un intérêt purement historique, est portée par un lutrin qui nous a paru du XVIIe siècle et qui appartient à Mlle Rollin.

En face la fenêtre (1) est une table en stuc sur laquelle figure un jeu de cartes séparé en deux jeux ouverts et également en marbre incrusté. Cette table (92.) est, pour la partie en bois, du style Louis XVI. La tradition, qui l'attribue au roi Stanislas, se trouve donc quelque peu déroutée. On sait qu'une table du même genre, portant aussi sur son dessus la représentation d'un coup de cartes, est au musée lorrain. Mais

---

(1) Cette table a depuis été placée près de la grande table des faïences au fond de la salle.

celle-là est de style purement Louis XV. Il nous paraît difficile d'expliquer cette différence autrement qu'en supposant que la table de Stanislas ait provoqué de la part d'ébénistes divers quelques imitations semblables à celles que nous avons sous les yeux et qui appartient à M. François. Si l'on compare d'ailleurs les cartes qui figurent sur cette table avec les véritables cartes d'Epoque (ce que M. Wiener nous a obligeamment permis de faire en recourant à sa très curieuse collection), on reconnaît que les cartes de la table exposée sont des cartes antérieures d'un siècle à celles dont on se servait sous le règne de Stanislas.

Il y aurait d'ailleurs encore une autre hypothèse, mais celle-là nous ne la soulevons que timidement. On se rappelle que déjà, dans le mobilier de Mme Lambert Levylier, nous avons retrouvé un type accusé du genre Louis XVI, remontant d'une façon certaine à Stanislas. Ici, nous nous trouvons encore en présence d'une anomalie du même genre, mais cette fois sans certitude d'origine, ce qui nous permet d'être beaucoup moins affirmatif. Toutefois le doute est encore permis, si l'on songe qu'à la cour de Stanislas, ont vécu des artistes comme R. Mique qui, après avoir travaillé à Lunéville, est allé à Paris, y est devenu l'architecte de la reine Marie-Antoinette, et même a payé de sa tête son dévouement à la cause royale (1). N'y a-t-il pas là comme une source de recherches intéressantes pour l'histoire du style ? Au sujet de la table qui nous occupe, nous ne saurions émettre une opinion par trop affirmative ; mais les caractères très accusés du style Louis XVI qui se trouvent sur les pieds et sur les bordures nous rendent bien suspecte la légende dont elle est l'objet. On sait en effet que le coup de carte qu'elle représente serait, — toujours d'après la légende, — un coup de piquet perdu par le roi Stanislas, qui n'avait qu'une *seizième* et *quatre as* contre un *quatre-vingt-dix* de son adversaire. Dans son dépit, le roi aurait retourné la première carte de l'écart, et, voyant qu'elle eût suffi pour annuler le *quatre-vingt-dix* de l'adversaire, l'aurait déchirée. C'est là, nous le répétons, une simple légende ; or, ce coup n'est pas le même que celui du Musée lorrain. Sur la table de ce musée ; le jeu de Stanislas a bien encore son point en trèfle, mais n'a plus les quatre as. Comment admettre qu'à chaque coup malheureux du roi, on eût pris la peine de faire une table ?

Au-dessus, à gauche, le long du chambranle de

(1) Voir la savante notice de M. Morey, (publiée chez Mme Raybois 1868), sur Richard Mique, architecte de Stanislas.

la cheminée, se trouve une intéressante Adoration des Bergers en bois sculpté, à M. Blondin. (94.) Aux détails de la perspective, au haut relief des personnages, on reconnaît de suite un travail italien. Le bois avec lequel ce sujet a été traité se rapproche sensiblement de celui des deux figurines placées de l'autre côté de la salle, auprès du coffre de M. Bernauer, sur une armoire crédence à M. Morey.

Sur la console qui a été placée dans l'angle de la salle, mentionnons, en passant, des scènes de la Passion, (97, 98.) ouvrages thibétains en bois coloriés à Mme Balbâtre, ainsi qu'un magot hindou en bois doré placé au pied de l'armure de Charles-Quint. Cette idole, appartenant à M. Imhauss, est, paraît-il, antérieure de près de 3000 ans à l'ère chrétienne. (106.)

De part et d'autre se trouvent, un peu dans tous les coins de la salle, des objets de nature diverse, meubles, coffres, ustensiles auxquels, pour procéder méthodiquement, nous devons, avant d'entreprendre l'étude séparée de chaque série d'objets d'art de même espèce, prêter une rapide attention.

Dans la première salle notamment, nous ne pouvons passer sous silence, deux remarquables objets de ferronnerie. L'un est un trophée qui se trouvait autrefois au-dessus des fontaines de la place Stanislas. Il est donc l'œuvre de Jean Lamour. Il fut enlevé à cause des attributs royaux dont il était revêtu pendant la période de la première révolution. Trouvé depuis chez un serrurier, il est devenu la propriété de M. Morey. (16.)

De Jean Lamour est aussi la remarquable grille de balcon, en fer forgé et découpé, encadré dans un bois d'un très joli profil, qu'on peut voir devant la cheminée du salon carré d'entrée. (20.) Cette grille fut trouvée par M. Barbey, dans la Maison Hospitalière des religieuses de St-Jean-de-Dieu, fondée à Nancy par le roi Stanislas en 1750. Ce type permet de voir avec quelle merveilleuse habileté, quelle science du dessin et de la décoration, les serruriers lorrains du XVIIIe siècle maniaient le fer. Encore un art local sur lequel il serait du plus haut intérêt de posséder de nombreux documents, au lieu d'être réduit à l'examen de quelques œuvres particulières qui chaque jour sont exposées à disparaître !

Tout près de ces objets sont deux grilles très belles, à M. Hemmerdinger, qui portent la croix de Lorraine. Malgré ces attributs, tout donne lieu de supposer que ces grilles ont été fabriquées en Suisse.

En parcourant la salle, nous trouvons, plusieurs meubles qui, par leur situation ont échappé naturellement à notre examen. Ce sont, en premier lieu, le coffre (486.) si empreint du cachet lorrain, à M. l'abbé Barbier, curé des Trois-Maisons, coffre qui se trouve derrière la dernière grande table, en pendant à celui de M. d'Assonvillez, dont nous avons parlé et qui a été placé en face de la porte d'entrée. (350).

A l'une des extrémités de la seconde table nous retrouvons un cabinet, ouvrage *contre-partie*, à M. Mangin, (1) et un coffret, ouvrage *direct* d'une heureuse inspiration, à M. Beaupré. (463.)

Du côté de la première table qui fait face aux fenêtres, nous sommes en présence de trois commodes ; l'une Louis XIV, de même style que celle de M. Noël que nous avons déjà eu à examiner ; inférieure quant aux cuivres, également belle pour les incrustations. (413.) Cette commode qui n'est pas vernie, appartient à Mme Faivre. A côté est une autre commode parfaite d'exécution et d'un goût très sobre, style Louis XVI, à M. de Ludre, (382.) enfin, une troisième commode *Louis XV*, à M. Favier. Sur ces trois meubles et sur la table qui se trouve derrière, sont quelques menus objets, uniques dans leur espèce, mais tout à fait dignes d'attention et qui

(1) Ce coffret a depuis été placé dans l'une des salles de tableaux.

doivent, par conséquent, trouver place dans cette énumération.

C'est, en premier lieu, un coffret ayant appartenu à Pierre le Grand, empereur de Russie. (416.) Ce coffret se trouve placé à l'angle de la première grande table de faïence, près des ornements de saint Gozlin. Ce coffre, long de cinquante centimètres à peu près, est entièrement en cuir. Il est couvert de très belles garnitures en cuivre et porte sur le milieu du couvercle la couronne du tzar et la hache du charpentier. Falconnet, notre célèbre sculpteur, qui a laissé au musée de Nancy tant de traces de son admirable talent, fut appelé à Saint-Pétersbourg pour y faire la statue de Pierre Ier. On sait que cette statue équestre, en bronze, d'une dimension gigantesque, lui coûta 11 années de travail. C'est à cette époque, en 1766, qu'il maria sa fille, Mme Jankowitz. L'impératrice Catherine lui laissa un grand nombre de très précieux souvenirs et, entre autres, le cœur en laque que nous avons mentionné déjà et le coffret de Pierre le Grand. Mme Jankovitz avait un fils qui fut l'ami intime de M. le comte de Warren; à sa mort, Mme Jankovitz donna en souvenir ces objets historiques à M. le comte de Warren. C'est grâce à son obligeance qu'ils sont aujourd'hui à notre exposition.

A côté de la commode qui porte ce coffret, il n'est pas sans intérêt de remarquer un très curieux travail de ferronnerie qui fut exécuté à Metz par un ouvrier du nom de Ysette. (410.) Ce maître en l'art de manier le fer s'appliquait surtout à ciseler et buriner la tôle et l'acier comme le cuivre. Cette plaque ouvragée fut offerte par l'artiste lui-même au maire de Metz, qui en fit immédiatement don au musée de cette ville, auquel il appartient encore. Du même artiste est un vase en acier ouvragé, style Louis XVI, (4.) placé sous globe, qui se trouve dans un angle du salon d'entrée.

En suivant la même table, du même côté et plus près de la porte d'entrée, auprès d'une écritoire Louis XIV, à M. Butte, (405) en étain incrusté d'écaille et de cuivre dans le genre Boalle, se trouve un très remarquable garde-feu Louis XVI à M. de Liocourt. (386.) A la délicate ciselure des détails, non moins qu'à la parfaite pureté de dessin, il est facile de reconnaître l'œuvre d'un artiste véritable, comme le dix-huitième siècle en a tant produit. Peut-être était-ce là ce qu'on appelait alors un *chef-d'œuvre*, c'est-à-dire une pièce qui favorisait l'admission de l'auteur dans la corporation de son métier. Aujourd'hui encore, dans les fêtes patronales des corps de métier, on promène processionnellement quelques-uns de ces *chefs-d'œuvre* qui ont mérité le prix décerné par le jury de la corporation. C'était ainsi qu'on faisait alors de la réclame. Qui n'eût par exemple voulu confier le dessin et l'exécution d'un élégant mobilier à l'artiste qui possédait son art au point de produire un petit bijou comme cette commode en miniature, — sans doute aussi un *chef-d'œuvre* de corporation — qui se trouve derrière les chenets précédemment décrits? (389.) Ce petit meuble, tout juste ce qu'il faudrait aujourd'hui à une élégante poupée du dix-neuvième siècle, est une véritable merveille de goût et d'exécution. Aussi a-t-elle attiré l'attention de M. Gény père, qui la possédait dans sa collection.

Il ne reste plus à mentionner sur cette table comme objet qu'on pourrait appeler hors série, qu'un coffret curieux, en laque de Coromandel, à M. de Haldat, coffret fabriqué sans doute dans les Indes, sur commande, puisqu'il porte une couronne et un écusson fleurdelysé aux armes de sa famille. (377.)

Terminons de suite la série des menus objets en rentrant un instant dans le salon d'entrée pour attirer l'attention des vrais connaisseurs sur deux paires d'appliques en cuivre, style Louis XIV, placées symétriquement de chaque côté de la grande cheminée et que l'isolement pourrait bien exposer à être oubliées. Ces appliques à M. du

Boys de Riocourt, les plus originales peut-être parmi toutes celles de même époque qui ont été exposées, gagneraient sans doute à être mieux vues et surtout à être vues dans la grande salle ; il est regrettable qu'une toute petite place n'ait pu leur être réservée, (12, 13, 14, 15.)

Il nous reste enfin à parler des tables et des vitrines où sont exposés les objets qu'il est plus convenable, en raison de leur fragilité ou de leur petite dimension, de tenir renfermés. En commençant par le côté le plus voisin de la porte d'entrée, la première vitrine à deux corps, (III) appartient à M. Martin. La seconde, monumentale d'aspect mais qui pêche un peu par la trop faible place réservée aux carreaux (IV), est celle de M. de Meixmoron. Les vitrines (V et VIII) appartiennent à M. Martin et M. Noël. Celle-ci est un type élégant de l'art Lorrain, sous Louis XV. Entre les vitrines de MM. de Meixmoron et Martin est un élégant petit meuble lorrain à M. Beaupré. (56.) Entre la vitrine (VII) et la suivante (IX) à M. Butte, se trouve une vitrine en bois noirci genre Louis XVI dont les éléments sont anciens ; cette vitrine appartient à M. de Scitivaux. (IX) Au-dessous est un coffre à M. Morey qui nous donne une idée exacte de l'élégance que les Lorrains apportaient dans l'ornementation de leurs petits meubles, à l'époque de la Renaissance. (71.)

Poursuivons notre énumération. Nous nous trouvons en présence d'une série de vitrines hollandaises. Depuis un certain nombre d'années ces vitrines sont devenues fort à la mode, moins peut-être en raison de leur élégance de forme qu'à cause de leur légèreté et de leur parfaite convenance pour le but auquel elles sont destinées. Rien d'ailleurs n'est mieux en rapport avec un Hollandais qu'un meuble de son pays. Ventre gros, tête pleine de choses. Disposées pour contenir des objets d'apparat, les vitrines hollandaises ont été couvertes de glaces afin d'égayer leur intérieur par de larges ouvertures, et de substituer ainsi à la tristesse des pleins qui arrêteraient la pensée les vides apparents qui laissent passer le regard. Grâce à cette légèreté, tout inspire, dans un mobilier ainsi composé, le sentiment intime, paisible, d'une vie riante et purement terrestre dont la poésie ne s'élève guère plus haut que la mousse des vidercomes et l'amour de la peinture familière. Toute autre est, nous l'avons vu, l'architecture mobilière des Hollandais lorsque le but du meuble n'est point le luxe. Le sens vertical et horizontal reparaît alors, comme dans le meuble à panneaux d'ébène, près de la porte qui conduit à la salle des tableaux. Le sentiment devient plus grave, à mesure que la construction devient plus massive, ce qu'on peut facilement reconnaître encore sur l'armoire de M. le docteur Sogniés (3.) qui se trouve dans la salle d'entrée. Le type de cette grande armoire, à vantaux saillants en bois noir et brun est très-répandu dans le nord du Brabant. Le Musée de Cluny en possède un spécimen qui se rapproche beaucoup de celui dont il est ici question.

Ces vitrines toutes à peu près conçues dans le même style, les unes modernes, les autres anciennes, appartiennent à MM. Costé (XIII), d'Exgvilly (XVIII), Noël (XVII), d'Assonvillez, (XIV), Luxer (XXII). La suivante qui nous paraît de fabrication lorraine est à M. Dupont et enfin les trois dernières sont à MM. de Scitivaux, Audiat et de Broissia. La vitrine, en bois noir, garnie de bibelots divers d'orfévrerie est à M. de Carcy (XXIII).

Deux tables nous donnent un gracieux exemple du style Louis XV. L'une qui porte les ornements de saint Gozlin, appartient à la bibliothèque de Nancy, la dernière est à M. de Martinpré. Mentionnons encore l'élégante vitrine à M. Imhaus, (XVI) où se trouvent classés les émaux de bijouterie, et la table Louis XIII, (6.) à M. Noël, chargée de deux coffrets et d'un groupe de Cyfflé. On ne doit point enfin passer sous silence une dernière table placée dans le salon d'entrée, peu en apparence et décorée de très beaux cuivres, style Louis XV, à la Bibliothèque de Nancy; et le pupitre sculpté de Stanislas dans la même salle, (21, 22.) Ce pupitre est décoré d'attributs en relief qui ne manquent ni de goût ni d'effet.

Pour avoir terminé notre revue générale et n'avoir plus qu'à traiter les grandes séries, il nous reste à franchir le seuil du petit retrait obscur, voisin de la salle d'entrée où tous les objets exposés paraissent en pénitence. Pour quelques-uns il est permis de regretter le défaut de jour. On peut encore bien voir la pagode japonaise restaurée par des Hollandais, appartenant à Mlle Rollin, (40.) et d'un curieux effet décoratif; mais il y a des déshérités de la lumière que nous ne devons point oublier, comme MM. de Marnézia et Noël, qui ont envoyé des paravents chinois l'un en soie, et l'autre en laque qu'on ne voit qu'à grand'peine, (38, 39.) Au nombre des objets dignes d'une attention toute spéciale, et pour lesquels, si nous jouissions de quelque influence, nous essaierions de fléchir les rigueurs de la commission, nous placerons en première ligne les deux très intéressants portraits de Jeanne d'Arc appartenant à M. de Haldat. Pour l'honneur de la Lorraine, pour celui de la France, nous demandons la grâce de cette peinture qu'il importe de mettre en évidence où l'on pourra, pourvu que le public la trouve, et lui prête l'attention qu'elle mérite (1).

L'origine de ce portrait est notoirement historique et incontestable ; on nous pardonnera de retracer ici complètement ses lettres de noblesse.

Il fut donné par le duc Henry II de Lorraine à Antoine du Lys, seigneur de Gibaumé. Exempt des gardes de ce prince, Antoine du Lys était arrière petit-fils de Jean-d'Arc du Lys, frère de Jeanne-d'Arc.

Antoine du Lys eut pour fils Claude du Lys dont est issue Elisabeth du Lys, épouse de Jean Le Picart, sieur de Fulaine. Ils eurent pour fils : Joseph Le Picart du Lys, écuyer sieur de Fulaine et dame Nicole Le Picart du Lys, qui épousa M. François d'Arbamont, conseiller du roi, président et prévôt de Vaucouleurs, dont sont issus quatre fils, morts sans postérité, et cinq filles non mariées. Les dernières survivantes sont mortes à un âge très avancé en 1812, léguant par testament ce tableau précieux à M. J.-B. Alexandre de Haldat du Lys, grand-père paternel du propriétaire actuel, comme leur parent et descendant aussi lui-même de Pierre d'Arc du Lys, frère de

(1) Depuis que cette appréciation a été écrite ce portrait a été retiré pour être livré à la gravure et figurer en tête de l'*Histoire de Jeanne d'Arc*, publiée par Firmin Didot.

Jeanne d'Arc, par Catherine du Lys, la plus jeune fille dudit Pierre d'Arc, épouse de George Haldat, capitaine au service des roi Charles VII et Louis XI.

Au point de vue artistique, ce portrait peut attirer les regards des bons juges. Il est peint par Deruet, artiste lorrain bien connu, qui l'a signé en gros caractères sur la lame de l'épée. Deruet avait étudié son art en Italie, sous Le Tempeste et le Josépin ; il devint le peintre ordinaire du duc de Lorraine et vécut, croyons-nous, de 1611 à 1660.

Tout fait penser que ce portrait est la reproduction d'une plus ancienne image de la Pucelle. Cette opinion est partagée par plusieurs écrivains distingués, notamment par MM. Vallet de Viriville et Vergnaud Romagnési, qui tous deux ont publié de nombreux écrits sur Jeanne d'Arc et son époque. On voit en effet dans cette figure un portrait de Jeanne d'Arc et non pas une figure de fantaisie pour laquelle le peintre eût cherché un type plus régulier et plus agréable. Il y a, du reste, une grande conformité entre ce portrait, et ce que les chroniqueurs nous rapportent de la figure de Jeanne d'Arc. On nous permettra d'en citer la description donnée, d'après les chroniqueurs, par M. Le Brun des Charmettes, auteur d'une excellente histoire de Jeanne d'Arc qui, malgré les travaux modernes, est restée un ouvrage recherché et consulté :

« Elle avait, dit-il, le front moyen, les yeux grands, fendus en amánde, les prunelles d'une couleur indécise entre le brun et le vert, couleur particulière aux brunes claires, le regard mélancolique et d'une douceur particulière, les sourcils finement dessinés, le nez droit, bien fait et un peu mince, la bouche très petite, les lèvres vermeilles; le creux formé entre le menton et la bouche était marqué, le menton petit, etc., etc. »

Cette citation peut faire voir qu'entre cette description et le portrait de M. de Haldat, il y a une remarquable conformité. Quelques écrivains modernes ont voulu voir dans ce portrait l'image de la célèbre dame des Armoises qui se fit passer longtemps pour Jeanne-d'Arc échappée au bûcher, et qui par sa ressemblance extraordinaire avec l'héroïne, trompa complètement Jean et Pierre d'Arc, frères de Jeanne-d'Arc, et même Isabelle Romée, sa mère. Nous ne discuterons pas cette opinion si favorable au portrait de M. de Haldat, qui serait alors la plus parfaite image de la Pucelle. Ce tableau est celui qu'a demandé M. Firmin Didot pour en faire paraître une reproduction en tête de la grande monographie de Jeanne d'Arc qu'il se prépare à publier.

Quant au tableau représentant Jeanne d'Arc et

Dunois, vêtus à la romaine, leur principal intérêt est d'être aussi une œuvre de Deruet.

Quelques lignes encore et notre énumération générale sera terminée. Ces quelques lignes, nous voulons les consacrer aux tapisseries qui donnent à la décoration de la salle un éclat vraiment merveilleux. La plus grande de ces tapisseries, celle qui se trouve au fond de la salle, est la propriété du château d'Haroué depuis que Louis XIV en a fait don à la famille de Beauveau. C'est la reproduction du triomphe d'Alexandre qui se trouve au Louvre. La tapisserie d'un ton superbe qui se trouve à l'autre extrémité est à M. du Boys de Riocourt. Les deux premières qui se trouvent dans le couloir d'entrée, aussi fort intéressantes, sont l'une du XVIe siècle à M. Morey, l'autre du XVIIIe, à M. de Scitivaux. Les fragments de la tente de Charles-le-Téméraire ont d'ailleurs été trop de fois décrits et expliqués pour que nous ayions à revenir sur ce sujet.

—

Quel qu'ait été notre bon désir de n'omettre aucun des objets importants dont le genre ne donne lieu à aucune classification spéciale, nous n'espérons point n'avoir commis ni erreur ni oubli. S'il est temps et si ces oublis nous sont signalés, nous

nous efforcerons de les réparer dans la suite de notre travail, où nous examinerons par séries maintenant les divers objets dont il nous reste à parler.

II

IVOIRES

Ivoires

Une réelle difficulté s'est présentée à nous lorsque nous nous sommes proposé de suivre dans l'étude des ivoires un ordre historique.

La plupart des nombreux chefs-d'œuvre exposés se trouvaient disséminés un peu partout. Il était par conséquent assez malaisé pour nous de définir chaque objet par des indications assez précises pour ne point dérouter les lecteurs.

Néanmoins nous n'avons pas reculé devant la tâche délicate de les diriger d'âge en âge à travers ce dédale archéologique.

Tous nos lecteurs savent, sans doute, comment sont fabriqués les objets soit en ivoire, soit en os.

L'ivoire est une matière osseuse qui forme les dents de plusieurs animaux. L'industrie emploie les dents de morse, de narval, d'hippopotame ; mais ce sont principalement les défenses d'éléphant qui fournissent l'ivoire proprement dit. L'ivoire se distingue de l'os par un grain plus fin, plus serré, et par les mailles que présente son tissu. Il se taille mieux, se coupe plus net, et prend un plus beau poli, il est plus pesant ; la gélatine qu'on en tire conserve sa transparence lorsqu'on la soumet au tannage, tandis que celle des os se trouble. Un procédé qui permettrait de tanner aussi bien la gélatine des os que celle de l'ivoire pourrait donner lieu à une industrie productive. On vend l'ivoire soit en morceaux, soit en défenses entières. Autrefois les morceaux, bruts ou travaillés, portaient seuls le nom d'ivoire, et les défenses étaient distinguées par celui de *marfil*, nom espagnol de la dent d'éléphant. Faut-il en tirer la conséquence que les commerçants de cette nation ont les premiers introduit les défenses entières ? Aujourd'hui le mot *marfil* est presque oublié.

On comprend que la dent a d'autant plus de valeur qu'elle est plus forte ; car elle fournit des pièces plus volumineuses. La dureté de chaque dent et la propriété de ne pas jaunir à l'air, sont encore des circonstances qui les font rechercher. A tous ces titres, l'ivoire de Guinée est le plus estimé. Il provient de l'éléphant à tête bombée, dont les défenses, plus grandes et plus lourdes, sont en général d'un grain fin et d'un blond verdâtre qui blanchit à l'air au lieu d'y jaunir en vieillissant. L'éléphant de l'Inde, qui est à front concave, fournit un ivoire plus tendre et plus blanc, mais qui jaunit. On appelle *ivoire vert*, les variétés dont la teinte est brunâtre ou verdâtre, et qui blanchissent avec le temps. La même dent peut fournir des parties blanches et d'autres vertes.

Les anciens, qui avaient l'ivoire en plus grande quantité que nous, l'employaient en plus grosses pièces, soit pour leur meubles, soit pour en faire des statues. La Minerve du Parthénon et le Jupiter Olympien sont célèbres par l'emploi de l'ivoire.

Les ivoires des premiers siècles sont extrêmement rares. Les plus anciens que possède le Louvre sont du XIIe siècle. Notre Exposition est, à ce point de vue, plus heureuse, puisqu'elle en possède un du Xe siècle, (n° XII.)

Cet ivoire, le plus ancien exposé, est le curieux peigne liturgique ayant appartenu à saint Gozlin et formant avec les ornements religieux de même provenance un ensemble incomparable. Ce peigne a été décrit par notre savant sigillographe et numismate M. Bretagne. L'usage de ces peignes est une chose curieuse et généralement fort ignorée. Le savant Dom Claude de Vert, trésorier de l'abbaye de Cluny, l'a indiqué d'une manière fort complète.

« Car quoique la tonsure et la couronne des
« évêques ne fussent point autrefois différentes
« de celles que portent encore à présent les cor-
« deliers et les capucins, comme nous dirons en
« son lieu, toutefois le cercle de cheveux qui
« régnait autour de leur tête était toujours assez
« épais pour qu'ils eussent besoin d'un peigne
« dont la décence voulait qu'ils se servissent pour
« démêler leurs cheveux et les arranger propre-
« ment, surtout avant que d'entrer à l'autel et de
« commencer leur fonction... »

L'évêque de Mende avait exprès un peignoir en forme de petit manteau.

« On ne se peignait en effet, dit encore Dom Claude le Vert, qu'après être tout à fait revêtu des habits sacerdotaux et pontificaux.

« A l'origine » écrit M. Bretagne dans sa notice, « l'usage des peignes liturgiques était probablement nécessaire, surtout pour les membres inférieurs du clergé, tirés généralement des rangs du peuple. D'un autre côté, les serfs si abrutis par leur dure condition ne nettoyaient guère leur tête, et leur contact dans les églises ne devait pas permettre aux prêtres d'avoir la chevelure suffisamment nette pour approcher de la sainte Eucharistie. De là la prescription qui est tombée avec les progrès de la civilisation, laquelle a généralisé les habitudes de propreté. Mais pour les princes de l'Église, il est probable que l'usage du peigne liturgique n'a jamais été que symbolique. C'est ce qui expliquerait la grandeur démesurée de quelques-uns de ces objets, leur ayant appartenu, qui sont parvenus jusqu'à nous. »

Cette liturgie paraît être complètement tombée en désuétude, vers le commencement du XVIe siècle.

Comme on peut le remarquer, le peigne de saint Gozlin avait une partie fine et une partie grosse. Le peigne fin a disparu. De ce côté, il ne reste qu'une dent extrême qui a résisté à l'action du temps. Suivant le monographe précité, les personnes attaquées de la maladie de la teigne allaient autrefois en pélerinage à Bouxières-aux-Dames et demandaient que leur chevelure fût touchée du peigne de saint Gozlin, afin d'obtenir leur guérison.

« C'est à cette circonstance probablement qu'il faut

attribuer la disparition des dents du peigne fin. Quant à l'autre partie, elle a dû nécessairement, — les dents ont un centimètre de grosseur — triompher des chevelures les plus incultes. Il existait autrefois en Lorraine un dicton auquel cette croyance avait donné lieu. Lorsqu'on remarquait un individu dont la chevelure était en désordre, on disait qu'il s'était « peigné avec le peigne de saint Gozlin. »

Au point de vue qui nous préoccupe, le peigne de saint Gozlin est un type remarquable du travail de l'ivoire au Xe siècle, (922-962). Nous copions textuellement la description qui en a été donnée par M. Bretagne.

« Ce peigne est formé d'un seul morceau d'ivoire ; il est découpé à jour, et la partie munie des grosses dents est séparée de celle où existaient les dents fines, par une décoration composée d'une arcade en plein-cintre accostée de deux petits frontons. Sous l'arcade est un calice d'où part la vigne symbolique tournée en rinceaux. Auprès du vase sont deux colombes, et sous chacun des deux frontons, il y a aussi un cep de vigne et une colombe.

« Une moulure de feuilles d'acanthe encadre le tout. Le centre de chaque feuille est orné d'une perle de verre bleu, d'une nuance semblable à celle de certains émaux qui figurent aussi sur l'Evangelière de saint Gozlin; les yeux des colombes sont formés également de gouttes du même émail.....

« L'ornementation de ce peigne, dit encore le même auteur, est large et parfaitement entendue, et ce meuble est empreint du caractère de grandeur que la religion catholique a toujours su donner aux moindres objets du culte. »

C'est le plus ancien travail d'ivoire qui existe à l'exposition (1). Après lui, il faut sauter de deux siècles pour arriver au remarquable travail du XIIe siècle appartenant à M. de Meixmoron, et représentant, groupés dans un même cadre, les divers épisodes de la vie du Christ; c'est là de la véritable miniature. M. de Meixmoron nous fournit encore un spécimen des ivoires du XIIIe siècle, par une boîte très curieuse. Cette boîte, située sur la première grande table derrière le coffret de Pierre-le-Grand porte l'ange aux quatre ailes sculpté sur sa partie supérieure et des animaux fantastiques, réservés au milieu des rinceaux des quatre faces principales.

Nous n'avons aucun spécimen du XIVe siècle, mais, par contre, plusieurs de la fin du XVe ou du commencement du XVIe, appartenant

---

(1) Depuis que ces lignes ont été écrites un magnifique ivoire *mérovingien* a été exposé par M. Bretagne.

encore à M. de Meixmoron ; ce sont, en premier lieu, un *Baiser de paix* représentant le *Christ en croix*, (II.)

Dans la vitrine aux émaux, nous retrouvons une charmante *Adoration des Mages*; puis, dans la vitrine VII, un diptyque contenant, sur sa partie droite, *saint Christophe*, et sur la gauche, *saint Jean avec un ange portant la sainte Face*, à M. Martin.

Les diptyques ont, on le sait, une origine fort ancienne. Les tablettes des Romains étaient ordinairement composées de deux feuillets en buis ou en bois de citronnier, souvent en ivoire, quelquefois en métal; la dimension primitive, qui permettait de les enfermer dans le *poing* fermé, leur fit d'abord donner le nom de *pugillaires*, mais on les appela généralement *diptyques*, mot qui signifie, en grec, *plié en deux*. Leurs faces intérieures étaient induites de cire, et l'on y écrivait avec un stylet de métal ou d'ivoire. Ces notes pouvant être effacées très-facilement, les diptyques rendaient le même service que les feuilles de peau d'âne dont on garnit les portefeuilles.— A l'époque du renouvellement de l'année, les Romains faisaient le don de diptyques, de préférence à d'autres objets, et ils inscrivaient sur la cire des vœux pour le bonheur du parent ou de l'ami auquel on les envoyait. Au commencement, les diptyques furent fort simples ; plus tard, on décora l'extérieur ; ce fut alors qu'ils sortirent de la dimension primitive. Comme les consuls entraient en charge au mois de janvier, ils occupaient naturellement la première place parmi ceux qui étaient dans l'obligation de donner des *étrennes* ; pour enchérir sur les simples citoyens, il agrandirent le format des diptyques, voulurent y être représentés dans toute la pompe du costume consulaire et y firent retracer les jeux qu'ils donnaient au peuple. Les diptyques devinrent ainsi des monuments d'art, infiniment précieux aujourd'hui par les renseignements qu'ils procurent sur les costumes et les mœurs des anciens. Sous l'empire et à Constantinople, lorsque le consulat ne fut plus, en quelque sorte, qu'une charge honorifique réservée aux plus riches patriciens, donner et recevoir un diptyque fut une distinction dont on se montra très-jaloux. Les consuls ne donnaient pas les diptyques à leurs seuls clients de Constantinople ; ils en envoyaient au sénat de Rome, aux villes, aux églises et aux amis qu'ils avaient dans les provinces. Soit que les églises en aient reçu un grand nombre directement, soit que les donataires les aient déposés par dévotion dans les métropoles et dans les abbayes, il est remarquable que presque tous ceux qui nous sont parvenus proviennent des trésors des églises, où ils étaient conservés de temps immémorial : il faut même ajouter que les diptyques ont servi, pendant une longue période d'années, dans la célébration des saints mystères; on en plaçait sur les autels, et on inscrivait, dans l'intérieur des tablettes, les noms des saints dont on faisait mémoire, les formules d'oraison et la liste des évêques dont on récitait les noms. Les inscriptions se faisaient soit sur l'ivoire lui-même, soit sur les feuilles de parchemin qu'on adaptait à l'intérieur. Saint Grégoire, dans son *Sacramentaire*, rapporte la prière pour l'évêque défunt, qui doit être lue *sur les diptyques* ; Alcuin, liturgiste du IXe siècle, mentionne comme déjà très-ancien l'usage qu'avait conservé l'Eglise romaine de réciter les noms des défunts d'après les diptyques.

On ne connaît aujourd'hui que des diptyques d'ivoire.

Tous ces ivoires, la plupart sur feuillets, se distinguent par l'admirable simplicité de la composition; par une naïveté des attitudes, une vivacité d'expressions, qui n'appartiennent qu'à l'époque ogivale. L'âge même de ces travaux s'accuse d'une manière très-probable par les ornements d'architecture qui y sont adjoints chez tous, et qui sont antérieurs à la Renaissance. Ceux de ces diptyques que nous possédons à l'Exposition doivent tous être placés soit à la fin du XVe siècle, soit au commencement du XVIe, suivant la forme des *choux* qui décorent la partie supérieure des arcades ogivales.

Du XVIᵉ siècle est encore un diptyque, à M. Géoy, sur les deux feuilles duquel sont sculptés la *Vierge accompagnée d'anges* et le *Christ aux saintes femmes*. Ces pièces se trouvent dans la vitrine nº II en entrant à droite. Il est à remarquer que les ivoires de cette époque se distinguent très facilement de ceux du siècle suivant par la conformité avec laquelle sont traités les mêmes sujets, le parallélisme des personnages, l'inclinaison invariable sur l'épaule droite de la tête du Christ, une certaine disposition symétrique et inflexible dont la Renaissance s'écarte profondément.

Quelle différence en effet avec la coupe de Diane de Poitiers, du XVIᵉ siècle, d'un charmant modèle, sur laquelle sont sculptées trois fleurs de lys, le portrait de François Iᵉʳ et la licorne traditionnelle ! Ce chef-d'œuvre provient de la collection primitive de M. Butte et a été acheté par lui à une époque où l'on n'avait pas à redouter encore l'habileté des contrefacteurs. Cette pièce remarquable est exposée dans la vitrine droite, (10.)

Dans la vitrine XXI nous trouvons un travail très-beau de l'époque de la Renaissance. C'est une Vierge *protectrice*, couvrant de son manteau la foule des pécheurs. Le groupe est encadré dans une arcade ornée de trois feuillages.

Au bas est un écu chargé de trois cornes de cerf, ce qui indiquerait que cette belle composition a été faite pour un prince de Wurtemberg. Cet ivoire est la propriété de M. Bertaux. Le XVI° siècle est d'ailleurs l'époque où l'ivoire prend les formes les plus séduisantes; témoin le magnifique buire décoré d'une Bacchanale d'enfants, appartenant à M. de Lassalle et placé dans la vitrine XIV. Au même propriétaire et dans la même vitrine, est un triptyque un peu antérieur, représentant la Vierge aux litanies. Cet ivoire est orné de dorures.

Mentionnons également dans la vitrine n° VII près des Cyfflée de M. Morey, un feuillet à quatre sujets, *Renaissance*, représentant l'*Annonciation*, la *Nativité*, l'*Adoration des Mages* et le *Crucifiement*, à M. le comte de Riocourt.

De la même époque sont encore un *vidercome allemand*, à M. Bertaux, (189.) situé au-dessus du cabinet de M. Bretagne peint par Claude le Lorrain, en pendant d'un autre vidercome allemand, (191.) à M. Butte, et un fort joli groupe appartenant à M. Martin. Ce groupe est placé dans la charmante vitrine espagnole à M. de Broissia, du côté gauche, où se trouvent les petits personnages en *vieux Saxe*, (n° XXIX.)

Si nous retournons près de la *Vierge protectrice* que nous décrivions tout à l'heure, nous trouvons un Coffret garni en argent provenant aussi de M. Bertaux. A l'opulence des rinceaux et à la richesse des feuilles non moins qu'aux charnières, nous reconnaissons que nous approchons de la fin de la Renaissance. C'est déjà la décoration Louis XIII à son origine. Une Vierge qui nous paraît espagnole, à M. Bertaux, placée sur la première table dorée Louis XIV de Mlle Rollin (côté gauche) est sans doute de la même époque mais postérieure de quelques années. (326.) Le pied de cette Vierge, d'un travail incrusté en écaille rouge, fixe à peu près son âge. C'est à cette date que nous rapporterions encore la *Poire à poudre* de M. de Frègeville et l'*Adoration des Mages* en petits personnages sculptés, appartenant à M. Martin, peut-être même encore le très curieux roi d'échecs, figurant un portrait de Henri IV et découvert par M. Michel dans des fouilles opérées au-dessous de sa maison, (Vitrines VII et XXIX.)

En revenant vers les vitrines, nous rencontrons, à l'angle de la première grande table, un *docteur, un livre à la main*, appartenant à M. Hannequin. Cette pièce nous paraît déjà du commencement du XVIIe siècle. Sous Louis XIV, les ivoires comme toutes les autres productions artistiques, devenaient d'un style plus solennel. Tout en restant délicat on n'était pas insensible au plaisir d'être quelque peu grandiose, même dans les petites productions, (41.)

Les chefs-d'œuvre de cette époque (vit. XI.) sont les ivoires appartenant : 1° à M. Butte, notamment un *Baiser de Judas*, de Van Dick, remarquable à la fois par le fini de l'exécution et l'expression des figures. Cet ivoire provient du cabinet de Stanislas ; 2° La *Résurrection* qui lui sert de pendant et lui est peut-être inférieure ; 3° Le *Christ entre deux anges* placé au-dessus, qui appartient à M. Gauthier et est aussi un remarquable exemplaire de l'habileté de nos sculpteurs au XVII siècle ; 4° Notons surtout un *portrait de Louis XIV*, à M. Bretagne, placé dans la vitrine aux émaux. Ce portrait, d'un travail très fin, est attribué à Girardon ; il est daté de 1683. Pour terminer la série des ivoires du XVIIe siècle, il faut encore remarquer une *Annonciation* suspendue dans un des panneaux du côté gauche, à M. Martin et dans la première vitrine, à droite en entrant, deux figurines représentant : l'une un *saint Paul le doigt levé* l'autre un *saint François* ; enfin *une râpe à tabac* cachée derrière des thermomètres du XVIIIe siècle ; ces trois objets appartenant à M. Gény.

Nos artistes appliquèrent aussi l'ivoire sculpté à un genre de travail de plus grande dimension que tout ce que nous avons vu jusqu'à présent. Les *christs en ivoire*, furent très en honneur au XVIIe siècle.

Nous en avons deux très beaux spécimens dont le plus ancien (55.) est près de la première fenêtre à droite, dans un cadre en bois fort fin ; le second, qui est la propriété de M. Noël, est une pièce tout à fait remarquable. Ce Christ, qui est dans le retrait voisin de la porte d'entrée à droite, est attribué à Girardon. Il a appartenu aux comtes de Champagne et fut donné par Mme la comtesse de la Brives au Couvent de Troyes au moment de la Révolution, (29.)

Au XVIIIe siècle l'ivoire moins fréquemment employé pour les sujets religieux, devint au contraire d'un usage plus courant pour les objets familiers.

La première vitrine en entrant nous fournit tous les types les plus beaux du travail sur ivoire dans le siècle dernier. Ce sont en premier lieu deux admirables bas-reliefs sur piédestaux aussi en ivoire. Les sujets sont réservés sur un fonds dentelé et représentent 1° *une descente de croix qui s'inspire de celle d'Anvers* ; 2° un *sacrifice aux grâces* dont le style est celui de la fin de l'époque Louis XVI. Ces ivoires sont la propriété de M. Costé. Ils appartiennent tous deux à un genre de fabrication qui eut principalement son siège à Dieppe.

Sur l'étage du milieu, sont trois plaques dont l'une, celle du milieu, représente *la Résurrection*.

Les deux autres servent de cadre à des *thermomètres*. Ces pièces font partie de la collection de M. Gény.

Dans la même vitrine, notons encore trois petits sujets du XVIIIe siècle à M. Geny, un *saint Bruno*, puis *une Pauvresse tenant son enfant dans ses bras*, enfin *un Aveugle conduit par un enfant*. Ces deux derniers à M. de Scitivaux.

Après avoir passé en revue les ivoires français, il serait sans doute injuste de ne pas mentionner quelques très beaux spécimens d'ivoires étrangers. Ce sont, en premier lieu, un ivoire colorié, indien, à M. de Meixmoron, (129.) placé près de la salle des tableaux ; puis un coffret qui nous semble persan, à Mme Rollin, dans la vitrine XVIII près des émaux ; un ivoire indien du même genre, très massif et d'une décoration intéressante, à M. Bertaux : cet ivoire est placé à l'entrée de la première table, (371.) Enfin deux ivoires à M. Butte, placés tous deux sur la première table dorée Louis XIV, à Mme Rollin. L'un de ces ivoires, un encrier conique, fut trouvé le 7 juillet 1683 à la levée du siége de Vienne, dans un porte-manteau turc, par le sieur Anselme Guignard, volontaire au régiment de Charles de Lorraine, et rapporté à Nancy, à la vieille rue Lévêque, (328, 329.)

Tels sont les divers spécimens de la sculpture sur ivoire que l'on peut voir à l'Exposition.

C'est là la sculpture en miniature. Elle représente et doit représenter souvent en dimensions très restreintes les choses les plus nobles et les plus élevées. La première condition de ce petit art ou plutôt de cet art en petit est justement la grandeur : pensée, force, travail, tout doit y être précieux comme la matière employée ; c'est pourquoi les plus habiles sculpteurs s'y sont exercés et bien qu'aucun document précis ne nous permette d'affirmer que les élèves de Bagard aient sculpté l'ivoire, il est difficile de croire qu'aucun d'eux n'ait jamais fait une incursion dans le domaine de cet art. Il serait sans doute intéressant de pouvoir comparer leurs travaux dans deux genres différents. Malheureusement le plus souvent le nom des auteurs de ces chefs-d'œuvre nous échappe et nous sommes réduits à de très vagues présomptions (1).

Aujourd'hui, nous employons l'ivoire pour en faire dans nos fabriques de grandes lames qu'on obtient en le sciant par un mouvement en

(1) Depuis que ces lignes ont paru, des informations qui nous sont parvenues nous ont appris que le *christ* précité (55.), à M. de Meixmoron, est entièrement de la main de Bagard. Son beau caractère confirmerait pleinement tout ce que nous dirons plus loin de cet artiste au sujet des *bois sculptés*.

spirale, de manière que le cylindre se développe comme s'il avait été composé d'une feuille roulée sur elle-même. Il est à craindre que les moyens mécaniques d'exécution, en se perfectionnant, rendent le travail de l'ivoire moins précieux, et déjà l'ancienne manière de Dieppe, où les figures étaient détachées sur les fonds de dentelle, est abandonnée.

III

ÉMAUX

Émaux.

Rarement, dans le cours de notre description générale, l'Exposition nous a fourni le moyen d'étudier, groupés dans un même ensemble, les types les plus importants d'un même art. Voici pourtant une vitrine plate, dans laquelle ont été fort heureusement réunis les spécimens les plus intéressants qui se rattachent à l'histoire générale des émaux, (Vitrine XIX.)

Tous nos lecteurs savent sans doute que l'émail n'est, de même que le cristal et les différentes variétés de pierres précieuses artificielles, qu'un sel plus ou moins pur dont la silice est l'acide et qui se colore par l'introduction de divers oxydes métalliques. Il diffère des autres verres en ce qu'il contient de l'oxyde d'étain. Il se compose surtout de silice, d'acide stannique, d'oxyde de plomb et de potasse. L'émail des porcelaines ou faïences ne contient pas d'étain. C'est l'étain qui rend l'émail opaque. Les anciens connaissaient l'émail. Si l'on en croit quelques historiens, les briques dont les murs de Babylone furent construits étaient peintes et émaillées. Les tombeaux de la Haute-Egypte ont révélé de nombreux exemples d'émaux. Les Etrusques nous ont laissé sur leurs vases, dont nous admirons encore le poli éclatant, de beaux spécimens d'émail. Cependant la haute latinité ne possède aucun mot qui puisse servir à désigner ce genre d'ouvrage, si ce n'est le mot *maltha* qui signifie une sorte de ciment composé, soit de bitume, soit de chaux et de saindoux, inaltérable à l'air, ou bien encore un mélange de cire et de poix qui servait à enduire les tablettes sur lesquelles on écrivait.

Néanmoins ce mot *maltha* semble être l'origine du mot *smaltum* usité pour ce genre de travail au moyen-âge. Plusieurs font dériver *smaltum* de *smagdos*, usité dans le même sens par les Grecs du Bas-Empire. Les Italiens en ont fait *smalto*, les Anglais *smalt*, les Espagnols *esmalte* et les Français *émail*. La question d'étymologie nous paraît bien plutôt devoir être rapportée au latin, si l'on considère que, pendant la période gallo-romaine, l'usage des *fibules* émaillées était très répandu, dans le Nord-Est et dans l'Est de la France ce qui semblerait indiquer que l'émail était une des industries primitives de notre pays. Nous en trouvons plusieurs exemples dans la vitrine que nous avons sous les yeux. Ces fibules qui faisaient l'office de nos agrafes de manteau témoignent de la fabrication alors employée. Le métal était taillé à l'intérieur et c'est dans les parties creuses qu'on disposait la terre. Cette terre, suivant qu'elle était soumise à un demi feu ou à un grand feu, suivant aussi sa composition chimique, prenait l'apparence colorée mais terne que nous voyons dans certains points, ou vitreuse que nous voyons dans d'autres. C'était, on le voit, l'enfance de l'art. La première méthode dont on se servit pour limiter les parties colorées aux reliefs du métal, fut donc la méthode du *champ-levé*. Des exemples de cette méthode sont ces agrafes rondes et découpées que nous voyons dans la partie gauche extrême de cette vitrine. Sur les neuf spécimens, six appartiennent à M. Bretagne, deux à M. Quintard et un à M. Laprévote. Ils forment le point de départ de l'histoire de la fabrication pendant la période gallo-romaine. La deuxième période est celle du *cloisonné* qui se rattache par trois exemples de fibules mérovingiennes en or, à l'époque primitive du *champ-levé*. Dans ce nouveau système, le métal n'est plus réservé, mais les lignes métalliques en saillies sont le produit de cloisons en or ou en argent soudées à une plaque qui forme la base du travail. Ces fibules, qui sont représentées à l'exposition, appartiennent : 1° deux à M. Quintard, qui ont été découvertes à Pompey, où fut enterré saint Euchaire au Ve siècle ; 2° une, trouvée dans les Ardennes, à M. Bretagne, mais le plus remarquable exemple des émaux cloisonnés de l'époque carlovingienne nous est fourni par le calice, la patène et l'évangélière de saint Gozlin, appartenant au Trésor de la cathédrale de Nancy, (vitrine XII.)

Saint Gozlin ayant fondé l'abbaye de Bouxières-aux-Dames, vers 935 ou 936, les religieuses le prièrent de leur laisser le calice, la patène et le voile dont il s'était servi le jour de la dédicace de l'église ; le saint évêque consentit à leur demande. Après sa mort, en 962, son corps fut transféré à Bouxières et placé dans l'église de l'abbaye ; on y porta aussi le peigne et l'évangelière à son usage. A la Révolution, le chapitre de Bouxières ayant été supprimé, une personne — que M. Lepage, dans son histoire de l'abbaye de Bouxières, a reconnu être M. l'abbé Raybois autrefois prévôt du Chapitre — les recueillit et les donna à la Cathédrale de Nancy, où ils furent placés dans une chapelle latérale.

« Le calice », dit M. Digot, « est en or, bien qu'extérieurement, il n'offre aucune trace de ce métal, mais il est probable que le squelette du calice, si nous pouvons employer cette expression, est en argent ou même en cuivre. Sa forme est celle d'une coupe à peu près hémisphérique, soutenue par un pied d'une forme élégante et ornée de plusieurs moulures. »

La patène, suivant le même auteur, a été évidemment fabriquée par l'orfèvre qui a fait le calice dont nous venons de dire un mot. L'ouvrage est de même style, et il est impossible de concevoir le moindre doute à cet égard.

La partie supérieure est en or mais le dessous n'est qu'en vermeil. Le point de jonction des deux faces est dissimulé par une torsade qui entoure la patène.

Les Evangiles dont l'illustre évêque de Toul s'est servi pendant la durée de son long épiscopat ont été écrits pendant le siècle précédent par les ordres et pour le compte de l'évêque de Toul,

Arnold (872 à 894), sous le règne de Charles-le-Chauve et de ses premiers successeurs. Le livre aurait été relié sous l'épiscopat de saint Gozlin, comme l'indique le travail de sa couverture, analogue aux objets précédents, à moins cependant que les trois objets n'aient été fabriqués ensemble dans la seconde moitié du IXe siècle. Cette difficulté, comme l'indique M. Digot, ne pourrait être tranchée que par l'examen d'objets fabriqués concurremment, soit au IXe siècle, soit au Xe. Malheureusement ces objets manquent à notre Exposition, et nous croyons qu'en raison même du peu de progrès accompli par l'art à cette époque relativement barbare, les différences entre les produits du IXe et ceux du Xe siècle seraient si faibles, qu'il serait bien difficile de donner aux ornements de saint Gozlin une date plus certaine.

Ainsi qu'on peut le voir, la couverture se compose de deux planches de chêne épaisses d'un doigt sur lesquelles sont attachées les deux pièces d'orfévrerie. La couverture antérieure présente une croix grecque limitée à un encadrement, formé de douze caissons en forme de quadrilatères ornés de rubis, d'émeraudes, de turquoises, corail, etc. ; toutes sont enchassées dans des cloisons en or soudées. Les quatre vides formés près des angles offrent la représentation des évangélistes et de leurs symboles.

La couverture postérieure est d'un travail analogue mais la matière employée est de l'argent. D'après M. Digot, en tenant compte d'une analogie qui existe entre l'aigle nimbé qui se trouve de face sur cette partie postérieure et les aigles également nimbés de la fameuse chape de Charlemagne que possède la cathédrale de Metz, il y aurait lieu de supposer que cette face est contemporaine de la chape, c'est-à-dire du manuscrit lui-même. On serait donc en droit par là de la considérer comme un spécimen des émaux du IXe siècle.

Le dos n'existe plus et a été remplacé par une portion de soie verte qui paraît être du XVIe siècle. On croit, comme nous l'avons dit plus haut, que le manuscrit a été composé pour l'usage de l'évêque Arnold, mort en 894, et cette supposition s'appuie sur les deux mots latins *Arnoldo jubente*, écrits en caractères grecs que l'on rencontre à la fin du prologue sur l'Évangile de saint Marc. « Cet *Arnoldus* qui faisait », dit M. Digot, « exécuter un si riche manuscrit ne peut être que l'évêque de Toul. »

L'émail devint fréquent en France, sous la troisième race, par suite des rapports plus fréquents que les croisades établirent entre l'Orient et l'Occident. Saint Louis rapporta de Syrie une bassine richement émaillée et damasquinée. Les tombeaux de deux de ses enfants, Jean et Blanche, sa fille aînée, qui étaient à l'abbaye de Royaumont, étaient formés de plaques de cuivre émaillées d'un travail curieux. La plupart des ornements d'église, les crosses d'évêques et les vases de cérémonie de cette époque étaient, le plus souvent aussi, en cuivre émaillé.

A la même époque nous paraît appartenir un type très curieux suspendu au mur, près de la porte qui communique avec la salle des tableaux. Ce cuivre émaillé d'une considérable valeur nous paraît curieux en ce sens que les deux formes de travail s'y trouvent réunies. Le métal est évidé pour donner place aux larges surfaces d'émail ; puis, dans les détails, on a déjà employé le procédé des cloisons en cuivre rapportées par la soudure qui limitent les surfaces étroites et délicates. Les inscriptions grecques indiqueraient une origine orientale. Ce curieux spécimen appartient à M. Martin. C'est là ce que M. de Laborde, dans sa notice sur les émaux du Louvre, classe sous le nom d'émail *mixte*, (127.)

Une chose curieuse à remarquer c'est qu'à partir de ce moment le travail du *cloisonné* ne laisse plus de trace et que la méthode dite du *champ-levé* ou en *taille d'épargne* paraît au contraire seule en vigueur.

Au douzième siècle cette dernière méthode se

rencontre partout Nous en avons un beau spécimen dans la croix (appartenant à M. Bretagne) qui porte à ses extrémités les emblèmes des vertus du cloître : *obedientia*, *spes*, *innocentia*, *fides*. Nous citerons encore, comme ouvrage du XIIe siècle, la châsse intéressante appartenant à M. Martin et qu'on peut facilement reconnaître aux anges en bronze émaillé qui l'entourent. Non moins curieuse et du même genre de travail est la crosse en *taille d'épargne* du XIIIe siècle, à M. Bretagne, où figure saint Michel, en buste, parce qu'il était invoqué dans les exorcismes. Du XIIIe siècle est encore la châsse ayant contenu, à Metz, les reliques de saint Euchaire ; cette châsse, d'un curieux travail, appartient à M. le comte du Coëtlosquet, (vitrine XIX.)

Pour retrouver un type des émaux du XIII siècle, il nous faudrait recourir à l'examen de la vitrine (II.) qui se trouve immédiatement en entrant à droite. Ces émaux à M. de Chabon sont remarquables par la gravure des cuivres et par les figures symboliques qui sont aux quatre angles. Nous trouvons là deux superbes émaux travaillés encore par la méthode du *champ-levé*.

L'Exposition ne possède que cinq exemples à peu près semblables d'émaux du XIVe siècle, ce sont : 1° les *custodes* en forme de cylindre, terminées par une partie conique qui généralement portait une croix. Ces vases étaient destinés à conserver les hosties consacrées et à porter le viatique aux malades ; d'où le nom leur est venu de *pyxis*. Ces custodes appartiennent à MM. de Meixmoron, Quintard et Beaupré ; 2° deux *porte-cierges* de la même époque, les trois derniers objets sont dans la vitrine XI.

Jusqu'au XVe siècle, Limoges eut presque le monopole de l'émail. Bien qu'elle eut été prise en 1370 par le prince de Galle, sa fabrication n'eut qu'un temps d'arrêt insignifiant. Mais au XVe siècle déjà les procédés de l'émaillerie sur cuivre commençaient à tomber dans le domaine public. Des émailleurs travaillaient dans toute l'Europe ; l'on émaillait en Angleterre la tombe de Jean Wautley (1424) ; en Flandre, celle de Marie de Bourgogne (1482). L'émail sur cuivre allait traverser une ère de défaillance et d'abandon facile à comprendre. La popularité et le succès de l'émail sur cuivre au moyen âge étaient dus surtout à ce que, dans ce travail, le cuivre était entièrement dissimulé. Au moyen âge les goûts étaient fort absolus. On aimait l'or, les pierreries fines, la vaisselle au titre. Les riches ne comprenaient pas le clinquant. L'émail ne fut admis pendant cette longue période que parce qu'il voilait un métal sans valeur dans les objets de trop grandes dimensions pour être fabriqués en or ou en argent

Concurremment avec l'orfévrerie émaillée sur cuivre, sans valeur intrinsèque, la rivalité du luxe avait introduit l'orfévrerie vraie, ciselée et sur métaux précieux. *Ceci* devait tuer *cela*. L'orfévrerie en or et argent devint le luxe des temps de prospérité, une sorte de capital mort qu'on retrouvait comme une suprême ressource aux temps de misères. A l'époque ou il n'y avait ni fonds publics ni actions industrielles, les seigneurs plaçaient leurs économies en orfévrerie. S'il survenait une guerre, une rançon à payer, une dot à établir, un serviteur à récompenser, on fondait les bijoux, les vaisselles fines, on empruntait sur les joyaux, on faisait présent de hanaps et d'aiguères. Quel rôle eut joué l'émail sur cuivre, d'une valeur intrinsèque insignifiante, au milieu de ce déploiement fastueux? Au XVe siècle les châsses, d'un travail délicat mais en cuivre comme celles que nous admirons dans notre Exposition devaient n'être plus qu'un expédient des paroisses pauvres et de la bourgeoisie économe. Pour les riches, l'or se substituait partout à l'émail. Limoges fut donc momentanément réduit au rôle que jouent aujourd'hui vis à vis des fabriques de porcelaines décorées, les fabriques de faïence vulgaire de commerce. Pour lui rendre son prestige artistique, il fallait qu'une admirable découverte vînt tsansformer sa fabrication. Cette découverte fut celle de la peinture en émail.

Comment s'opéra cette transformation ? Pour le bien comprendre, il faut se rappeler qu'au XVe siècle déjà les conditions de la peinture sur verre avaient entièrement changé. Dans l'origine les vitraux étaient, comme les émaux eux-mêmes, composés de plaques de teintes distinctes, et soudées en mosaïque. Mais la mosaïque avait, à l'époque où nous sommes arrivé, fait place à la véritable peinture. C'est-à-dire que la cloison avait été détrônée par la science du clair obscur et des nuances. Au XVe siècle, les verrières des églises étaient déjà des tableaux dans toute l'acception du mot ; et l'on avait trouvé le moyen de fondre les teintes différentes, par une seule opération de cuisson. Du jour où l'on reconnut que l'émail des orfèvres et le verre étaient deux substances de principe analogue on dut se demander si les procédés de la peinture sur verre n'étaient pas applicables à la peinture en couleurs émaillées ; on substitua dès lors une plaque de cuivre à une plaque de verre et le peintre verrier, — il y en avait beaucoup à Limoges — devint peintre émailleur.

C'est ainsi que s'introduisit la véritable *peinture sur émail* dont le centre devint Limoges. Cette ville eut presque le monopole de cette fabrication, en raison des nombreuses carrières de silex qu'elle possède sur son territoire.

Jusqu'alors, les émaux étaient en général, comme il est facile de le reconnaître, grossiers sous le rapport du clair obscur, encore dans l'enfance, et ne devaient que bien longtemps après atteindre la perfection qu'ils ont acquise par la suite. On connaissait à peine l'art de nuancer les teintes; on n'employait guère que le blanc, le bleu, le rouge, le vert et quelques teintes de carnation pour les visages. La *peinture* vint modifier tout cela et, dès le quinzième siècle, on eut des émaux peints.

L'âge de ces émaux se distingue dès lors aux attributs divers dont les peintures sont entourées. C'est ainsi que nous trouvons une *Vierge*, à M. Bretagne, que l'on reconnaît être du XVe siècle, à l'édifice gothique qui la domine. De la même époque est un *Agnus Dei* en grisaille, placé dans la partie inférieure. On sait quel était l'usage de ces boîtes dans l'origine. Le pape, après le temps du carême découpait les débris du cierge pascal de Rome et le faisait mouler en forme d'hosties qu'on envoyait dans toute la chrétienté. C'est pour conserver ces envois que furent faites ces boîtes rondes émaillées, (vitrine XIX.)

L'époque de la Renaissance amena dans la peinture sur émail comme dans beaucoup d'autres arts une révolution favorable. L'opulence introduite dans l'ornementation par le Primatice que

François Ier avait amené d'Italie, par maître Roux et d'autres artistes, fit éclore des ouvrages remarquables en émail, principalement sous le rapport du dessin et du clair obscur. La durée de cette peinture, pour ainsi dire inaltérable, son lustre permanent, la vivacité de ses couleurs la mirent en grand crédit. Du XVIe siècle nous remarquons *une tête de Christ* et *une tête de la Sainte-Vierge* formant pendant, à M. Bretagne signée de Jean Limousin, ainsi qu'une *Assomption de la Vierge* également signée Jean Limousin et appartenant à M. de Meixmoron, (vitrine XIX.)

Les émaux de M. Bretagne sont signés I. L. Ces deux lettres sont séparées par une fleur de Lys, ce qui indiquerait que Jean Limousin était émailleur du Roi.

Du XVIe siècle pareillement et dans la même vitrine sont un *Johannes*, et un plat représentant un *Adam et Eve* dans le Paradis terrestre, au revers duquel est une *Pallas*. Ce bel émail appartient à M. Bertaux. A côté, de la même époque, se trouve un miroir ovale représentant *Junon et les Furies* par Suzanne de Cours, appartenant encore à M. Bertaux. Tous ces émaux sont de Limoges, (vitrine XIX.)

C'est aussi à l'époque du XVIe siècle qu'il faut rapporter deux émaux : une *Descente de croix* et un *Jésus crucifié* qui se trouvent (côté des *fenêtres*) sur la grande table d'entrée. Ces émaux appartiennent à M. Beaupré, (378, 401.)

Notons encore comme du XVIe siècle un très vigoureux *Saint Michel* en grisaille (côté gauche) appartenant à M. de Meixmoron, (197.)

Pour terminer avec les émaux du XVIe siècle, nous mentionnerons encore une belle assiette en grisaille, à M. Martin, représentant une paysanne qui trait une vache, (vitrine VII.)

A partir de ce moment, les spécimens se multiplient avec le nombre des artistes et atteignent au XVIIe siècle une admirable perfection. Nous nous contentons de signaler à l'attention des connaisseurs les remarquables exemples qui se trouvent dans la vitrine XIX, particulièrement *un Saint Joseph conduisant un Enfant Jésus* à M. Liffort, de Jean Laudin ; un *Sanctus Stéphanus* pareillement de Jean Laudin, à M. Mangin ; *un Saint Joseph portant l'Enfant Jésus*, de Noël Laudin à M. Mangin; une *Sainte Madeleine*, (243.) de Jean Laudin à M. Bertaux, et une *Annonciation*, (72.) de Noël Laudin à M. de Scitivaux, ces deux derniers placés dans la partie de la salle opposée aux fenêtres. C'est encore au même artiste, Jean Laudin, que nous devons attribuer le beau *Christ en croix* signé, (402.), à M. Liffort, qui se trouve sur la grande table.

Jean Laudin est l'émailleur le plus représenté à

notre exposition. Voici comment M. de Laborde, dans sa notice sur les émaux du Louvre, définit sa manière : « Les grisailles ont plus particulièrement occupé Jean Laudin ; il avait trouvé le moyen de produire un très beau noir, sur lequel il apposait ses blancs avec beaucoup d'adresse en différentes épaisseurs, et quelquefois presque en relief. Ces blancs laiteux et ce noir produisent des effets tranchés qui donnent à ses émaux l'apparence de camaïeux gravés en bois. L'opposition du blanc au noir est si heurtée qu'elle fait froid ; on croit avoir sous les yeux les effets de la neige. »

De la même époque, c'est-à-dire du XVIIe siècle sont encore : trois émaux (XIX.) de J.-B. Nouailher, d'un assez bon travail, particulièrement celui qui représente *Saint Louis portant la vraie Croix*, à Mme Balbâtre. Les deux autres sont un *Saint Jean de la Croix*, et une *Sainte Thérèse*, émaux de couleurs à M. du Coëtlosquet. Nous avons eu occasion de remarquer déjà un émail de Nouailher, à M. Butte, suspendu dans le dernier arc panneau et qui représente une *Sainte Vierge portant l'Enfant Jésus*; (171.) et enfin un très beau bénitier du même peintre, appartenant à M. de Meixmoron, et suspendu dans l'angle gauche de la fenêtre, au-dessus de la vitrine aux émaux. (81.)

Tels sont les principaux spécimens d'émaux

que présente l'Exposition. On voit que l'histoire de chaque époque y est à peu près représentée. C'est là assurément l'un des arts qui font le plus d'honneur à la France. Comme le fait remarquer M. Charles Blanc, la peinture en émail sur métaux a de beaux avantages. Les couleurs se fondant avec le premier émail le pénètrent assez avant pour donner au tableau un heureuse transparence, en même temps qu'un vernis imperméable le protége mieux encore que ne ferait une glace de cristal. Dans la peinture sur porcelaine, il n'en est pas ainsi ; les couleurs se fondent sans que l'émail de la couverte entre en fusion, au moins complétement, ce qui rend l'effet opaque et plus lourd. Mais il est un point sur lequel nous devons particulièrement insister : c'est celui de la difficulté que présente une semblable peinture. On conçoit en effet que le fond étant de cuivre, c'est-à-dire sombre, les clairs ne peuvent être obtenus qu'en voilant ce fond par un empâtement de matière. C'est par des couches légères et translucides, laissant transparaître le dessous, qu'on obtient les ombres et les demi-teintes. Sans doute, c'est là une difficulté qui a dû arrêter l'essor de bien des artistes inhabiles. Mais pour parler ici comme le grave Montabert échauffé cette fois par un noble enthousiasme : « Est-il rien de plus honorable pour l'industrie humaine. Est-il rien de plus aimable, de plus suprenant pour la vue, de plus précieux enfin par sa durée et par sa délicatesse qu'une peinture qui nous représente des objets qui nous sont chers en images qui ne sauraient périr ! »

L'étude de l'émail ancien a d'ailleurs toujours intéressé plus que les érudits; il a donné lieu à des travaux consciencieux d'artistes qui ont consacré leur vie entière à la recherche des procédés en vigueur dans les anciennes fabriques. Et puisque nous ne devons, dans le cours de ces trop sommaires études, ne négliger aucune occasion de mentionner tout ce qui peut être un véritable sujet d'honneur pour la Lorraine, nous prendrons plaisir à rappeler un magnifique spécimen d'émail moderne que nous avons tous pu admirer l'an dernier à l'Exposition des *Amis des Arts* de Nancy. Qui de nous, ne s'est arrêté avec étonnement devant un portrait de François Ier, aussi merveilleux par le fini de la peinture que par l'éclat et le goût de la décoration qui l'encadrait ? Ce remarquable émail était dû aux laborieux et savants efforts d'un artiste qui se dissimule sous l'étoffe d'un excellent militaire, M. Huck, commandant la place de Toul. Certes si quelque chose peut nous rendre espoir, en présence des merveilles d'un art dont les ressources ont été jadis si brillantes, c'est la certitude que les secrets de cet art sont désormais dévoilés par la persévérance d'un modeste travailleur Lorrain qui peint en émail aujourd'hui, par la seule puissance de ses recherches, aussi bien et peut-être mieux qu'aucun des maîtres du temps passé.

IV

BOIS SCULPTÉS

Bois sculptés

(ÉTUDE LORRAINE)

Nous en sommes venu à parler d'un des côtés les plus intéressants de l'Exposition, surtout au point de vue de l'histoire spéciale de l'Art Lorrain. Nous voulons parler *des bois sculptés.* La sculpture *lorraine* peut se diviser en deux grands chapitres : les sculpteurs *sur bois* et les modeleurs *en terre.* Quelques artistes se sont essayés à la fois dans chacun de ces genres, qui tous deux constituent une spécialité propre à la Lorraine ; nous allons essayer de retracer les principaux caractères de leurs talents, sur lesquels peu de documents ont été produits. Nous ne nous occuperons d'ailleurs que de ceux dont les œuvres se trouvent représentées à l'Exposition de Nancy.

L'histoire de la sculpture sur bois, malgré le nombre très grand d'objets sculptés qu'on peut rencontrer encore à Nancy, est restée jusqu'à présent tout à fait obscure. Il demeure évident cependant qu'à l'époque la plus brillante des Ducs de Lorraine, un certain nombre d'artistes italiens appelés à Nancy eurent sur le goût de nos sculpteurs une puissante influence. On sait que ce fut un artiste italien qui conçut les plans de la Chapelle Ronde. Sans aucun doute nos sculpteurs, déjà habiles à travailler le bois, ont dû recevoir à l'époque de transition une impulsion vigoureuse de ces maîtres en l'art de l'ornementation qui concouraient à faire pénétrer en France le souffle merveilleux des inspirations de la Renaissance. C'est ainsi que les traditions italiennes permirent à nos architectes de doter le pays de monuments singuliers appartenant à une date inaccoutumée, tour à tour plus récente ou plus ancienne que celle des monuments analogues des autres provinces de la France. Les fortifications de Nancy, pour ne prendre qu'un exemple, construites au commencement du XVIIe siècle, ont précédé les fortifications de Vauban qui n'en sont qu'une reproduction améliorée. Cet anachronisme apparent qui se remarque quelquefois dans l'art en Lorraine est la manifestation la plus apparente d'un génie indigene, neuf et fécond autant que traditionnel. Quoi qu'il en soit, nous avons dans la décoration d'un des meubles exposés *le meuble du XVe siècle de M. Gény* (284.) la trace évidente de l'action puissante qu'a exercée l'architecture sur le style de nos ornemanistes lorrains. Un article de M. R. Thomassy paru le 9 novembre 1842 (1) et reproduit *in extenso* dans le *Nancy* de M. de Dumas, renferme sur la *porterie* du Palais ducal l'appréciation suivante : « Les détails charmants de cette « décoration présentent le *fini de la sculpture sur* « *bois.* » Voilà sans doute une singulière coïncidence. Aujourd'hui, contemplant en détail le meuble de M. Gény et retrouvant dans sa corniche la torsade du Palais ducal et la quadruple moulure en étage des balcons du même monument, puis surtout la décoration des pans coupés et des pieds où des attributs militaires et des médaillons-portraits sont mêlés à des tiges délicates autour desquelles viennent s'entrelacer des fleurons et des perles ; nous ne pouvons nous empêcher de

(1) Voir le journal l'*Artiste* du 9 novembre 1842.

renverser la proposition de M. Thomassy et de nous écrier : « *Voilà une sculpture sur bois qui présente tout le fini de la décoration du Palais Ducal.* » Et si l'on se rappelle que Mansuy Gauvain, l'un des auteurs de la porterie, passe pour avoir été à la fois sculpteur et architecte, on doit forcément conclure que le meuble de M. Gény est sans contredit un exemple de la perfection à laquelle était déjà parvenue la sculpture sur bois à Nancy, sinon exécutée par Mansuy Gauvin lui-même, du moins conçue sous son inspiration.

En voyant l'extrême ressemblance qui existe entre le meuble de M. Gény et l'ornementation du Palais ducal, serait-il donc trop hardi de supposer que ce meuble soit l'œuvre de Mansuy Gauvain lui-même ? Mansuy était sculpteur avant d'être architecte. Nous possédons de sa main une œuvre en pierre fort curieuse, et dont on ignore très généralement qu'il soit l'auteur. Nous voulons parler de la Vierge de Bon-Secours placée dans l'ancienne chapelle de ce nom qui venait d'être fondée alors en 1498 par le commandement du roi de Sicile. Mansuy était même, à l'époque où il vivait, considéré comme simple *menuisier*, ainsi qu'il résulte des comptes du Receveur général de Lorraine pour 1505-1506 « Payé par le Receveur à Mansuy *menuisier*, pour avoir taillé ung ymaige de nostre Dame affublée d'un manteau ouvert et taillié gens de tous estas viij fr v. gros. » C'est cette image peinte par une main inconnue placée derrière l'autel qui est encore l'objet de la vénération des fidèles. « Il paraît, dit M. Lepage (1), « qu'avant de faire cette statue, Mansuy ne s'était « encore exercé que sur des ouvrages *en bois*; « c'est du moins ce que peut faire supposer la « qualification de *menuisier*. » Notre attribution est donc mieux fondée qu'elle ne peut le paraître au premier abord puisque d'une part Mansuy Gauvain auquel nous devons les merveilleuses sculptures de la *porterie* était *menuisier* d'une façon bien certaine ; et que d'autre nous avons à rechercher quel a pu être le menuisier auteur d'un meuble en tout semblable à la décoration du palais ducal.

Quelque crédit qu'on veuille accorder à notre hypothèse, le meuble de M. Gény n'en reste pas moins comme le spécimen certain de ce qu'était la sculpture sur bois au XVe siècle en Lorraine, ou pour mieux dire entre le XVe et le XVIe siècle.

Au XVIe siècle, la sculpture se dégagea peu à peu des traditions italiennes. Il est curieux de suivre cette transformation.

(1) Voir dans le Bulletin d'archéologie Lorraine T. II, p. 54, la biographie artistique de Mansuy Gauvain, par M. H. Lepage.

Près de la porte de la grande salle nous voyons, (face à l'entrée), un *magnifique coffre sculpté* avec une richesse sans égale, à M. d'Assonvillez. C'est là l'œuvre sans doute d'un italien qui avait étudié les ressources de l'art arabe et qui a sculpté en Lorraine. (351.) Les angles du meuble ont conservé le caractère local, mais cette profusion d'entrelacs d'un effet si décoratif, est empruntée aux traditions de la Renaissance italienne. Beaucoup plus simple et d'un goût certainement plus sévère, est *la petite armoire de M. Morey*, placée sous la vitrine n° 9.

Mais c'est surtout dans *les coffres* (276, 264.) *de M. Laprévote et de M. Morey* que le caractère des ornements et des figures devient plus personnel. Déjà apparaissent dans les décorations ces volutes dont l'enroulement est tourné vers l'intérieur du meuble et les corniches au-dessous desquelles sont des frises toute garnies de niches. Il est à remarquer que la *niche*, sans autre but que le décor, est le signe distinctif de l'ornementation purement lorraine. Cette niche apparaît partout. Le plus souvent elle est garnie sur toute sa longueur d'une longue feuille divisée en plis disposés symétriquement des deux côtés d'une nervure centrale. Partout où se trouve ce motif, on peut affirmer hardiment que le meuble est lorrain, à peu près de l'époque du duc Charles III, et plus particulièrement fabriqué dans la partie de la Lorraine voisine du Barrois.

A cette époque, l'instrument préféré du sculpteur est *la gouge*. La tendance préférée de l'ornementation lorraine est donc *le creux* ; les pieds et les angles ne portent des reliefs sculptés en figures que dans les meubles très riches. Dans le meuble ordinaire, le décor s'aplatit généralement en large feuille aux plis obliques réguliers, décorant des entrelacs disposés de façon à former des arcades dont la portion intérieure devient encore quelquefois le prétexte de niches nouvelles. Ces caractères, nous les retrouvons partout : dans le *meuble domestique* de M. Luxer, (189.) dans le *bahut* de M. Dupont, (salle des tableaux), dans la *table* de M. Imhaus, (116.) placée au fond de la salle, et enfin dans la *huche* à provisions (486.) de M. l'abbé Barbier, où les deux caractères saillants, la niche garnie d'une feuille et les entrelacs en arcades, sont à la fois réunis.

C'est plus tard seulement, vers la fin du règne de Louis XIII, que s'introduit dans la sculpture d'ornementation un nouveau style. Les décorations au lieu d'être creusées en pleine masse du bois sont souvent sculptées séparément et rappliquées. On fabrique ainsi, à part des meubles, des guirlandes très fouillées mais d'un goût beaucoup moins sobre, des rinceaux dont les tiges sont très fortes et très en saillie. A cette innovation le goût allemand n'est point étranger, et ces profusions de fleurs en guirlandes s'appliquent sur tous les bandeaux plats : particulièrement sur les frises et sur les entre-deux des portes d'armoires. Cependant, dans les meubles de prix, les fleurs sont sculptées en plein bois. Nous en trouvons de sculptées et de rappliquées : dans le joli meuble à colonnes en doubles hélices évidées de M. le docteur Rousset (110.) ; entre les glaces de la vitrine XXIV, à M. Dupont ; dans plusieurs coffres, notamment dans la grande armoire sculptée à trois corps de M Gény. (342.) Qu'on jette maintenant les yeux sur les guirlandes très en saillies qui décorent la plupart des armoires alsaciennes ou allemandes, comme celles de MM. Beaupré (212.) et de Scitivaux, (139.) et on reconnaîtra que ces sculptures rapportées n'ont point à proprement parler une origine purement lorraine. Elles ont toutefois eu cet excellent résultat qu'en habituant nos sculpteurs à l'étude et à la pratique de la fleur elles ont concouru à donner naissance à une ornementation réellement originale dont le type s'est définitivement affirmé dans les produits de la véritable école lorraine du XVIIe siècle.

A la première place par le droit du talent, aussi bien que dans l'ordre chronologique, vient se placer maintenant le grand nom de Bagard, le maître lorrain par excellence de la sculpture sur bois. On ne connaît point que nous sachions, de longs détails sur la vie de cet artiste. C'est à peine si l'on en retrouve les principaux traits dans la *Bibliothèque lorraine* de Dom Calmet (1). César Bagard, né à Nancy, étudia la sculpture sous Jacquin, de Neufchâteau, maître dans l'art, dont la réputation était fort grande. Déjà, on peut le remarquer, à l'époque où naquit Bagard, la sculpture était très florissante, puisque son maître non-seulement fut connu à Nancy et dans les Vosges sous le nom du *Grand Jacquin*, mais en raison de cette réputation fut appelé à Paris par le duc d'Orléans pour lequel il travailla. Ce fut même ce Jacquin qui donna tous les plans et dessins pour la construction du maître-autel de l'église des Carmes, au grand couvent, rue de Vaugirard, à Paris. De ce premier maître, réputé de son temps, on ne sait rien, si ce n'est que cette réputation fut due à la manière élevée dont il sut traiter les sujets religieux, notamment les Christs et les figures d'autels.

Bagard, on le voit, était à bonne école pour puiser dès le jeune âge les traditions sérieuses du

---

(1) On peut consulter avec fruit sur Bagard la seule notice qui ait été publiée et qui est due aux recherches de M. L. Wiener.

style chrétien. Cependant il reconnut sans doute bien vite que le milieu de la Lorraine, où pouvaient s'exercer ses connaissances acquises, serait fatalement trop restreint pour lui obtenir une réputation étendue, car il s'empressa de quitter l'atelier du maître et d'aller à Paris. Le succès dû à sa remarquable habileté ne se fit point attendre et, dès l'année 1657, il fut chargé d'exécuter deux statues représentant la *Force* et la *Vertu* qui furent placées sur l'arc-de-triomphe que l'on dressa en 1659 pour le mariage de Louis XIV. Ce seul fait suffirait à lui seul pour prouver que le talent de notre grand sculpteur n'était nullement restreint, comme on le croit généralement, au travail du bois, ni même à l'étude des petites figures. Sans aucun doute pour avoir été chargé, comme l'indique Dom Calmet, de ce travail dont le sujet devait nécessairement revêtir la forme plus ou moins héroïque de la grande sculpture sous Louis XIV ; pour qu'on lui ait pareillement confié le mausolée de M. de Poircelet, évêque de Toul, et encore des sculptures sur l'ancienne porte royale aujourd'hui démolie, comme l'indiquent toujours Dom Calmet et l'abbé Lionnet, il faut que Bagard ait été notoirement aussi habile à sculpter la pierre que le bois. Nous possédons d'ailleurs encore une preuve manifeste du caractère qu'il savait donner à la sculpture du marbre et de la pierre dans la décoration de la façade de la Chartreuse de Bosserville, où chacun admire encore la vierge si gracieuse et si noble à la fois, qui couronne l'édifice. Quoi qu'il en soit, son nom est resté attaché à la qualification d'un genre de travail sur bois qui est une des particularités artistiques de la Lorraine.

Bagard, après son séjour à Paris, s'établit en effet en 1660 à Nancy et y fut honoré de la protection de plusieurs personnages de distinction pour lesquels il composa un grand nombre de sujets en bois. Bagard s'exerça surtout dans le genre religieux comme le témoignent les chefs-d'œuvre évidemment dus à son ciseau et que nous allons passer en revue en parcourant l'Exposition.

Ces œuvres se reconnaissent en premier lieu à la qualité de bois employé par l'artiste.

L'histoire de ce bois est assez curieuse. Près de Sampigny, dans le département de la Meuse, se trouvait, à l'époque où vivait Bagard un couvent de religieux qui possédaient un bois d'une grande étendue. Ce bois, connu sous le nom de bois *de Sainte-Lucie*, était presque entièrement composé de cerisiers, vulgairement appelés *cerisiers Maleb*. Le nom du bois passa à l'espèce du cerisier, qui fut appelé depuis *cerisier de Sainte-Lucie* ou *bois de Sainte-Lucie*. Les œuvres de Bagard sont le plus souvent exécutées en bois de *Sainte-*

Lucie. Il suffit de jeter les yeux sur un des sujets exécutés par cet artiste pour reconnaître la préférence exclusive qu'il paraît avoir donnée à l'emploi de ce bois élégant dont la substance est très dure, la fibre très serrée et très fine et susceptible de recevoir un beau poli indispensable à l'exécution des figures d'une certaine dimension. « Le bois de Sainte-Lucie, dit Dom Calmet, « est de couleur tirant sur le roux, un peu « odorant, et ne se trouve que dans cet endroit et « quelques hayes du pays ; les feuilles en sont « comme celles de l'épine noire du nerprun. » En ce qui concerne la rareté du bois traité par nos sculpteurs lorrains, M. Wiener assure que l'affirmation de Dom Calmet n'est pas rigoureusement exacte : « On trouve encore, dit-il, cette essence dans nos forêts ; ajoutons que très peu de cadres et de coffrets sont en bois de Sainte-Lucie, car bon nombre sont en poirier. » La justesse de cette dernière remarque de M. Wiener peut facilement être établie par un coup d'œil rapide sur tous les coffrets exposés.

Il est avéré d'ailleurs que Bagard ne fut point le seul à employer cette matière pour la sculpture. Les nombreux religieux de Sampigny employaient leurs loisirs à la confection de boîtes élégantes destinées à renfermer des cadeaux de mariage, des rubans, des bijoux et des dentelles.

Il est sans aucun doute que les nombreuses relations que dut avoir l'artiste nancéïen avec les religieux de Sampigny donnèrent lieu à des échanges de conseils entre le maître et les sculpteurs de tous les points de la Lorraine. De là naquit dans les œuvres, étrangères à la main de Bagard, un caractère commun où se retrouve le système général de l'ornementation préférée par le maître de la sculpture sur bois. C'est peut-être cette circonstance qui donna lieu à quelque confusion dans les attributions d'origine entre tous les sujets de bois sculpté que nous possédons encore aujourd'hui. Il est en effet facile de reconnaître entre les différents objets exposés les signes d'un travail très divers soit par l'emploi du bois, soit par l'usage même que les nombreux élèves de Bagard ont fait de l'ornementation à laquelle ses productions ont donné naissance. C'est à établir cette distinction très délicate que nous nous attacherons dans le cours de notre étude.

Après avoir examiné séparément chacune des sculptures en bois qui se trouvent aujourd'hui réunies, on reconnaît facilement qu'elles peuvent se diviser en deux genres très distincts. Les unes sont en *haut relief* et ne sont appliquées que sur les objets immobiles par destination, tableaux encadrés, christs, encadrements, etc. Les autres sont en saillies très légères et ne s'appliquent qu'aux menus objets exposés à être fréquemment maniés, manches, coffrets, chandeliers, etc.

Bien que l'usage ait prévalu de confondre dans une commune dénomination de *Bagard* tous ces menus objets qui portent l'empreinte d'une main délicate et habile, nous n'hésitons pas à croire que le talent du maître s'est exercé de préférence sur les sujets en *haut relief* ou en *ronde bosse*. Sans doute Bagard a pu, par quelques ouvrages spéciaux, fournir des modèles dont se sont inspirés ses nombreux rivaux ou élèves. Mais il y a dans sa manière, — du moins dans celle qu'accusent ses grandes œuvres, — une largeur de conception, une élévation de sentiment et une autorité de ciseau qui s'allient difficilement avec la pratque continue d'un art aussi secondaire que celui de la décoration familière, si chère aux amateurs lorrains.

C'est en examinant successivement quelques-uns de ses chefs-d'œuvre qu'on peut seulement se rendre un compte exact du style personnel et de la manière originale du maître.

Il suffit par exemple pour s'en convaincre de jeter les yeux sur *le Christ* entouré d'un merveilleux cadre en bois sculpté, placé entre les deux portes d'entrée de la salle au-dessus de la grande pendule appartenant à la ville de Metz. (27.) Ce Christ propriété de *M. d'Hannoncelles*, est malheureusement un peu haut placé pour être apprécié avec toute l'attention qu'il mérite. Il eut été intéressant de pouvoir étudier, partie par partie, les détails de son admirable décoration. Contentons-nous d'en receuillir de loin les traits principaux qui nous donnent les caractères même du talent de Bagard.

A première vue on reconnait que le corps et la tête du Christ sont inspirés par un sentiment très pur et très élevé que ne donne point la seule pratique du métier. L'emploi même d'une substance appropriée au sujet traité révèle un artiste de premier ordre. L'aspect austère du bois, tel que le modifie le ton bruni, mordoré et profond de l'encaustique dont il est enduit et lustré, en éloignant toute ressemblance avec la couleur naturelle du nu, semble convenir à l'esprit d'une religion ennemie de la chair. Par le choix d'une matière dépourvue de séduction sensuelle le chrétien parvient a racheter ce qu'il peut y avoir de paganisme dans le sculpteur. Cette remarque deviendrait plus sensible encore si nos regards quittaient un instant ce beau Christ pour se reporter momentanément vers le *portrait en bois d'un duc de Lorraine*, (80.) appartenant à M. de Baupré et placé dans l'angle de la cinquième fenêtre. Combien, pour exprimer un idéal purement terrestre, paraît insuffisant et froid ce même bois, ciselé pourtant avec non moins d'art et par la même main! Bagard l'avait **admirablement** compris : ce n'est donc pas seulement une raison de plus grande facilité qui le poussait à user de ces bois puissamment colorés des cerisiers de Sainte-Lucie. C'était aussi une raison de délicate convenance artistique. Combien en effet n'eut-il pas été difficile d'admettre comme encadrement d'un Dieu crucifié cette profusion de fleurs et d'ornements de toutes sortes, si au lieu d'en tempérer la légèreté par la couleur sombre de la matière, le sculpteur s'était plu à faire choix d'un bois clair en désaccord avec le sentiment profondément sévère de nos grandes basiliques?...

On voit donc, combien dans l'Ecole Lorraine de nos sculpteurs sur bois, tout concourt à révéler un juste sentiment des grandes lois de l'art, que l'étude approfondie du détail ne peut que faire plus complétement apprécier.

Le Christ encadré de Bagard dont nous avons précédemment parlé est vraiment l'une des pièces les plus dignes d'attirer l'attention des artistes par le soin que le maître a pris de donner à la décoration du cadre une valeur tout à fait exceptionnelle ; on nous pardonnera donc d'y revenir en étudiant de près les magnifiques déploiements de feuilles d'acanthe, d'un dessin si fin et si gracieux, qui partent de la base et qui, sur la partie supérieure, reviennent avec une grâce exquise former le couronnement de cette œuvre magistrale. N'est-on point surpris de ne trouver, dans toute cette ornementation à la fois opulente et variée, rien qui rappelle les délicatesses tout à fait subtiles du genre secondaire dont une vieille habitude tient à faire bon gré, mal gré, les honneurs à Bagard ? Où donc sont ces feuillages à peine accusés, ces rinceaux plusieurs fois enroulés, ces spirales déliées, cette végétation aplatie à l'excès, ces tiges à peines rehaussées par quelques fleurons et qui font le mérite de ce qu'on est convenu d'appeler le genre *Bagard* ? Rien de tout cela n'apparaît dans cette œuvre. Bagard aimait sans doute et possédait la *science* et l'*art* des fleurs. Mais il les aimait d'un amour de maître. Ne suffit-il pas de remarquer l'usage qu'il en faisait dans sa décoration pour demeurer convaincu que ce grand artiste leur assignait un rôle tout à fait différent de celui que leur ont réservé dans leurs productions si multipliées ses élèves ou ses imitateurs ? Est-ce là cette timide efflorescence de vie à peine indiquée par un simple contour qui se manifeste à la surface des encadrements de tous les autres Christs ou sur les panneaux des riches coffrets que nous admirons et dont la magie de l'art nous donne le mirage plutôt que le spectacle ? Non, Bagard écrivait avec plus de force ; il imprimait sa pensée en traits plus profonds, afin que l'œil pût en percevoir les formes à la faveur d'une ombre bien tranchée et que rien ne fût perdu de leur hardiesse et de leur mâle beauté.

Et qu'on ne croie point que le style dont a usé Bagard dans cette œuvre soit un pur accident ; car nous le retrouvons tout entier dans *un bénitier, à M. Geny*, placé dans la vitrine VII. Voilà bien encore en effet les mêmes feuilles d'acanthe, profondément fouillées, aux profils fermes et libres, gracieux et résolus, dont la fierté laisse bien loin derrière elle les ingénieux enroulements de l'école, produits d'un art accompli si l'on veut et d'un calcul sans doute délicat, mais dont le caractère subtil et presque précieux ne saurait être comparé aux harmonieuses et viriles conceptions du novateur et du maître. Cette même grandeur, nous la retrouvons encore, mais appliquée cette fois à la composition des figures, dans l'admirable tableau sculpté appartenant à M. de la Salle (vitrine XXV.) représentant *Sainte Anne, apprenant à lire à la Vierge, en présence de deux anges*. Qu'ont donc de commun ces personnages avec toutes les autres figures qui sont attribuées au même auteur ? N'est-ce point une véritable révélation du grand art que cette noblesse d'attitude, cette souplesse des draperies, cette pureté de dessin des têtes, ce respect de la perspective dans des monuments dont le relief est à peine accusé ? Jetons en passant les yeux sur *une Sainte Famille,* placée dans la même vitrine, à M. Aertz. Un examen, même superficiel, ne suffit-il point pour reconnaître toute la distance qui sépare ces deux compositions ? Chez le maître, c'est le sentiment pur de la Renaissance italienne, fortifié par le souvenir des traditions antiques, et épuré par une sobriété de goût toute française. Chez l'élève c'est comme un essai timide dans la voie du grand art, essai dont l'infériorité se trahit au défaut de distinction des types non moins qu'à la raideur des mouvements. Chez Bagard les figures et les extrémités se recommandent par une plénitude modérée qui supprime toute sécheresse à l'endroit où se rencontrent ordinairement les veines et qui recouvre les articulations en les accusant par des ombres fermes ou adoucies suivant le sexe et non par des nodosités ou des plis. Les doigts de ses personnages ont à partir de la phalange moyenne légèrement renflée une diminution agréable qui les allonge, comme les colonnes bien dessinées. Chez les imitateurs, les galbes deviennent secs, maigres ou maniérés et les doigts sont souvent retroussés de façon à rappeler les boîtes à mouches. Chez Bagard, c'est le souffle puissant et gracieux de la grande époque. Ailleurs, c'est déjà la décadence, quelquefois très atténuée par l'influence du maître, mais toujours sensible. Nous le répétons : dans le superbe panneau de M. de la Salle mieux que dans toutes ses autres œuvres, ces différences s'imposent à l'œil le moins exercé. C'est donc surtout l'examen de ce chef-d'œuvre que nous recommanderons aux artistes qui veulent réellement démêler la vérité dans le chaos où nous a laissés jusqu'à présent le défaut de documents sur tout ce qui touche à l'art de nos sculpteurs en Lorraine.

Tous les caractères que nous venons de décrire, nous les retrouvons dans le *très beau Christ à M*^{me} *Dietrich*, (73.) placé dans l'angle de la troisième fenêtre. La Madeleine est au pied de la Croix ; de chaque côté sont la Vierge Marie et saint Jean. Là encore, c'est la même invention inspirée, la même autorité d'exécution, le même modelé dans les chairs, le même naturel dans les draperies. Pour retrouver parmi les sculptures exposées un sujet d'une aussi importante valeur, il faudrait nous reporter à *un autre Christ, appartenant à M. l'abbé Barbier* (n° 179.) d'une anatomie parfaite, d'une grande beauté de type et d'une étonnante pureté de dessin, qui se trouve au-dessus du meuble lorrain à M. Luxer. Moins importante mais cependant d'une élégance supérieure aux autres figures est *une petite Vierge à M. Gény* (391), placée sur la première table, du côté des fenêtres. C'est après l'examen du détail que nous consentirions volontiers à la croire l'œuvre du grand artiste Bagard. Le sujet est petit, il est vrai, mais la manière est grande et c'est là la vraie signature d'un maître qui n'a jamais mis son nom sur aucune de ses œuvres.

Sans doute, dans les autres sujets traités nous retrouvons de brillantes qualités d'exécution, un sentiment profond et parfois des traits de superbe habileté; mais toujours, par quelque défaillance de ciseau qu'il est facile de saisir, on doit reconnaître que la main de Bagard est demeurée étrangère à la conception de l'ensemble comme à l'exécution des détails.

Comment pourrait-on d'ailleurs s'étonner que tant d'œuvres dignes d'estime aient été produites dans le même temps? Les notes de Dom Calmet, celles de l'abbé Lionnet et les archives des états civils savamment compulsées par MM. Lepage et Wiener ne nous ont-elles pas révélé l'existence d'un certain nombre de sculpteurs éminents, tous contemporains de Bagard, dont le nom est aujourd'hui presque oublié, mais dont la réputation était considérable en Lorraine au XVIIe siècle?

Il suffit d'en rappeler quelques-uns pour demeurer convaincu que le défaut absolu d'attributions certaines a dû être la source de bien des erreurs. Ce fut d'abord Chassel, antérieur même à

Bagard et qui mourut en 1685, après avoir principalement exercé son talent sur les petites figures ; puis son fils, qui s'appelait aussi Ch. Chassel, né à Metz, qui fut sculpteur du roi et obtint le titre de professeur à l'Académie de peinture. Après eux, Claude des Indes, originaire de Paris et qui vint à Nancy en 1685, sculpteur, lui aussi, en bois de *Sainte-Lucie*, comme les deux précédents ; (l'acte de baptême d'un de ses enfants en fait foi) ; Lamare, *sculpteur de crucifix* (1) dont un rôle pour la levée des sous à la Ville-Vieille nous révèle encore l'existence. Ceux-là, sauf Ch. Chassel, sont à peine connus de nous, mais il en est de plus célèbres, dont la renommée nous est certaine, notamment J.-B. Vallier, venu à Nancy vers 1680 et mort le 14 avril 1752, à 87 ans (2). Celui-là du moins était contemporain de Bagard. Nous savons même qu'il fut son ami et son collaborateur puisqu'il concourut avec lui à l'exécution du crucifix présenté à la nouvelle duchesse de Lorraine, lors de son entrée à Nancy. Comment ne point commettre d'erreurs d'attributions entre les œuvres de ces deux artistes qui travaillaient ensemble sur la même matière, ainsi que nous en avons la preuve dans le bénitier en bois de *Sainte-Lucie*,

(1) Archives de Nancy, t. II, p. 282.
(2) Archives de Nancy, t. III, p. 334.

qu'exécuta Vallier pour le confesseur de Léopold et à la prière de la princesse ? Est-il besoin de parler de Ch.-François Hardy, fils d'un marchand de Nancy, marié en 1711 et désigné aussi sous le titre de *sculpteur en bois de Sainte-Lucie*, dans l'acte de baptême d'un de ses enfants. L'existence de tous ces artistes ne serait pas pour nous certaine que nous serions encore obligés de nous rappeler la réputation du célèbre Lupot, né à Mirecourt le 25 juillet 1684, mort le 1er mars 1789, et qui fit pareillement de très beaux crucifix avant de se livrer presqu'exclusivement à la composition de ces figures grotesques, ornements à la mode sur les *violinetti* et les *violes d'amour*. « Les luthiers de Mirecourt » dit Dom Calmet, « le regrettèrent infiniment. Il a excellé
« non-seulement en crucifix de différentes ma-
« tières ; il s'est distingué dans son art par de
« nombreuses œuvres qui sont répandues en
« province. » De ce Lupot, nous ne possédons à l'Exposition qu'une seule œuvre appartenant à M. Martin. (266.) C'est une figure placée du côté gauche, sur un coffre à M. Bernauer, entre deux bois italiens. Mais elle nous paraît tellement imparfaite que nous nous refusons à y voir un spécimen sérieux de son habileté.

Nous ne pousserons pas plus loin cette énumération, déjà suffisante pour prouver qu'à l'époque de Bagard, c'est-à-dire vers la fin du XVII⁰ siècle et au début du XVIII⁰, la sculpture sur bois a été cultivée à Nancy par une vigoureuse pleïade d'artistes, tous plus ou moins éminents, mais sur les œuvres desquels nous n'avons encore malheureusement aujourd'hui, aucun document. Entre tous ceux qui ont traité la figure, le nom de Bagard a survécu. De Vallier, Chassel et Lupot, on parle à peine et c'est sans doute un tort. Car c'est à eux et à leurs élèves qu'il faut incontestablement attribuer cette suite de crucifix que nous admirons encore aujourd'hui, œuvres d'une réelle beauté, mais où la puissance et l'inspiration du maître ne se révèlent pas au premier coup d'œil. Et s'il est vrai que la renommée ne se soit point montrée injuste dans ses faveurs en sauvant un nom de l'oubli, ce nom doit être nécessairement celui du plus habile : celui de Bagard, c'est-à-dire du maître qui s'est montré supérieur à tous ses rivaux dans ses figures dignes de l'art antique, dans sa décoration dont ses successeurs n'ont jamais approché.

En dehors des figures sculptées par le maître, il en est pourtant quelques-unes d'une grande finesse d'exécution et dans lesquelles les auteurs semblent s'être efforcés de racheter, par la délicatesse d'exécution, la moindre élévation du sentiment qui les a inspirées. Ce sont, en premier lieu, *un saint Christophe d'une très grande finesse et signé C. D. S.*

1660, à *M. Gény*, (Vitrine XXV.) Point n'est besoin de faire ressortir l'extrême différence qui distingue l'exécution sèche et nerveuse de cette figure du style ample et souple de toutes les œuvres que nous avons précédemment examinées. C'est la touche d'un ciseau tout à fait habile. C'est le fini délicat d'un orfèvre sur bois ; ce n'est plus la manière libre et fière du statuaire.

Une autre statuette bien digne d'attention, c'est *le portrait en pied de Mgr Georges d'Aubusson, de la Feuillade*, évêque de Metz, appartenant à M. le comte de Coëtlosquet. (Première table, n° 374.) Aux détails de l'ornementation qui décore la chappe de l'évêque, on reconnaît facilement le style de l'Ecole. C'est, d'ailleurs, encore le bois de *Sainte-Lucie* qui a été employé. Le sentiment est d'une grande correction, l'attitude très simple ; si ce n'est point là un *bois* de Bagard, c'est, sans contredit, une œuvre de son plus sérieux rival.

Nous avons terminé avec l'examen des *personnages* et il nous reste maintenant à étudier l'ensemble des menus objets en bois *destinés à être maniés* ; des objets qu'on appellerait aujourd'hui *de commerce* et dont la surface extérieure est enrichie d'une décoration particulière à l'école Lorraine. C'est là, à proprement parler, ce que les marchands et les amateurs ont pris l'habitude de désigner très improprement, suivant nous, par la dénomination — « *c'est un Bagard.* »

Ici encore, il y a de nombreuses distinctions à faire. Il est évident pour tous que ces nombreux coffrets, ces chandeliers, ces cadres très semblables, que nous reconnaissons par le caractère général de la décoration, sont l'œuvre de talents très divers. Sans doute, à cet ensemble de productions, chacun des sculpteurs dont nous avons plus haut rappelé les noms, ont concouru pour leur part ; mais il est réellement impossible aujourd'hui de mettre un nom d'auteur sur ces œuvres non signées, dont une analyse très délicate peut seule faire ressortir les différences de style.

Il est cependant une de ces distinctions qui s'impose à première vue ; c'est, dans un grand nombre de ces productions, la prédominance du rinçeau fleuri comme principal motif du décor ; dans d'autres au contraire, le triomphe des entrelacs très déliés et combinés avec un goût souvent fort heureux. Mais cette distinction purement spécieuse ne nous paraît pas, à proprement parler, le produit de deux écoles différentes. Il est évident, pour ne citer qu'un exemple, que les coffrets, de mariage ont dû être, dans certains ateliers l'objet d'une fabrication de commerce permanente et conçue sur des dessins-types fournis par les maîtres. Ceux de ces coffrets qui n'étaient point exécutés en vue d'une destination spéciale, ont dû laisser au style de l'artiste une liberté d'invention très grande. Chez ceux-là le rinceau domine, très peu saillant et toujours enroulé suivant une loi qui ne varie guère. Au contraire les coffrets de mariage exécutés sur commande devaient admettre dans leur ornementation l'introduction de chiffres entrelacés. De là la différence signalée plus apparente que réelle. Mais, dans les coffres même où les entrelacs se déroulent suivant les exigences des chiffres, il est rare que le rinceau type ne reparaisse pas sur les côtés, comme motif dominant du décor. On peut donc dire en principe que l'absence du rinceau peut bien être la marque d'une provenance étrangère à l'école lorraine ; mais il serait hasardé d'affirmer que l'emploi des chiffres et des entrelacs soit une raison suffisante pour attribuer les coffres qui en sont revêtus à des sculpteurs étrangers.

C'est à des distinctions plus subtiles que nous devons reconnaître l'influence d'artistes divers. On peut remarquer en premier lieu que dans les premiers coffrets, (ceux qui semblent d'une origine plus ancienne,) le rinceau de l'école est toujours dessiné suivant une courbe à double et quelquefois à triple spire. L'enroulement très accentué se termine régulièrement par une fleur à cinq ou six pétales épanouies. Sur la tige même du rinceau, la naissance des feuilles est fréquente. Un peu plus tard, cette décoration s'amaigrit. Au lieu des riches enroulements, nous trouvons quelquefois de simples embryons de rinceaux réduits à une seule tige d'où émergent à de rares intervalles des feuilles légères, sèches et sans hardiesse. Dans le premier mode, nous citerons un riche *coffret de mariage* à M. Gény, (Table VI, n° 65.) dont le couvercle est chargé de décors si puissants que le fond sablé apparaît à peine, ce coffre est placé sur la petite table de M. Noël, près d'un groupe de Cyfflé. Pour bien différencier le type que nous décrivons, on peut en passant jeter les yeux sur *le coffret* qui forme pendant, à M. Bretagne, (Même table, n° 66.) on s'aperçoit de suite que le rinceau à peine enroulé a fait place à un autre mode de décor dont il n'est que l'accessoire très secondaire. Ce n'est plus la main du même artiste.

Comme type du second genre à feuilles rudimentaires, nous citerons la décoration très délicate et très nerveuse, mais beaucoup moins puissante d'un autre coffre de mariage à M. Reiber, placé à gauche du magnifique tableau sculpté de M. de la Salle, (Vitrine n° XXV.) C'est là encore le même enroulement, mais plus délié, plus maigre, appauvri de tous les détails opulents qui s'affirment dans le premier genre. Ce n'est ni le même bois, ni le même style, ni la même main. Ce dernier est l'œuvre très remarquable d'un artiste habile, mais méticuleux, comme celui qui a ciselé le *Saint-Christophe* placé en dessous. La différence est saisissante ; nous n'insistons pas davantage.

Enfin, comme spécimen remarquable des boites à entrelacs, sans rinceaux, nous citerons le grand coffret à M. Beaupré, à droite du même tableau de M. de la Salle. (Vitrine n° XXV.) Les chiffres sont un L et un P. Ce remarquable travail paraît avoir été exécuté pour un prince d'Allemagne. Il n'y a plus là trace de l'influence de Bagard.

Nous avons voulu mettre nos lecteurs en présence de quelques types extrêmes. Nous n'entreprendrons pas de démontrer que chacun des menus objets sculptés sur bois peut être rapporté à l'un de ces types. Cette distinction est toute de nuances, il convient à chacun de la faire. Nous nous contenterons seulement de faire une classification très large de ces divers objets en groupes définis, laissant à chacun de nos lecteurs le soin de discuter la valeur de notre système.

Ier groupe. — Les ornements se distinguent par la richesse du décor, par la profondeur du travail, par les *stries* tracées dans le sens des fibres du feuillage dont l'artiste a voulu donner le sentiment. Dans ce groupe, le rinceau est enroulé suivant une double spire, la feuille reste le motif principal et comme le squelette de l'ornementation dont elle détermine les grandes lignes ; la fleur n'en est que l'accessoire ; les fonds sont toujours sablés. Les fleurs sont variées et dans leur variété ont un dessin défini, étudié suivant les exigences de la forme. C'est la bonne époque.

Dans ce groupe nous comprenons, en outre du coffre précité de M. Gény (n° 65 table VI), 1° *Une petite boîte* à M. Bretagne, portant des armes de duc et ornée d'un léopard, placée dans la portion inférieure de la vitrine n° XI. Les feuilles y sont encore savamment étudiées ; 2° *Un coffret de mariage* à l'extrême droite de la même vitrine, à M. Gény, également aux armes ducales et portant un décor très fleuri sur un fond sablé. Les rinceaux sont mêlés à des oiseaux. Ce dernier coffret est en bois de Sainte-Lucie. 3° Une *petite boîte ronde* à M. Beaupré dans la vitrine n° XXI. Les rinceaux portent des fleurs entr'ouvertes; le fond est aussi sablé ; 4° Le *plus petit des deux coffrets* appartenant à Mlle Rollin, (Vit. n° XVIII.) ; 5° *Un couvercle de bronze aux armes d'un archevêque*, à M. Quintard. (Vitrine n° XXV.)

II. groupe. — Le décor est moins riche ; le fond beaucoup plus en apparence ; le travail plus sec. Quelquefois même la feuille est plus rudimentaire; le rinceau, *toujours très enroulé* est formé par les spires d'une tige plutôt que par les révolutions des feuilles.

Nous avons trois spécimens de ce style. Le moins accusé nous est fourni par un *coffret*, à M. Bretagne, placé à l'extrémité gauche de la vitrine n° XI ; puis un exemple plus facile à saisir; ce sont *les Chandeliers* appartenant à M. Butte, (vitrine n° X.) Mais le type le plus complet de ce groupe est sans contredit le coffre de M. Reiber, placé à gauche du tableau sculpté de M. de la Salle, (vitrine n° XXV.) Nous avons eu occasion déjà de parler de cette décoration sèche et nerveuse tout à fait personnelle, et profondément différente de la manière qui caractérise le premier groupe.

III. — Dans cette série, le rinceau n'est plus accentué ; c'est à peine si son enroulement est fermé ; le sable du fond est gros ; l'ornementation lourde. La fleur devient le motif dominant du décor. Mais elle n'est plus ni modelée ni étudiée comme dans le premier groupe. Les caractères sont très faciles à étudier : 1° Dans le *Coffre* de mariage de M. Bretagne, décoré aux angles de vases, de fleurs sculptés sur un épais fond sablé. Ce coffre porte la couronne ducale. Ses parties latérales seules sont ornées de rinceaux très imparfaits, (table VI, n° 65). 2° La plus grande des deux *Boîtes* de Mlle Rollin, où le rinceau disparaît du couvercle pour faire place à une véritable profusion de fleurs à quatre ou cinq pétales assez médiocrement modelées, (vit. n° XI.)

3° Une *boîte ronde* d'une exécution relativement assez délicate, à M. de Meixmoron, où le rinceau peu enroulé devient un motif secondaire de décor en présence des fleurs nombreuses semées dans l'ornementation, (vitrine n° XI.) 4° Une paire de *Chandeliers* à M. Quintard, (vitrine n° XI.)

IV. — Enfin, dans un quatrième groupe, on peut comprendre les bois dont le rinceau a entièrement disparu pour faire place à un style nouveau qui repose sur les agencements ingénieux des chiffres des entrelacs et des fleurs. Ce sont :

1° Une *Boîte à M. Beaupré*, placée à droite du panneau sculpté à M. Lassalle, (dans la vit. XXV.)

2° Un *Coffre de mariage à grands ramages*, marqué S. G. et orné d'une couronne, (vitrine n° XI.) à M. Quintard.

3° Une *Boîte ronde*, marquée P. M et ornée d'une couronne, à M. Bretagne (vitrine n° VII.)

4° Un très délicat *Panneau de fleurs sculptées*, (vitrine XXV.) à M. Gény, et où le ciseau de l'artiste témoigne d'une merveilleuse habileté mais que rien ne rattache comme style aux productions précédentes.

Cette dernière œuvre pourrait être du reste classée dans un groupe distinct composé d'objets tout à fait différents de l'école dite de *Bagard*. Dans ce groupe nous comprenons deux autres *Panneaux de fleurs sculptées*, à M. Martin, (vitrine XV.) un

Bénitier portant les chiffres *I. H. S.*, à M. Mélin, (vitrine XXV.) et un *Bois aux armes de Lorraine*, à M. Martin, (7ᵉ fenêtre, nᵒ 89.)

Telles sont, parmi les sculptures du XVIIᵉ et du XVIIIᵉ siècle, celles auxquelles nous croyons pouvoir sans crainte assigner une origine lorraine.

De l'étude que nous avons entreprise, si nous nous sommes bien fait comprendre de nos lecteurs, il résulte qu'un grand artiste, Bagard, a couvert de sa renommée une foule de productions qui n'avaient rien de commun avec l'élévation de sa manière et l'autorité de son talent.

Autour de lui, une pléiade d'habiles sculpteurs ont décoré nos maisons, orné nos intérieurs ; c'est à eux et à eux seuls qu'il convient de rapporter le style auquel nous avons à tort donné un nom qui n'est que celui d'une École. En terminant ce sujet, nous sommes convaincu que la lumière ne peut manquer d'être faite à l'Exposition de Nancy, et que le goût de nos artistes suffira désormais pour rendre à chacun la place qu'il doit occuper dans l'histoire de l'art lorrain. Au « sculpteur de grandes figures », à Bagard l'honneur d'avoir fait école en Lorraine ; aux Vallier, Chassel, Lupot et à tous les autres que nous avons nommés, le mérite d'avoir produit un ensemble de petites œuvres d'un goût et d'un fini tellement merveilleux que, sur ce point, la Lorraine n'a rien à envier à l'Italie.

Pour terminer l'examen des *bois sculptés* de provenance purement lorraine, il nous reste à dire quelques mots de plusieurs sujets dignes de remarque et dont les auteurs sont plutôt célèbres par les œuvres de marbre et de pierre qu'ils nous ont laissées que par leurs travaux en bois.

Dans un des deux salons consacrés presque exclusivement à l'Exposition de peinture, sont deux panneaux fort remarquables, tous deux sans attributions certaines. En les examinant, nous nous bornerons donc à des présomptions que justifient d'ailleurs amplement le grand caractère de ces sculptures.

Le premier de ces panneaux est un cadre sculpté en bas relief devant lequel est placé un *buste de la Vierge* (509). Cette pièce importante provient de l'église Saint-Roch, démolie aujourd'hui. Elle est la propriété de M. Denys. L'origine de ce panneau permettrait sans aucun doute de supposer qu'il peut bien être dû au ciseau de Mesnil, si rien ne militait en faveur d'une toute autre attribution.

Mesnil est, on se le rappelle, l'auteur de plusieurs sculptures de la Cathédrale de Nancy et de celles qui décorent le portail de Saint-Sébastien. Il est donc facile de comparer les œuvres originales de cet artiste à la Vierge dont nous nous occupons en ce moment. Cette vierge est en effet placée devant un médaillon enveloppé d'une draperie dont les plis sont relevés par deux anges qui peuvent être rapprochés de ceux qui figurent dans la façade de St-Sébastien. La figure de la vierge est d'une beauté remarquable ; les vêtements sont disposés avec un goût qui donne à cette œuvre un sensible caractère de noblesse et de grandeur.

Nous hésitons toutefois à attribuer à Mesnil la Vierge de M. Denys. Après avoir examiné avec soin les figures qui décorent le portail de Saint-Sébastien, nous n'avons reconnu dans l'œuvre qui nous préoccupe aucun trait qui, de près ou de loin, rappelle le style de Mesnil. Il est bien vrai que, dans le portail de Saint-Sébastien, les sujets principaux sont entourés de cadres supportés par des anges ; mais rien dans ces anges ou dans ces cadres ne rappelle le panneau sculpté dont nous avons à rechercher l'auteur. Tandis que les figures de Mesnil se présentent en général avec une attitude composée et péchant par un défaut de naturel très sensible, la Vierge de M. Denys est au contraire un chef d'œuvre de simplicité et de grâce. Le mouvement de la tête est plein à la fois de délicatesse et de grandeur. Les enfants qui relèvent les plis ondoyants de la draperie, très habilement conçus et exécutés, concourent à revêtir l'œuvre tout entière d'un cachet de majesté qui n'a réellement rien de commun avec les productions de Mesnil. D'autre part, si nous faisons appel aux souvenirs de tous ceux qui ont visité le bel édifice de la Chartreuse de Bosserville, nous sommes certain que nos présomptions seront partagées par quiconque aura remarqué l'admirable décoration du fronton de la façade. C'est qu'en effet nous retrouvons là, dans la même attitude, de gracieux enfants employés à rehausser l'effet d'un cadre en tout semblable à celui que nous décrivons ici. A Bosserville aussi, le cadre ovale placé derrière la Vierge est composé de feuilles de laurier. La Vierge elle-même présente avec celle de M. Denys des traits de ressemblance frappante. Ce n'est donc point le nom de Mesnil que nous choisirions si nous avions à inscrire au bas de cette œuvre une attribution d'auteur, mais celui du grand sculpteur Bagard. Sans doute nous sommes comme tous exposé à commettre de graves erreurs dans le cours de ces études. Mais s'il est vrai que c'en soit une d'attribuer au décorateur de Bosserville ce panneau dont personne ne contestera la beauté, nos scrupules se trouvent sensiblement atténués par la certitude qu'une semblable hardiesse, lorsqu'elle repose sur l'estime que nous faisons de cette œuvre, ne peut porter atteinte à la réputation établie de notre grand sculpteur lorrain.

À côté de cette vierge, on rencontre un panneau remarquable à la fois par la grandeur du sujet exécuté, par le nombre des personnages et par l'élévation du style. Nous voulons parler d'un *Ensevelissement du Christ* appartenant à M. Morey (508). Ce panneau est, à n'en point douter, un devant d'autel provenant d'un ancien couvent. Le Christ est soutenu par Joseph d'Arimatie. La sainte Vierge, presque évanouie, tombe dans les bras de Saint Jean au pied de la croix. Devant est la belle et grande figure de la Madeleine. A droite on aperçoit le tombeau ouvert au fond duquel un enfant dispose un suaire. L'agencement des personnages témoigne chez l'auteur d'une grande entente de la composition. Malheureusement le fini de l'exécution, dans ce panneau comme dans celui que nous avons précédemment décrit, disparaît sous une épaisse *patine* de peinture. M. Morey, cédant à un religieux respect artistique, après avoir commencé le nettoyage de cette grande œuvre, s'est arrêté en trouvant sous le vernis blanc la trace d'une décoration polychrome où les ors transparaissent encore à de nombreux endroits. Ce panneau était donc revêtu de couleurs. Quelle que soit d'ailleurs sa provenance, il est impossible, en considérant le style de cette composition, non moins que le costume des personnages, de ne pas songer au grand nom de Ligier-Richier. Le rapport entre cet *Ensevelissement du Christ* et le chef-d'œuvre de Saint-Mihiel est saisissant.

Sans doute, par plus d'un côté le panneau de M. Morey ne pourrait supporter la comparaison avec le groupe en marbre du sépulcre de saint Etienne. Qu'importe ? En est-il moins intéressant ? Ligier-Richier a doté la ville où il est né vers 1572, de véritables chefs-d'œuvre, dont quelques-uns sont exécutés en bois avec une grande perfection, notamment la *Notre-Dame de Pitié* qui se trouve placée dans l'église Saint-Michel. Est-il donc invraisemblable de croire que le chef-d'œuvre du *Sépulcre*, au lieu de sortir tout conçu du cerveau de son auteur, n'ait pas été le produit de divers essais successifs dont le bois, la terre ou le marbre ont reçu la confidence ? Qui peut nous empêcher de croire que ce panneau soit une œuvre de jeunesse dont les défaillances ont apparu plus tard au grand artiste, alors que fortifié par l'étude des maîtres italiens et par le contact du grand génie de Michel-Ange, il a pu revenir sur son œuvre imparfaite avec l'expérience du génie mûri par la science et la longue pratique de son art ? Comment expliquer en effet, cette même intelligence du sujet dans les deux œuvres; cette identité de mouvement entre les deux personnages qui soutiennent le Christ, cette conformité dans les coiffures et dans les divers airs de tête, cette ressemblance frappante des figures, et enfin ce curieux emploi d'un même accident de composition dans la préparation du suaire au fond du tombeau? Plus nous considérons la composition définitive de Ligier-Richier — et en écrivant ces lignes nous avons sous les yeux la photographie de son chef-d'œuvre, — plus s'éloigne de notre pensée l'idée d'attribuer à quelque servile imitateur un bas-relief dont tout les caractères présentent, avec l'admirable sépulcre de Saint-Mihiel, une série de rapports dont l'évidence nous parait manifeste.

A côté de ces grandes œuvres, l'Exposition possède encore un certain nombre de figures en bois dues au talent d'un sculpteur dont la famille a enrichi la Lorraine de quatre artistes inégalement doués, mais remarquables par une puissante fécondité. Nous voulons parler d'Adam le père et de ses trois fils.

Les Adam sont un des représentants les plus importants de la sculpture lorraine. Nancy a donné le jour aux quatre artistes qui portent ce nom.

Adam le père fut, comme David d'Angers, le maître de ses trois fils. Son œuvre à lui se compose de mausolées de saints et de bénitiers. « Il a sculpté avec une familiarité charmante, dit *l'Histoire de l'Art français*, des cheminées et des cadres, où il a répandu à profusion de jolis enfants à mine éveillée. » Ce sont ces trumeaux qui garnissent encore aujourd'hui bon nombre d'hôtels nancéiens et dont l'ornementation se compose le plus souvent d'attributs de musique ou de guerre.

Les quatre Adam ont vécu de 1700 à 1778. Sigisbert débuta à Metz. Son insuffisance le ramena à Paris, d'où il partit au bout de quatre ans pour Rome avec le grand prix. Un concours s'éleva pour la décoration de la *Fontaine de Trevi*, Adam triompha, mais, dit l'*Histoire de l'art*, quelle que fût la protection du cardinal de Polignac et quelle que fût l'autorité de Clément XII, Rome jalouse ne voulut pas qu'un « barbare de Lorraine » vînt signer son nom sur les murs consacrés par Michel-Ange. » Le « barbare de Lorraine » avait droit à une compensation ; elle ne se fit point trop longtemps désirer.

Versailles attendait des dieux de marbre et de bronze. Sigisbert Adam fut choisi pour exécuter le célèbre groupe de Neptune et d'Amphitrite. Ce fut l'un de ses chefs-d'œuvre. Il mourut en pleine maturité du talent en même temps que son plus jeune frère Gaspard. Sébastien, le second, travailla surtout en Allemagne. Il fut un des sculpteurs du grand Frédéric. Son talent trop symbolique fut mal compris de son temps. Tous trois ont généralement sacrifié un peu au côté dramatique. Ils doivent pourtant être comptés au nombre des plus brillants virtuoses de la décadence. Les Adam n'ont pas seulement produit eux-mêmes une foule de statues, ils ont fait école en Lorraine, soit sur le bois, soit sur la terre cuite. Leurs œuvres les plus remarquables exposées en ce moment à Nancy sont certainement des *terres cuites*. Nous en reparlerons lorsque nous traiterons ce sujet. Dès ce moment nous devons citer comme échantillon de leur style deux statuettes en bois d'un effet assez remarquable, (quoique déjà présentant les symptômes de la décadence) posées (103, 104) sur la grande crédence de M. Bonvié. Ces deux figures représentent une *Vierge et Saint-Christophe*. Dans un sentiment plus large sont conçues les deux têtes à M. Martin (319, 320) placées sur le meuble allemand qui nous appartient et qui se trouve à gauche en entrant. De la même école mais bien moins pures de style sont les statuettes qui se trouvent sur le meuble où figurent les débris du tombeau de Charles-le-Téméraire (139). Les six figures placées au-dessus de ce meuble témoignent du danger que pouvait présenter pour nos artistes lorrains l'imitation d'un style qui pouvait être grand chez le maître, mais n'arrivait souvent qu'à être déclamatoire chez les élèves.

Mentionnons en dernier lieu une Vierge à M. le

baron de Landres qui se trouve placée à l'extrémité de la première table et qu'on peut attribuer à Adam, en raison même du large sentiment qui l'a inspirée (427).

Il nous reste pour terminer l'examen des *bois sculptés* à mentionner quatre sujets italiens : l'un est un véritable tableau, mi partie en haut relief, mi partie en bas relief, appartenant à M. Blondin (94) et placé dans l'angle de la dernière fenêtre. Ce tableau, représentant une *Adoration des Mages*, est curieux par le scrupule que l'auteur a cru devoir apporter dans l'exécution de sa perspective. Les fenêtres y sont percées à jour. Ce n'est là, qu'une simple curiosité et non un exemple dont nous conseillerions à nos artistes de s'inspirer. Beaucoup plus agréable d'effet est le *bénitier italien* de M. Bernauer (n° 87) et surtout le charmant *Tobie* conduit par un ange, à M. Gény. Ces deux personnages sont traités avec une élégance dont l'Italie a seule le secret. Fort délicate aussi est *la Vierge* de M. Gény. Ces deux derniers sujets sont dans la vitrine (n° II) en entrant à droite. Dans la même vitrine se trouve encore *une tête de Mort*, à M. Baupré, genre Renaissance. Certains artistes se sont plu à traiter ces funèbres sujets. Le Louvre possède dans le même genre deux cadavres d'homme et de femme au fond d'un cercueil qui témoignent d'une singulière préférence de certains artistes pour les côtés repoussants de la nature. Nous ne nous arrêterons pas plus longtemps sur un aussi lugubre sujet. Nous avons parcouru la série de toutes nos richesses dans l'art de la sculpture sur bois, et trop vaste est encore le champ qui nous reste à parcourir pour que nous ne cherchions pas, en poursuivant rapidement notre tâche, de nouvelles et plus attrayantes pensées.

V

LA CÉRAMIQUE

La Céramique

L'étude de la Céramique peut être divisée en trois grands chapitres comprenant :

1° L'étude de la poterie cuite, mate, sans vernis ni glaçures.

2° L'étude de la poterie vernissée et glacée.

3° L'étude de la porcelaine.

La Céramique n'est représentée à Nancy que par des spécimens dont les plus anciens remontent à Bernard Palissy. Pour compléter cette lacune et reconstituer en quelque sorte l'histoire continue des poteries, M. Noël, conseiller à la cour de Nancy, a bien voulu nous éclairer de ses conseils ; c'est à son obligeance que nous devons de pouvoir présenter à nos lecteurs un résumé complet des origines de la Céramique.

L'industrie de la poterie est presqu'aussi ancienne que l'homme. La nécessité dut l'enfanter. L'homme, dès son apparition sur la terre, eut besoin de recueillir l'eau, de conserver ses aliments. Ayant sous la main de la terre argileuse qu'il voyait la pluie détremper et que séchait et durcissait le soleil, l'idée d'en fabriquer des récipients lui vint naturellement de bonne heure.

Chez les peuplades les plus sauvages, les plus éloignées de la civilisation, dans toutes les contrées du globe, on trouve des vases d'argile, tous à peu près semblables.

L'homme se servit d'abord de la terre grossière qu'il avait sous la main ; puis l'observation, la réflexion aidant, il sut mieux choisir, mieux travailler la matière première, éliminer les corps étrangers. Le goût de l'ouvrier perfectionna la forme, et il finit par décorer son œuvre ; l'art de la céramique naquit.

Mais l'intérêt est de déterminer les époques de ces perfectionnements successifs et de fixer le moment où l'art s'ajouta à la fabrication.

Les anciens attribuaient à Céramus, fils de Bacchus, l'invention de l'art du potier.

La science contemporaine divise en deux grandes périodes l'histoire du développement de l'humanité ante-historique : L'âge de *pierre* et l'âge des *métaux* suivant la nature des substances dont l'homme faisait usage pour les besoins de son industrie.

La découverte de débris de poterie dans des cavernes habitées autrefois et de vases renfermés dans des tombeaux permit, par la nature des objets qui les entourent, de déterminer ces époques.

Des vases trouvés parmi les débris des habitations lacustres remontent, à n'en pas douter, à l'époque de la pierre polie, c'est-à-dire à l'époque où l'homme, ne sachant pas encore manier les métaux, ne se servait pour armes et pour ustensiles que de pierres qu'il polissait et aiguisait par le frottement.

Ces vases, grossièrement façonnés à la main, portent l'empreinte des doigts de l'ouvrier. Ils ont été cuits au soleil ou à un feu très insuffisant.

A l'époque de l'âge de bronze, le tour du potier n'est pas encore inventé, mais les vases fabriqués alors à la main le sont avec plus de soin ; la pâte en est fine, homogène. La forme en est plus élégante et plusieurs portent des traces de dessins à la pointe. Quelques-uns, percés de petits trous, ont dû servir à égoutter des fromages.

A l'époque de l'âge de fer qui suit l'âge de bronze, l'industrie a fait un grand pas ; à la fonte des métaux a succédé l'art de les forger et le potier à inventé le tour. Cette époque touche aux temps historiques, deux mille ans environ avant Jésus-Christ.

C'est à cette même époque qu'on peut fixer les dernières habitations lacustres dont parle Hérodote.

On sait qu'il y a une vingtaine d'années, en 1854, l'abaissement anormal des eaux des lacs de la Suisse et de la Savoie fit découvrir des restes de bourgades construites en bois, sur des pilotis enfoncés dans le fond des lacs. Quels puissants moyens avait donc déjà l'homme à cette époque reculée pour manier et enfoncer perpendiculairement des madriers d'un tel poids ! L'homme, en se réfugiant ainsi sur des lacs, loin du rivage, voulait sans doute se mettre à l'abri de ses ennemis ou des bêtes féroces.

Des fouilles faites au pied de ces pilotis ont amené la découverte d'objets de toute nature, débris de cuisine, d'armes, d'ustensiles, qui ont permis de fixer l'époque où ces constructions ont été habitées. Parmi ces objets se trouvent des débris de poterie grossière remontant à l'âge de pierre, d'autres, plus fins et coloriés, sont postérieurs et ne remontent qu'à l'âge de bronze.

Dans le Nord de l'Europe, vers la même époque, on a trouvé des débris qui sont contemporains de ceux trouvés en Suisse et en Savoie.

Ces poteries lacustres ou celtiques sont antérieures à celles de l'Asie et de l'ancienne Egypte.

A l'origine des temps historiques, deux mille ans avant J.-C., l'art du potier avait encore progressé et on avait découvert le moyen de glacer la terre. Dès cette époque, l'homme avait inventé la brique et l'employait de préférence à la pierre. Les remparts de Babylone, ceux de Ninive et d'Ecbatane étaient construits en briques avec revêtement intérieur de canaux lustrés représentant différents sujets. Les cercueils qui remontent à la même époque et ont été découverts dans l'Asie Mineure étaient en terre cuite, enduits d'un vernis vert et ornés en relief de figures de guerriers.

La pyramide de Dashou en Egypte, qu'on fait remonter à plus de trois mille ans avant Jésus-Christ est construite également en briques.

Des peintures trouvées dans les catacombes de Thèbes représentent toutes les opérations du potier et prouvent que ces opérations étaient alors ce qu'elles sont encore aujourd'hui, sauf que le tour était manœuvré à la main.

Les potiers de l'Egypte passaient pour les plus habiles du monde connu deux mille ans avant notre ère, et la haute Egypte était le centre de leur industrie.

Les vases fabriqués, placés sous les radeaux qui descendaient le Nil, servaient à les alléger, et étaient transportés au Delta où on démolissait les radeaux et on livrait les vases au commerce.

Les Hébreux n'inventèrent rien ; ils fabriquèrent comme ils avaient vu les Egyptiens fabriquer ; même terre, mêmes ornements.

Les Grecs empruntèrent l'art du potier aux Egyptiens, et ce fut l'un d'eux, Thalus, qui vers l'an 1200 inventa le tour à pied. Ce Thalus fut aussi l'inventeur du compas et de la scie.

La Grèce, dès sa plus haute antiquité, possédait des potiers célèbres, et, grâce aux inscriptions dont leurs vases étaient revêtus, les noms d'artistes céramistes sont arrivés jusqu'à nous. Le potier inscrivait son nom avec cette mention : *a fait*, et le peintre qui ornait le vase faisait précéder le sien de celle : *a peint*.

Les poteries grecques, nommées improprement Etrusques, sont peintes et vernissées. Elles ont une grande élégance de forme et sont très-variées d'ornements. L'art du potier était en Grèce très estimé ; on y a élevé des statues et frappé des médailles en l'honneur de céramistes célèbres. Les peintres les plus illustres ne dédaignaient pas de décorer leurs œuvres. Les chefs-d'œuvre de la céramique étaient exposés dans les Panathénées, donnés en prix aux vainqueurs des jeux olympiques et après leur mort ensevelis avec eux dans leurs tombeaux.

L'art du potier de la Grèce se répandit dans toutes ses colonies, en Italie particulièrement, en Etrurie et en Campagnie. Cet art parvint à son apogée quatre cents ans environ avant J.-C. Tout un quartier d'Athènes, nommé le Céramique, était occupé par cette industrie. Les vases rouges à peintures noires sont de la première époque de l'art, ceux à peintures rouges marquent l'apogée.

Les Romains profitèrent de bonne heure de l'art du potier importé en Italie par les Grecs et le pacifique Numa encouragea cette industrie. Comme ces derniers, ils appliquèrent la céramique à l'ornementation extérieure et intérieure de leurs édifices.

Des débris de poterie de même facture et de décorations identiques trouvés en France, en Angleterre et en Allemagne prouvent que les Romains transportèrent partout avec eux cette industrie qui se modifia ensuite dans la forme de ses produits suivant le goût des différents peuples qui l'adoptèrent.

Mais tous ces vases grecs et romains si admirables, si purs de formes, ne furent jamais que de la terre cuite. Ils étaient enduits d'un vernis léger qui, à la longue, laissait suinter l'eau. La façon en est soignée, mais la matière en est primitive et commune. Ils étaient bien inférieurs, à cause de leur porosité et de leur fragilité, pour les usages domestiques, à la plus commune fayence de nos jours.

Ce n'est qu'au moyen-âge que l'on connut enfin en Europe l'art de fabriquer la fayence, c'est-à-dire de recouvrir d'une glaçure vitrifiée imperméable la terre cuite. On se servit d'abord, pour atteindre ce but, d'un vernis de plomb, et ensuite de l'oxyde d'étain qui, seul, donne un véritable émail. Cet émail se nomme stannifère.

A quelle époque remonte cette invention ? Fut-elle introduite en Europe ou y fut-elle découverte ? C'est une question qui n'a pas encore été, et qui ne sera sans doute jamais résolue.

On trouve dans les musées d'Allemagne des carreaux de pavage à émail bleu et blanc stannifère et dont la fabrication remonte au XIIe siècle ; ce n'est néanmoins pas à ce peuple si peu inventif qu'il faut faire remonter l'honneur de sa découverte. Tout porte à croire que cet art nous vient de l'Orient et qu'il a été importé en Europe par les Maures d'Espagne, ce peuple intelligent qui maintint la civilisation dans le pays qu'il envahit, tandis que tout le reste de l'Europe Occidentale était plongé dans la barbarie.

On a trouvé en Espagne des tuiles émaillées à dessins très fins et lustrés d'or, qui remontent à 1280 et qui prouvent combien l'art de l'émaillage de la terre était déjà, à cette époque, perfectionné chez les Maures.

Le fameux vase de l'Alhambra, le spécimen le plus curieux de la céramique au XIVe siècle, a été fabriqué à Malaga en 1320 ; et un auteur arabe de cette époque écrit que dans cette ville on fabrique une belle poterie dorée qui s'exporte dans toutes les parties du monde.

Cette industrie se localisa surtout dans les Baléares et particulièrement à Majorque ; de là elle fût importée en Italie où elle reçut, à cause de cette provenance, le nom de *Majolica*.

Les Italiens la perfectionnèrent et au XVe siècle, Luca Della Bobbia donna à ces produits, par la beauté de la forme et l'éclat de l'émail, un cachet artistique supérieur. Les moyens de perfectionnement étaient alors tenus secrets et se propageaient lentement.

Au XVIe siècle, les majoliques italiennes atteignirent un haut degré de perfection. Elles étaient très recherchées et on se les disputait à prix d'or.

On fabriquait de fort belles poteries en France dès le XIIIe siècle ; mais ce n'est que du XIVe au XVe siècle qu'apparaît le vernis plombifère, vernis qui s'altère à la longue et n'est pas le véritable émail. Du temps de Rabelais, les poteries de Beauvais étaient fort estimées, mais ce n'étaient que des poteries.

La vue d'une belle coupe de terre émaillée, sans doute une majolique, révéla à Bernard de Palissy sa vocation. Simple ouvrier verrier de la Saintonge il voulut alors rechercher le moyen inconnu de reproduire un pareil travail. Il abandonna son métier et, sans aucune notion de l'art de l'émailleur, il se mit à l'étude, quittant ses essais lorsqu'il se trouvait sans ressources, les reprenant dès qu'il avait gagné quelqu'argent, traité de fou et de faux-monnayeur par ses voisins, et brûlant, pour chauffer son four, jusqu'aux planchers, jusqu'aux meubles de sa maison. Enfin, après des essais qui ne durèrent pas moins d'une quinzaine d'années, il parvint à découvrir l'art d'émailler la terre, art connu ailleurs, mais ignoré en France.

La plupart des objets que fabriqua Palissy étaient décoratifs ; ses plats en relief n'étaient d'aucun usage et ne servaient qu'à embellir les dressoirs. Protégé par Marie de Médicis, il vint se fixer à Paris et établit ses fours sur l'emplacement actuel des Tuileries, où les restes en ont été retrouvés en 1865, lors de la reconstruction d'une des ailes.

Palissy était un savant et un très bon écrivain, mais il ne voulut jamais faire profiter les autres de ses découvertes et, lorsqu'il mourut à la Bastille, il emporta ses secrets avec lui dans la tombe. Ce fut donc un inventeur qui produisit de belles choses, mais qui ne fit faire aucun pas à l'art de la céramique.

Ce ne fut réellement que vers 1600 que la fayence fut fabriquée en France. Le bon roi Henry IV, qui encourageait tout ce qui favorisait la prospérité du pays, établit des fayenceries à Paris, en Saintonge, et l'usage de la fayence se répandit rapidement.

—

Pour résumer les documents qui nous ont été fournis par M. Noël, nous avons cru pouvoir, dans l'intérêt même de nos lecteurs, présenter, en nous aidant des savantes recherches de Brongniard, le tableau chronologique des progrès de la céramique au point de vue du vernis et des glaçures plombifères et stannifères.

Tableau chronologique et géographique de l'introduction des Glaçures de toutes sortes sur toute la terre.

Av. J.-C.

18e — *Egypte.*   Thèbes. Lustre silico alcalin.

7e — *Babylonie.*   Lustre silico-alcalin. — Briques antérieures à la destruction de Babylone en 522 av. J.-C.

6e — *Médie.*   Ecbatane. — Hérodote dit que les murs étaient peints de sept couleurs différentes.

Grèce.   Archipel. — Telephans de Sycione ; glaçure silico-alcaline.

Italie.   Campanie. Cléophante de Corinthe. — d.

2e — *Amérique sept.*   Palenque et Mitla.

Ap. J.-C.

3e — *Italie.*   Fab. romaine, glac. plombifère ?

8e — *Arabie.*   Medine. — Glac. silico-alcaline.

9e — *Syrie.*   Balbeck. — Arabes, glac. plombifère.

9e — *Egypte.*   Antino. — Arabes glac. plombifère.

1074 — *Asie mineure.*   Konich. — Glaçure.

Italie.	Pesaro — Vernis de plomb— Passeri ; premier emploi très restreint.
1088 — *Perse.*	Erivan-Sultanich. Glaçure ?
1120 — *France.*	Abb. de Jumiège fragment de vases.
1146 — *Arménie.*	Nakhtchevan — Glaçure ?
Italie.	Toscane—Vernis plombifère
1270?— *Allemagne.*	Schelestadt — Un potier anonyme — Vernis plombifère employé dans les revêtements des bâtiments. Le moine Théophile — Glac. silico-alcaline.
13e siècle. — *Espagne.*	Grenade, Cordoue, l'Alhambra — Les Arabes, émail stannifère.
1445 — *Italie.*	Pezaro — Palais des Sforza, émail. Florence — Luca della Robbia, émail.
1445 — *France.*	Abbaye de Voulton, carreaux vernissés. Fontainebleau, carreaux émaillés. Madrid, près Paris. Girolamo della Robbia, carreaux émaillés.
1550. — *France.*	Ecouen, carreaux émaillés. Gisors — Bernard Paliny, carreaux émaillés.

EXAMEN DES DIVERSES FAYENCES EXPOSÉES

BERNARD PALISSY.

Chacun connaît l'histoire de Bernard Palisssy et nous ne songeons point à la raconter de nouveau. On s'accorde à penser qu'il est né à la Chapelle Biron, petit village du Périgord, vers 1510, et mort en 1559.

Nous ne tenons qu'à présenter sous son jour véritable une vie de dévouement absolu, mais stérile, dont trop souvent les admirateurs n'ont aperçu ni le vice ni le défaut capital.

Bernard Palissy est sans doute plus qu'un inventeur, c'est un héros au nom duquel la légende, populaire aujourd'hui, de l'incendie de sa maison a attaché un ineffaçable prestige. Par son travail persévérant, par son courage moral, Palissy a droit au respect de tous les artistes; malheureusement ce grand ouvrier a cédé toute sa vie au sentiment étroit et personnel qui lui a fait garder son secret et à un égoïsme d'inventeur qui a laissé une tache regrettable sur sa mémoire.

B. Palissy a écrit vingt-cinq ou trente dissertations qui composent le recueil de ses ouvrages. Il n'y en a qu'une sur la poterie. Il y parle de tout excepté des procédés qu'il a suivis pour faire ses belles fayences, bien différent en cela de Bonnet dans son histoire des polypes et de Réaumur dans le détail de la découverte de la fonte douce. Si nous ne craignions d'employer un terme trop irrespectueux et presque choquant en parlant d'une aussi grande mémoire, nous dirions que les dissertations de B. Palissy sont déparées par un peu de cette vanité que nous appelons aujourd'hui familièrement la *pose* d'auteur. On voit que l'écrivain s'inquiète bien moins d'instruire que d'inspirer de l'intérêt. Les dissertations de Bernard Palissy ont deux interlocuteurs. Bernard Palissy et *Théorique*. Laissons un de nos savants céramistes modernes faire en quarante lignes la plus juste critique qu'on puisse voir de cette œuvre absolument stérile :

« Enfin après avoir exposé ses vertueux et justes principes sur les découvertes utiles à l'humanité qui ne doivent jamais être citées, mais sur le droit qu'il avait de citer les siennes, puisqu'elles n'intéressaient ni l'humanité ni le bien public ; après avoir fait cependant espérer à son spirituel et pressant interlocuteur *Théorique* qu'il lui ferait connaître ses procédés ; après avoir feint de le satisfaire en lui disant que ses émaux sont faits d'étain, de fer, d'antimoine, d'acier, de soufre, de cuivre, de cendre gravelée, de litharge et de pierre de Périgueux, *Théorique* qui n'est pas dupe de cette énumération, lui demandant les doses sans lesquelles il ne lui apprend rien; Palissy les lui refuse nettement en lui disant de « travailler comme il l'a fait. » Il faut avouer que faire une dissertation si longue pour en arriver là, c'est comme le lui dit Théorique « n'avoir nulle charité... » Et il ajoute : « Si tu tiens ainsi ton secret caché, tu le porteras en la fosse ; nul ne s'en ressentira. Ainsi ta fin sera maudite... C'est abuser des dons de Dieu, etc... » (1).

Malgré les conseils si sages qu'il a mis lui-même dans la bouche de *Théorique*, B. Palissy ne nous a rien appris dans son livre. il a perdu spontanément la glorieuse occasion d'introduire la fayence en France où elle ne fut fabriquée couramment que vers 1600, c'est-à-dire dix ans après sa mort. Comme le dit encore l'illustre directeur de la manufacture de Sèvres, « l'héroïsme est une qualité individuelle qui comme toutes celles de ce genre sont peu utiles à l'humanité parce qu'elles ne se transmettent pas. »

Bernard Palissy est donc, par sa propre faute, resté une figure isolée dans l'histoire de la céramique.

(1) Brongniart. *Traité des Arts céramiques*, p. 63.

La plupart de ses pièces et surtout les plats qu'il a fabriqués sont caractérisés par un style tout à fait particulier : les reliefs du décor, la rareté et la pauvreté des blancs, les tressaillures de l'émail, l'absence du rouge de fer. Les catalogues ne lui accordent guère qu'une trentaine de sujets ; mais ces mêmes sujets ont été fréquemment répétés. On ignore d'ailleurs généralement que B. Palissy était aidé de deux de ses frères, ce qui découle évidemment du fait suivant : il y a parmi les manuscrits de la Bibliothèque royale un état des dépenses de la reine, de 1570, qui porte « qu'on a
« délivré à *Bernard, Nicolas* et *Mathurin* Palissy,
« sculpteurs en terre, une ordonnance de la somme
« de 2600 livres tournois pour tous les ouvrages
« de terre cuite émaillée qui restaient à faire
« pour parfaire les quatre pans au pourtour de
« dedans de la grotte commencée pour la reine
« en son palais lez le Louvre à Paris suivant le
« marché fait avec eux. » (1).

La fayence (*genre Bernard Palissy*), est représentée à notre Exposition par quatre spécimens. Ce sont : 1° Le *Baptême du Christ*, à M. Gallé-Reinemer ; 2° *Persée et Andromède*, à M. Beaupré ;

---

(1) Ce manuscrit dont nous donnons un simple extrait est intitulé *État de dépenses de la reine Catherine de Médicis* de 1570 suppl. frs n° 1921, p. 3.

ces deux plats émaillés sont dans la vitrine aux émaux. Dans la vitrine voisine (n° 18), sont deux autres *plats*, à personnages en relief et émaillés, tous deux, à Mlle Rollin.

NEVERS.

Les premières manufactures de fayence blanche créées en France, ont, dit-on, été créés à Nevers. Le procédé y fut-il transmis ou inventé ? On croit qu'il y fut transmis, suivant de Thou, vers 1600, de Faënza, par une personne de la suite du duc de Gonzague. De 1600 à 1603, on vit s'élever plusieurs fabriques. La fabrication devint stable entre les mains des Conrades, gentilhommes allemands, en 1608.

Le bleu et le manganèse ont dominé dans le décor de Nevers, en raison du haut feu de sa cuisson, qui ne lui a jamais permis de rester au rouge de fer rouennais, et a obligé de remplacer ce rouge par un jaune orangé assez riche. Nevers a affectionné certaines imitations orientales, particulièrement celles où interviennent dans le décor des feuilles pointues et contournées, des rinceaux, des oiseaux et des insectes.

Au point de vue de *la manière*, les fayences de Nevers pouraient être classées en trois époques.

I. Style franco-urbinien. — Sujets mythologiques, ornements inspirés de la Renaissance.

De la même époque, est un style italo-chinois : sujets familiers, chinois ou italiens, ornements orientaux divers, camaïeu bleu rehaussé de violet de manganèse. C'est l'influence directe des Conrades.

De ce premier genre sont : *un vase en forme de serpent* (vitrine III, 1re planche), à M. Hemmerdinger.

Un *plat rayonnant*, avec figure de sainteté au centre, à M. Dauvé (vitrine IV, 2e planche).

De l'époque italo-chinoise sont les *petits vases*, également à M. Dauvé et dans la même vitrine (planche 1 et 2). La forme orientale y est très-sensible et deux vases placés dans le premier salon carré (n°s 18 et 19), à M. Delcominète.

II. Style italo-nivernais. — Sujets mythologiques, ornements italiens et orientaux, style de l'émaillerie et des étoffes.

Faïences à fonds colorés, et surtout bleus, décorés en blanc, jaune pâle, et jaune foncé, style des étoffes perses.

De l'époque italo-nivernaise, c'est-à-dire du XVIIIe siècle, sont *les lanternes*, dont l'une, à M. Herbin, est datée de 1798 (1re table, côté gauche), et l'autre à M. Dauvé, (vitrine n° 4, 1re planche).

De cette même époque, mais du style imitant

les étoffes perses à grand ramage, est *un plat* à M. Herbin (devant le côté gauche de la première table).

III. Imitation de Rouen.

Comme imitation de Rouen, nous citerons le *plat à guirlandes*, de M. Herbin, placé à l'extrémité, côté droit, et sur le devant de la seconde table ; et aussi un fort joli *petit plat*, à Mme Herbin (vitrine n° 10), que nous croyons être de Nevers, malgré certaines qualités d'émail qui le rapprochent sensiblement des fayences de Moustiers.

ROUEN.

La fayence fut fondée à Rouen, en 1646, par Nicolas Poirel, sieur de Grandval, huissier de la reine, qui céda ses droits à Edme Poterat, potier établi à Saint-Sever, en 1644. On peut lui attribuer les premiers spécimens du magnifique décor à dentelles et à lambrequins en camaïeu bleu. Pour permettre à nos lecteurs de reconnaître les divers genres de décor, nous ne croyons pas superflu de définir les mots *lambrequins, dentelles*, style rayonnant.

Le décor à *lambrequins* est caractérisé par des masses pendantes, irrégulières par alternance, à grand motif, souvent à fond bleu fleuronné en réserve, entre lesquels s'insèrent des dentelures plus petites, chargées de fonds, ponctués, losangés, ou striés, à rosaces, culots ou autres ornements, et supportant parfois des guirlandes, draperies, etc.

Dans la *dentelle*, les motifs, plus égaux dans leur ensemble, plus fins dans leurs détails, imitent la légèreté du tissu délicat dont ils empruntent le nom.

Le style rayonnant est celui où le centre et le pourtour se relient par des galons ou des colonnes ornementales formant de véritables rayons qui divisent par tranches les pièces circulaires ou coupent en médaillon le vase cylindrique, en se rattachant aux deux bordures.

Les styles, dans chaque manière, peuvent plus particulièrement emprunter leurs motifs à l'architecture, aux tapisseries, ou aux porcelaines bleues de la Chine. La tendance au camaïeu prouve la subordination des figures au décor. Le camaïeu s'est trouvé de bonne heure en concurrence avec le décor polychrôme. C'est seulement au XVIIIe siècle que le décor a emprunté ses couleurs brillantes à l'Orient. Au moment où Louis XIV « délibéra » suivant l'expression de saint Simon, « de se mettre en faïence » pour subvenir aux frais écrasants qui résultaient de ses désastres militaires, la fayence devenant vaisselle de rois et de princes, il fallût que son décor se trouvât à la hauteur de l'ébénisterie de Boulle et des tapisseries des Gobelins. Cependant le luxe s'était déjà à cette époque introduit dans la bourgeoisie et l'expression des tendances populaires du moment, de ce qu'aujourd'hui on appellerait la mode de l'année, se manifesta surtout sur les objets d'un usage quotidien et familier comme la fayence.

Au point de vue du décor, on distingue :

1° Le style rouennais à lambrequins, guirlandes et corbeilles, guirlandes de fleurs, soit entièrement bleu, soit bleu et rouge, soit polychrôme simple.

En bleu et de ce style est le *grand plat* de M. de Meixmoron (sur le devant de la première table, côté gauche). Cette pièce n'a pas de lambrequins dans sa bordure.

Les pièces suivantes, du même mode de décor, se distinguent par de très élégants lambrequins :

Un *grand plat* à M. de Metz, deuxième table (sur le devant, côté des fenêtres).

Comme exemple de ce style appliqué en figures polychrômes, nous trouvons :

1° *Le plat* à anses, (même table, côté opposé), décoré en guirlandes et lambrequins polychrômes à M. Dauvé.

2° De charmants *vases* à M. Bertaux, en jaune et bleu, d'une décoration si fine, qu'on pourrait la prendre pour type du genre *dentelle*.

3° Un *plat* à armoiries, très richement décoré (à M. Dupont), à l'extrémité de la seconde table.

4° Une *Cruche à anse*, (première table, côté opposé aux fenêtres), à M. de Meixmoron.

5° Une *Fontaine* de même époque, sur la même table (455), à Mlle Rollin.

6° Une *Fontaine* placée sur la vitrine n° 3, également à Mlle Rollin.

7° Et enfin une *assiette*, genre dentelle, à Mlle Rollin, (seconde table, côté des fenêtres).

Toutes les pièces précédemment citées sont décorées, comme on peut parfaitement le reconnaître, d'après le style *Rayonnant*.

Du même genre, mais de l'époque où, comme nous l'avons dit, la porcelaine de Chine exerçait son influence sur la décoration de nos fayences de Rouen sont :

1° *Une assiette* à *M. Dauvé* où apparaissent des figures chinoises (2ᵉ table, côté des fenêtres).

2° *Un plat* à *M. Noël* (côté gauche de la première table), où des pagodes, peintes en manière polychrôme, sont encadrées d'un décor bleu sans lanbrequin.

II. — *Style rouennais à lambrequins, guirlandes et corbeilles, bleu rehaussé de noir.*

Nous n'avons remarqué qu'un seul exemple de ce style. C'est un plat commun, à M. Dauvé (187) placé sous le cabinet peint de M. Bretagne.

III. — Le style rouennais, même décor polychrome avec du vert de cuivre rehaussé au feu. — (N'est pas représenté à l'Exposition).

IV. — Le style rouennais, *à la corne*, polychrôme vif.

Nous avons quatre beaux exemples de ce style où le principal motif est une ou plusieurs cornes d'où s'échappent des fleurs et rinceaux très riches et de couleurs très variées. Ce sont, sur la première table :

Un *très beau plat* sur pâte grise, à M. Hannequin, côté gauche.

Sur le devant de la même table et du même côté, *un plat* à M. Herbin.

Enfin, deux *assiettes* du même service, à M. le baron de Landres, dont l'une est sur la première table du côté des fenêtres et l'autre sur la seconde table du côté opposé.

MOUSTIERS.

I. Les premiers produits connus des fabriques de Moustiers remontent au XVIIe siècle, en 1686 sous la direction de Pierre Clérissy. Les premières compositions s'inspirent de l'antique plutôt que de la Renaissance. Dans les bordures sont souvent des griffons au-dessous de mascarons encadrant des motifs de chasse ou des sujets d'histoire sainte copiés sur des artistes italiens. Quelques pièces ont des arabesques et des lambrequins semblables au décor rouennais. La fayence est d'un beau blanc, peinte d'un bleu intense très nettement et très finement chatironné.

II. La deuxième époque est le triomphe de la menue dentelle sur les bordures antiques. C'est l'influence directe de Bérain et de Boulle dans l'ornementation. Les chasses ont fait place aux lambrequins et aux gaines décorés de personnages, de cariatides, de rinceaux. Ces pièces semblent dues à diverses origines, les unes conservent le bleu mat du vieux Clerissy ; les autres voilent le cobalt sous une glace vitreuse.

III. Une troisième époque naquit du séjour en Espagne d'un des potiers de Moustiers, Olery, qui rapporta de ce pays le genre polychrôme.

C'est au premier style qu'il faut rapporter les décorations irrégulières et fantaisistes des plats *vert et jaune* de M. Dauvé, (vitrine IV, pl. 3), et la *Soupière*, appartenant au même propriétaire, située dans le retrait voisin de la porte, (n° 422.) Dans ces pièces on remarquera que le décor, tout irrégulier qu'il soit dans sa composition, est semé d'une manière assez égale, de façon à ne point laisser de trop grands vides blancs dans l'intérieur. Ce caractère est, parmi tous les décors français, particulier au Nevers.

De la première époque nous paraît encore la *Fontaine* de Mlle Rollin d'un fond violacé. (Première table, côté gauche.)

Du second genre, celui où les traits sont d'une très-grande délicatesse et dont le style s'inspire directement de Bérain et de Boulle sont le *Plat* long octogonal à Mlle Rollin, (première table) où des chimères supportées par des gaînes sont reliées par des motifs très-délicats à des personnages d'un style évidemment italien ; 2° un *Plat* non moins curieux à M. Noël, (deuxième table), où un portrait de personnage est encadré pareillement par des rinceaux graciles où viennent se mêler des chimères. Il est à remarquer que dans ces deux *Plats*, le bleu du décor central est notablement plus pâle que celui de la bordure.

MARSEILLE.

Les Phocéens ont toujours eu la réputation d'exceller dans l'art de la céramique. On comprend facilement qu'ils aient dû être des premiers à marcher sur les traces des découvertes de l'Italie.

On a trouvé des plats dont la fabrication est antérieure au XVIIIe siècle, comme le prouve la suscription : *A Clerisy, à saint Jean du désert,*

1697. Mais ce ne fut qu'au XVIII⁰ siècle que la fabrication de Marseille prit toute son extension. En 1709, un second potier s'établit, Jean de Bresse. En 1750, ils étaient dix. En 1766, l'abbé d'Expilly rapporte que, pour les îles françaises de l'Amérique, Marseille avait exporté 105,000 livres de fayences. Savy et Robert ont été les fabricants les plus estimés.

Dans l'origine, les productions de Clérissy-l'Ancien, très voisines des Moustiers comme style, en différaient cependant par un caractère propre : c'est l'alliance du manganèse au cobalt. Cette alliance avait comme effet de violacer les contours. Des lozanges du même ton remplissent souvent certains compartiments. Au milieu du XVIII⁰ siècle, les productions de Marseille se confondirent sensiblement avec celles de Moustiers. Il est à supposer que le décor préféré était alors du genre oriental des étoffes dites perses, comme bordure, admettant des fleurs, des papillons et des figures grotesques.

Vers la fin du XVIII⁰ siècle furent encore fabriquées bon nombre de soupières, décorées de fleurs et de fruits, souvent en relief, sur les couvercles. Quelques services ont introduit dans leur décor ce qu'on pourrait appeler le style maritime. La fayence commune se distingue par un émail très fluide, où les couleurs sont quelquefois en couches lustrées et épaisses. Cette fayence présente alors de nombreuses analogies avec la fayence de Strasbourg.

Comme spécimen de la fayence de Marseille, nous avons la *belle soupière* de M. le baron de Landres, (1ʳᵉ table côté gauche), une jolie *assiette à bordure en treillage à jour*, à M. Dauvé, (seconde table côté gauche) et enfin les *assiettes* de M. Hannequin, (dans le couloir, 2ᵉ planche.)

APREY.

Cette fabrique a été fondée de 1749 à 1750 par les sieurs Lallemand, seigneurs d'Aprey. Elle fut dirigée d'abord par un sieur Ollivier, d'origine nivernaise.

Les oiseaux et les fleurs peints par Jarry ont fait la réputation de cette fayence. Les premiers produits sont dépourvus de marques. Bientôt après on les marqua d'un chiffre dont le fondement est AP, mêlés aux initiales du peintre.

Les formes des fayences d'Aprey imitent l'orfévrerie et sont rehaussées de rocailles au pourtour ; les plus riches compositions portent sur un fond de paysage délicieusement peint, des bosquets Louis XV, accompagnés de bouquets de fleurs et d'oiseaux dont le ton va jusqu'à la crudité, mais que leur tournure alerte et leurs plumes diaprées rendent très décoratifs. Les pièces couvertes, les pots à anses ont généralement des appendices figuratifs, avec feuillages, fleurs ou fruits sur leurs tiges et toujours coloriés au naturel.

La fayence d'Aprey n'est représentée à l'Exposition que par plusieurs *assiettes* à M. d'Assonvillez, dont l'une est sur la seconde table, (côté gauche), et les autres sont dans le couloir, entre les salles des tableaux. Ces assiettes se distinguent par la vivacité de couleur des oiseaux qui y sont peints.

LA FABRIQUE DE BOIS-D'ESPENCE.

La fabrique de Bois-d'Espence est une fayencerie mentionnée par Gournay et dont l'activité continuait en 1791.

La fayence de Bois-d'Espence n'est représentée que par deux jolis spécimens, une *bouteille* et un *buire*, à M. Michel. La bouteille, bleue de décor et d'une forme élégante, est placée sur la seconde table. Le buire est dans le couloir.

WEGDWOOD.

On appelle la fayence de Wegdwood la fayence due à cet inventeur, (1759-1770), dans l'usine de

Borslem. Tous ses produits dérivés de l'*Earthon Ware* sont difficiles à classer ; ils se distinguent par la pureté de leur pâte. Parmi les produits de Barslem, on remarque des médaillons-bijoux à bas-reliefs en émail blanc translucide sur fond noir.

Nous n'avons, à l'Exposition, qu'un spécimen de la fayence de Wegdwood, c'est la *soupière* appartenant à Mlle Rollin, en émail blanc, sans décor, placée dans le couloir.

MAJOLIQUES.

Bien que l'Italie semble devoir être classée, sinon la première, du moins l'une des premières contrées pour le côté artistique de la céramique, du moins doit-on reconnaître que la fabrication mécanique de la fayence y est restée sensiblement inférieure à ce qu'elle était à la même époque en Allemagne, en France et même en Angleterre. La fayence ancienne italienne se distingue par la lourdeur de sa pâte et par le défaut de blancheur de son émail. Ce fut seulement l'imitation des fayences siculo-arabes qui introduisit ce lustre métallique auquel se reconnaissent les fayences de Gubbio dont les vases (235, 336) de M. Dupont, placés dans la partie gauche de la salle en entrant, nous fournissent un exemple. Ce lustre n'eut qu'un temps et, après en avoir perdu la recette, les céramistes de Gubbio et de Pesaro décorèrent leur vases sur le cru de l'émail stannifère, visant plutôt à reproduire des tableaux sur la vaisselle qu'à faire des céramiques remarquables par leur composition et leur cuisson. C'est principalement durant le seizième siècle que les fayences italiennes ont brillé par l'éclat de leurs peintures souvent exécutées par des artistes de grand mérite.

Comme fayence italienne nous pouvons citer une *charmante boîte* à M. Hemmerdinger, (1re vitrine à gauche en entrant, n° 30), et à côté un joli *trépied*, à M. de Meixmoron ; trois très beaux *vases* à M. J. Renaud, placés sur la vitrine (n° 24) deux *plaques* à M. de Meixmoron, l'une près de la porte du couloir (130) et l'autre (176) près de la crédence de M. Luxer. Deux petits *brocs* (255, 256) au même propriétaire et enfin une remarquable *salière* (430.) en fayence d'Urbino, à M. Hannequin.

FAYENCES DE LA RÉGION DE L'EST.

STRASBOURG ET HAGUENAU.

La région de l'Est de la France était, par sa constitution géologique, prédestinée à la fabrication des poteries. Il semble que, de tout temps, l'art céramique ait été en honneur dans tout le bassin rhénan. Les débris retrouvés entre Strasbourg et Mayence, à Rheinzabern, attestent que, dans l'enceinte de cette ville ou de son voisinage, à l'époque romaine, soixante-seize fours étaient déjà établis. La poterie avait alors un caractère presqu'exclusivement religieux. On fabriquait surtout des dieux de terre et des urnes cinéraires.

Au moyen-âge, un curieux document de la chronique des dominicains de Colmar semble indiquer qu'en 1283, date de la mort du potier de Schelestadt, on connaissait déjà une couverte vitreuse. Dans cette chronique se trouve en effet cette phrase : *obiit figulus Sterlstatt qui primus in Alsatia vitro vasa fictilia vestiebat.* Qu'était ce *revêtement vitreux* ? On est sur ce point sans document. Toutefois, il existe au musée de Colmar un grand tableau attribué à Martin Schongaüer, et portant le n° 204 du livret, sur lequel est représenté, entre autres accessoires d'intérieur, un vase de 25 centimètres de hauteur. Ce vase, peint évidemment au XVᵉ siècle, est déjà revêtu d'une couverte sur laquelle se détachent des ornements bleus. Dans d'autres tableaux de la même époque, notamment dans la Nativité de Grünenwald, on rencontre encore des poteries absolument analogues. Il paraît donc acquis que l'art des *couvertes* existait déjà dans ce pays au XVᵉ siècle.

A partir de ce moment, la fabrication parut se concentrer exclusivement sur l'édification de poêles gigantesques qui empruntèrent tour à tour les styles divers de la Renaissance allemande et française. Les potiers avaient leurs règlements, et parmi les documents intéressants retrouvés à ce sujet, se trouve le programme relatif à la confection du *chef-d'œuvre* qui était un « poêle *vert* d'un émail bien égal. »

Parmi tous ces fabricants de poêles se trouvait Charles-François Hannong, qui, dans ses nombreux voyages à Mayence, avait fait tous ses efforts pour surprendre les secrets de la fabrication allemande. On sait que la violation de ce secret était punie d'un emprisonnement à la forteresse de Kœnigstein. La devise des ouvriers était : « Secret jusqu'au tombeau. » Malgré cette surveillance, ce fut à l'un des transfuges de la forteresse de Meissen que Strasbourg dut de connaître bientôt les principes de la fabrication. Le 21 octobre 1719, Wakenfeld demanda aux directeurs des bâtiments de Strasbourg, une autorisation pour fabriquer la *fayence* ou la *porcelaine*. Ses premiers essais furent infructueux jusqu'au moment où, associant ses connaissances à celles de Hannong en 1721, il établit une manufacture sérieuse. Jusqu'alors F. Hannong n'avait fabriqué que des pipes. Il transforma sa manufacture en *fayencerie*, voulant, avant tout, tirer profit de son nouvel associé, qui n'était, vraisemblablement, qu'un ouvrier fayencier. Il poursuivit néanmoins ses essais sur la porcelaine ; mais cette fabrication ne fut dans son entreprise que secondaire. En 1724, il fonda la manufacture de Haguenau, où les tentatives déjà faites n'avaient point réussi par suite « du manque de chef pour conduire cet ouvrage » (1). Dans le document auquel nous empruntons ce détail, on reconnaissait déjà que « les terres et sables y sont très propres et ont produit des émaux aussi considérables que ceux d'Hollande, ce qui fait espérer que l'entreprise pourra se rétablir à la paix. » Ce ne fut cependant que trente ans après que la manufacture de Haguenau fut fondée.

(1) Mémoire de M. le marquis de la Grange, intendant d'Alsace pour l'année 1698.

En 1732, Hannong, déjà sexagénaire, céda à ses deux fils, Paul Antoine et Balthazar, « moyennant une pension et une somme de deniers » ses deux manufactures de Strasbourg et de Haguenau, en pleine prospérité.

L'association des deux frères ne dura que quelques années. En 1737, Balthazar prit la manufacture de Haguenau à son compte et Paul celle de Strasbourg. Mais l'année suivante Paul racheta la propriété de son frère pour 500 florins tout en lui en laissant la location pour neuf années. Malgré cet arrangement Paul Hannong reprit définitivement la *direction* des deux établissements en 1742 ; son frère conserva néanmoins le titre de régisseur.

Pendant que la fabrication de Haguenau subissait ces vicissitudes peu faites pour accroître sa prospérité, celle de Strasbourg était en pleine voie de progrès. En 1774, Paul Hannong fut admis à présenter à Louis XV les premiers spécimens de la fayence où il avait appliqué la dorure et la couleur dite pourpre de Cassius. Encouragé dans sa fabrication, Hannong ne recula point devant les dépenses nécessaires pour assurer le succès de ses recherches, et recruta en Saxe de nombreux ouvriers (notamment Lœwenfinck et Ringler, vers 1748) puis reconstruisit entièrement sa fabrique qui, en 1750, était en pleine activité.

Malheureusement pour lui, Hannong allait subir

les désastreux effets d'une rivalité naissante dans l'usine de porcelaine de Vincennes. Le directeur de cette usine, nommé Boileau, jaloux des progrès de Strasbourg, réclama le bénéfice du privilége trentenaire qui lui avait été accordé en 1745. Après une première supplique restée sans effet et ayant pour but de « demander la permission de vendre et fabriquer, comme premier inventeur, cette espèce de marchandise (la porcelaine) dans toute l'étendue du royaume », P. Hannong en fut réduit à proposer à Boileau un traité où il lui livrerait la cession de ses secrets et la description détaillée des fabrications de Strasbourg.

Ce traité ne fut point exécuté. Mais Boileau obtint un arrêt contre Hannong qui l'obligeait, en février 1754, à démolir ses fours dans la quinzaine, et lui interdisait toute fabrication. Abreuvé de chagrins, Hannong, malgré la protection du maréchal de Noailles, dut transporter son industrie dans le Palatinat, à Frankenthal, où il obtint le plus sérieux succès avant sa mort, qui eut lieu le 31 mai 1760. Il laissait derrière lui quinze enfants.

Deux de ses fils lui succédèrent ; l'un, Pierre, conserva Frankenthal et le droit exclusif de fabriquer la porcelaine. L'autre, Joseph, garda Strasbourg et Haguenau, évalués au prix de 118,000 livres, et le droit exclusif de fabriquer la fayence (1). L'acte proposé antérieurement par leur père pour la cession des secrets à l'usine de Vincennes, était resté sans effet, par suite des exigences de Paul Hannong. (100,000 fr. comptant et 12,000 fr. de rente viagère). Les ministres de Louis XV trouvèrent son fils cadet, Pierre, plus accommodant, et pardevant Me Vivien, notaire, fut signé un acte livrant « les procédés secrets de la porcelaine » au directeur de la fabrique de Sèvres, moyennant 6,000 livres comptant et 3,000 livres de rente viagère. Ce que le traité ne donnait pas, c'étaient les matières premières. C'est pourquoi ce traité dut encore rester sans effet jusqu'en 1765, où il reprit toute valeur par suite de la découverte du kaolin. Mais, préalablement, on fit résilier le marché et accepter à Pierre Hannong une liquidation des comptes pour 4,000 liv. comptant et 1,200 fr. de rente viagère.

Ce serait trop nous écarter de notre sujet que de suivre les douloureuses péripéties de la vie du fils cadet de Paul Hannong, signalée par tant d'infructueuses tentatives. Le fils aîné, lorsque l'arrêt du 15 février 1766 eut permis de fabriquer en France de la porcelaine décorée en bleu ou en camaïeu d'une seule couleur, transforma son usine et s'occupa surtout de la production de cette sorte

(1) Archives Momy.

de poterie. Sa fabrication fut bientôt entravée par des impôts excessifs de 28 fr. pour le cent pesant brut des fayences, et 140 livres pour les porcelaines.

Mais de plus fortes entraves allaient mener la fabrication de Joseph Hannong à sa ruine.

Des embarras financiers survinrent à la suite de la mort du cardinal Constantin. Des dettes d'origine équivoque entraînèrent son incarcération ; on voulut même saisir ses biens, les scellés furent apposés sur les deux manufactures. Le cardinal Louis lui refusa sa protection. Ce prélat n'aimait point les poteries. Un jour même que la place était littéralement couverte de vaisselles de toutes sortes, exposées par les marchands de la ville et des environs, le cardinal vint à sortir de chez lui en grand équipage. A la vue de ce fragile déballage, il fut pris soudain d'une singulière fantaisie et ordonna au cocher de lancer ses chevaux au galop sur la place qu'il traversa ainsi au grand ébahissement du populaire, puis paya largement le dégât, heureux d'avoir mis en pièce tant de fayence (1).

Ce n'était point là le protecteur qui convenait au malheureux manufacturier. Rendu cependant à la liberté, Joseph Hannong voulut continuer sa fabri-

---

(1) Tainturier, page 47.

cation, mais fut entravé par l'oppression de ses créanciers. L'infortuné porta ses plaintes au pied du trône le 2 avril 1781. Après avoir déposé un projet de porcelaine, décoré par sa fille, au pied de la reine qui lui répondit par des paroles encourageantes, il attendit la sortie de la cour; puis toute la famille se jeta au pied du roi implorant aide et protection à la porte de la chapelle du château de la Muette. Sur les renseignements défavorables de M. de La Galaizière, Hannong fut éconduit.

Découragé, il s'enfuit comme son père en Allemagne et, après un retour en France, alla se fixer à Munich, où il resta jusqu'à sa mort. L'usine de Strasbourg cessa d'exister en 1780. Celle de Haguenau lui survécut. Pierre, frère de celui dont nous venons de retracer l'existence tourmentée, laissa son usine à la veuve Anstett. Dans cette usine se succédèrent Anstett fils, M. Barth et M. Vollet. En 1786, ce dernier monta une seconde manufacture qui existe encore aujourd'hui et où on fait des poêles en fayence.

Les caractères de la fayence de Strasbourg peuvent être divisés en deux périodes : Celle de Charles Hannong et celle de Paul Hannong.

I. — *Wackenfeld et Charles Hannong*. 1710 à 1839 — Marques : un écu carré de la ville de Strasbourg, soit seul, soit surmonté d'un A. Les fayences de Charles Hannong portent les initiales C. H.

Marque en noir: plats et assiettes ; fayence d'un bel émail blanc, bord chantourné à filet brun, décor polychrôme genre Chinois, à fleurs et oiseaux. Dessin chatironné ; couleurs dures, rouge violacé sans transparence ; jaune, deux bleus, l'un gris, l'autre verdâtre.

II. — *Paul Hannong*. 1739 à 1754. 1° Marque en bleu. Assiette ronde, bord encadré d'un double rang de rinceaux bleus en relief avec filet d'or à l'extérieur. Au milieu, bouquets de chrysanthèmes et d'œillets peints au naturel et mises à l'effet au moyen de hachures noires.

Bouquetiers et vases, style rocaille, bordures découpés à jour, dans quelques parties ornées de fleurs en relief, et de bouquets peints sur fond blanc.

2° — Marque en rouge, pièces de service à décors de bouquets polychrômes dont les contours sont arrêtés par un trait brun.

On remarque que Paul Hannong a le premier employé l'or dans sa décoration. Sa vaisselle blanche dorée se distingue de celle de Saint-Clément à la moindre blancheur de l'émail, qui est souvent parsemé de granules grisâtres.

A partir de 1754, les traditions furent continuées par Joseph Hannong, tandis que Paul introduisait ces mêmes traditions à l'usine de Frankenthal. Ce sont toujours les bouquets aux couleurs éclatantes, formés de roses, de pivoines, hyacinthes, myosotis, œillets, tulipes et fleurettes jaunes jetés avec la même hardiesse sur le marly ou la bordure des plats et exécutés tantôt par un procédé de hachures fines, tantôt lavés au contraire comme les peintures sur porcelaine de la même période. Ce décor est habituellement polychrôme, et quelquefois en camaïeu rouge.

Nous possédons à l'Exposition plusieurs spécimens de la *fayence* de Strasbourg, ce sont :

1° Un *rafraîchissoir* (1re table côté gauche) à M. Dupont ; l'émail bien égal y est un peu jaune, les fleurs sont lavées suivant le caractère du décor de Strasbourg (437.)

2° Une *soupière* et un *surtout* (451.) sur la même table, à M. Dupont. Le *surtout*, d'un décor très-élégant, est marqué en bleu H. 333.

3° Une *théière*, à M. Butte (sur la même table et du même côté).

Comme spécimen de la fayence de Haguenau nous avons :

1° Un grand *plat*, à M. Brackenhoffer, sur la 2e table. Ce plat est décoré d'un bouquet de fleurs où on sent l'influence de la peinture de Saxe sur nos artistes alsaciens.

2° Une *soupière*, d'un ton très gai, ornée d'une pomme verte, à M. Luxer, sur la même table.

3° Une *salière* triple à une extrémité de la seconde table, à M. Gaudchaux-Picard.

4° Une *salière* analogue à la précédente, à M. Dauvé (vitrine XXIX.)

5° Et enfin *deux soupières* à M. de Haldat, dans la vitrine n° XXVIII.

NIEDERVILLER.

La terre de Niederviller était au dix-huitième siècle la propriété d'un chanoine de Saint-Pierre-le-Jeune, de Strasbourg, nommé Bernard de Conte, ainsi que le constate un bail du 23 janvier 1722, consenti par cet ecclésiastique au profit du baron Jean-Louis de Beyerlé, père du baron Louis et qui, comme lui, dirigea la monnaie de Strasbourg. Ce fut d'abord un rendez-vous de chasse. M. de Beyerlé fils en fit l'acquisition en 1748, et dès ce moment il prit dans les actes de la vie civile le titre de seigneur de Niederviller et autres lieux.

La fabrique fut construite en 1754 ou 1755. Ses procédés furent d'abord ceux de Hannong à

Strasbourg. D'après un état de M. Durand de Distroff, avocat à Metz, ses premiers ouvriers furent : F. Anstette, contrôleur ; Malmat, directeur ; Martin, Pierre Anstette, Seeger, Thiébaut, Schettler, Hermann, Koope, Michel Anstette, Raquette, peintres ; Deroy, Mire, Arnold, Thalbotier, sculpteurs. Le contrôleur gagnait trente sous par jour, le directeur cinq cents francs par an, les peintres et les sculpteurs vingt-quatre sous par jour, les garçons peintres et les garçons sculpteurs vingt sous. Aucun d'eux n'avait droit à « avantages » sur la communauté, comme il résulte d'un certificat pour exemption d'impôts signé de M. Martin Blany, maire en 1759. Ce ne fut, dit M. Lepage, qu'en 1705 que le propriétaire fit venir de Saxe des ouvriers en porcelaine. Anstett est celui qui passe pour avoir employé le premier le précipité pourpre de Cassius dans la décoration des fayences. Si l'on en croit la tradition, Mme de Beyerlé elle-même, aurait fourni aux ouvriers d'exquis modèles et un vieil ouvrier de Niederviller aurait reconnu au musée céramique certaines pièces dont le décor était entièrement de la main de cette dame.

Comme à Strasbourg, on chercha d'abord les matières premières en Allemagne. Ce ne fut qu'ultérieurement que M. de Beyerlé s'assura la propriété d'une carrière dans les environs de

Limoges. D'après Jacquemart, dès 1759 une pléiade de peintres était réunie à Niederviller. Les sculpteurs, Charles Mire et Philippe Arnold, y modelaient déjà les gracieuses figures dont on fait généralement honneur à Cyfflée.

Des mains de Beyerlé, l'usine passa en celles du général comte de Custines, qui la fit exploiter de 1780 à 1793 par François Lanfrey. Celui-ci, sans négliger la fabrication de la fayence, introduisit à Niederviller l'usage de la terre de pipe, ou terre anglaise, et se préoccupa surtout de la fabrication de la porcelaine.

En 1789, l'usine ne comptait pas moins de 150 ouvriers qui, suivant le *Tableau du Commerce*, produisaient alors tout « ce qu'on pouvait désirer en peinture et formes de tous genres. » Lanfrey fit preuve d'excellent administrateur en s'attachant le sculpteur Lemire, dont nous reparlerons en traitant les biscuits et les terres de Lorraine. Lemire resta à Niederviller jusqu'en 1806 ou en 1808.

Après la mort de Lemire, Lanfrey conserva la direction de l'usine, dont il devint définitivement propriétaire lors de l'adjudication qui eut lieu au profit de la nation et des créanciers du général, le 25 germinal an X. Enfin cet établissement passa en 1827 entre les mains de M. Dryander, mort récemment. Ses fils continuent de l'exploiter. On n'y fait plus de poterie d'art, mais d'excellentes vaisselles en terre de pipe et cailloutage.

La fabrication a eu trois périodes distinctes :

I. *Beyerlé*. — C'est la fayence qui a la priorité. On fait alors des pièces de service, mais la richesse du décor place ces objets au rang des meilleurs produits artistiques de ce genre. En général, dit Jacquemard, ces poteries d'une bonne fabrication sont ornées de bordures déchiquetées et de fins bouquets de fleurs ; la fayence y est alors marquée d'un B et d'un N entrelacés.

II. *Comte de Custines*. — C'est la grande époque de Niederviller. Le musée de Cluny en possède de superbes spécimens. Le service personnel du Comte est treillagé à jour avec filets roses et lilas. Au centre se trouve le chiffre de Comte, entre deux palmes vertes, reliées par un ruban rose, portant sur une banderole la devise : *Fais ce que dois advienne que pourra*. Il y avait à cette époque plus de trois cents modèles différents dont les moules existent encore la plupart et qu'on laisse sans emploi. La vaisselle de service avait un décor d'une grande simplicité. C'est celui qui est connu sous le nom de *décor barbeau* ou à *bleuets*.

La faveur, dit Tainturier, dont jouissent en ce moment les produits de la manufacture de Niederviller est complètement justifiée par leurs remarquables qualités qui peuvent se résumer ainsi :

variété, élégance et richesse des formes, entente parfaite du décor, surtout pour les fayences, beauté de l'émail.

D'une coloration moins vive que les fayences alsaciennes, de formes moins capricieuses que celles des autres manufactures lorraines, ces poteries tiennent la première place dans le groupe de la région de l'Est. Elles ont une finesse d'exécution qui ne va pas jusqu'à la sécheresse et donne, aux fayences surtout, un aspect particulier qui peut servir à les ditinguer de celles de Strasbourg. Elles sont signées de deux C croisés. De vieux ouvriers ont déclaré à M. Riocreux que ces deux C signifiaient : Comte de Custines. Ces deux lettres sont parfois surmontées d'une couronne de *duc*. Quel est donc le caractère de cette couronne fleuronnée ? Pourquoi le comte aurait-il substitué la feuille d'ache des marquis et des ducs aux simples perles héraldiques de son bandeau ? N'est-ce point là seulement une erreur due à l'ignorance des ouvriers ? Quoi qu'il en soit cette anomalie ne doit point faire douter de la sincérité de la signature, et les collectionneurs peuvent l'admettre, sauf à s'arrêter devant la couronne de fer et la couronne électorale.

Lanfrey a signé au moyen d'une vignette à jour imprimée en rouge ou en bleu sous couverte.

III.— A partir de 1794, les produits portent

tantôt une N, tantôt *Nieder*, tantôt *Niederviller*. Quelques produits même sont signés des noms du peintre. Tainturier rapporte à cette période les assiettes de service peintes en camaïeu rose sur fond en imitation de bois. Mais les trois spécimens de ce genre que nous possédons, et qui appartiennent à M. Amann (2ᵉ table) témoignent que ce décor était déjà usité sous le comte de Custines, car l'une de ces assiettes est signée : *C. C. Nieder* 1779.

Nous n'avons que fort peu d'objets en fayence provenant de Niederviller. Mais il nous suffirait de posséder les seuls vases de l'hôpital Saint-Charles pour dire encore que nous avons une véritable merveille de la céramique moderne.

Ces vases, l'une des pièces les plus importantes de l'Exposition, furent donnnés par Stanislas, à l'hospice Saint-Charles, au moment de sa fondation. Jamais la manufacture de Niederviller n'a rien fait de plus beau comme forme et comme couleur. Ces vases ont été fabriqués en trois parties. Sur les pieds garnis de sculptures rocailles s'entrelacent des décors de même style, qui viennent tangentiellement aux derniers reliefs des sculptures se raccorder en forme de filets. La peinture forme ainsi avec la partie modelée un tout d'une unité remarquable. Le décor emprunte à la sculpture ses formes encoquillées et la sculpture, pour dissimuler la séparation des deux arts, se revêt elle-même de la même teinte violette qui a servi au peintre. La forme dominante des ornements dans la panse du vase est toujours la coquille rocaille ; mais ici la couleur violette s'exalte jusqu'au ton de la laque carminée qui a servi à peindre les principaux attributs des armes de Stanislas. Ces armes sont peintes avec un soin très grand et surmontées de la couronne ducale. Sur les anses, des animaux emblématiques surgissent des enchevêtrements auxquels donnent lieu les rocailles contrariées. Enfin sur le couronnement un charmeur de serpent indien, coloré en émail foncé, paraît braver la colère d'un de ces reptiles. Dans les parties resserrées, comme la naissance du pied ou la concavité qui précède le col, des bandeaux d'un jaune brillant semblent des rubans destinés à maintenir l'étranglement de la forme. Rien de plus conforme aux lois de la décoration. Ces vases sont, on peut le dire, au seul point de vue de l'art et en dehors du puissant intérêt historique qui s'y attache, un trésor pour la Lorraine.

Dans cette superbe composition tout est également heureux, l'harmonie des lignes, la pureté de la forme, le goût du décor, le choix harmonieux des couleurs. On conçoit, en outre, l'énorme difficulté qui s'attache à la cuisson d'un pareil morceau.

La Céramique.

Ces vases sont d'ailleurs purement décoratifs, mais l'hospice Saint-Charles possède de la même fabrique et de la même époque 250 petits vases qui servent à la conservation des remèdes de la pharmacie, chacun de ces vases est une véritable merveille. Nous en avons plusieurs types à l'Exposition, notamment les vases polychrômes ; (vit. XIII, 2ᵉ planche), et les vases placés dans la vitrine XVII, 3ᵉ planche. Il est impossible de rien voir à la fois de plus élégant et de plus complet comme fabrication.

A côté de ces merveilles, nous signalerons de curieux spécimens de fayence émaillée :

1° Le groupe *du Bélisaire* à M. Bonvié, aussi vraiment joli que le *Saxe*. Les chairs sont d'une délicatesse de ton très remarquable (vit. XVII, 3ᵉ planche).

2° Un groupe du *Voleur de pommes* (le moule est de Cyfflée) à M. de Meixmoron (vitrine III, 3ᵉ planche).

3° *Les assiettes trompe-l'œil* à M. Amann, peintes en camaïeu rose sur fond de bois (seconde table).

L'une de ces assiettes porte la signature *C. C. Nieder.* 1779, et l'autre *Niedervillers* 1774.

4° Notons en terminant un certain nombre de pièces du service amusant de M. Gaudchaux-Picard, tout garni de viandes et de fruits ; quelques-unes portent la marque de Niederviller, ce sont notamment celles qui contiennent des *cerneaux*, des *raves*, des *artichaux*. On peut facilement les distinguer des autres à la façon dont l'émail ancien forme corps entre les accessoires et l'assiette (seconde table).

LUNÉVILLE.

En Lorraine, où les verreries étaient nombreuses, il est probable qu'on sut de bonne heure émailler la terre; mais les guerres successives qui, durant le XVIIe siècle, désolèrent ce pays — à tel point que les historiens n'ont pas craint de comparer ses malheurs à ceux de Jérusalem — anéantirent à la fois son industrie et dispersèrent tous les documents qui pouvaient se rattacher à l'histoire des diverses fabriques locales. Ce ne fut que sous le règne de Léopold, le souverain auquel notre pays doit plus de reconnaissance qu'à Stanislas, que la prospérité industrielle commença à renaître. La première fabrique fondée en Lorraine fut celle de Lunéville. Celles de Saint-Clément, Moyen, Ramberviller, Bellevue, Niederwiller et Epinal, furent postérieures.

Jusqu'à présent, on n'a produit aucun document historique sérieux sur Lunéville. C'est à peine si nous trouvons dans un traité spécial de

Jacquemart le passage suivant sur la fayencerie de Lunéville :

« D'après les *Recherches sur la céramique*, de M. Greslou, c'est au faubourg de Willer que cette fabrique aurait été fondée par Jacques Chambrette, vers les dernières années du duc de Lorraine Léopold, mort en 1729 ; des lettres patentes, délivrées les 10 avril et 14 juin 1731, par le duc François-Étienne, successeur de son père, auraient accordé de nouveaux priviléges à l'usine, qui prit le titre de *manufacture du roi de Pologne*, lorsque Stanislas Leczinski vint, en 1737, demander l'hospitalité en France. Des mains de Jacques Chambrette l'établissement aurait passé dans celles de Gabriel Chambrette, son fils, et de Charles Loyal, son gendre et les lettres patentes du 17 août 1758, qui auraient consacré ce nouvel état de choses, accordaient en outre à l'usine de Lunéville le titre de *Manufacture royale* (?) »

Après avoir donné ces renseignements très succincts, Jacquemart en conteste la valeur et la sincérité disant qu'il doit y avoir nécessairement quelque confusion dans les pièces qu'il n'a pas lues, et en effet, après vérification faite, la confusion la plus complète existe pour nous, entre les lettres patentes de 1749, dont il n'est pas fait ici mention, et celles de 1758, relatives à Saint-Clément, que nous verrons plus loin.

Nous nous sommes donc préoccupé de rétablir les faits en remontant aux sources, comme on pourra le voir par la suite de notre travail, et par le résultat des recherches qu'il nous a été permis de faire dans les nombreuses archives de la fayencerie de Saint-Clément.

L'usine de Lunéville a été construite par Jacques Chambrette, dans les dernières années du règne de Léopold. Le premier document dont nous ayions connaissance est un arrêt et un brevet du duc François III (depuis François Ier d'Autriche) et de Madame régente, en date du 10 avril et du 14 juin 1731. On verra plus loin, à la notice qui concerne Saint-Clément, que ces deux pièces sont mentionnées dans l'arrêt de 1758, qui autorise la fondation de cette dernière usine.

Le premier de ces deux titres lui donnait le droit, sauf indemnités à régler, d'exploiter tous les sables de *Lorraine* nécessaires à sa fabrication. Le second l'exemptait personnellement de tous impôts, charges et corvées. Il est certain que J. Chambrette mit à profit immédiatement l'autorisation et le brevet reçus dans la même année, car nous trouvons une preuve manifeste de sa fabrication dans un second décret du 23 septembre 1733, où les mêmes franchises sont, sur sa requête, accordées à *ses ouvriers*.

C'est d'ailleurs par erreur qu'on a souvent

confondu l'établissement de Jacques Chambrette, avec celui de Cyfflée. Cyfflée, bien qu'il fît cuire ses ouvrages à la fayencerie, avait à lui un établissement distinct sur l'emplacement actuel du Bureau de bienfaisance, rue de Villers.

Il y a seulement quelques mois que, par le plus grand des hasards, en creusant un canal pour l'écoulement des eaux dans la fayencerie actuelle, M. Edmond Guérin, l'un des propriétaires de cette fayencerie, trouva sur la route qui conduit au chantier le plus élevé une plaque posée entre deux pierres d'une muraille. Sur la face principale de cette plaque était gravée l'inscription suivante :

EN L'AN 1748

Jacques CHAMBRETTE

a fait construire cette

MANUFACTURE

de porcellaine, celle

de FAYENCE

et celle façon

D'ENGLETERRE

Cette plaque est en plomb, de forme circulaire de 0^{m}091^{mm} de diamètre et d'un poids de 0 k. 243 grammes.

Ce document est de la plus haute importance.

Il n'a jamais été décrit ni signalé. Sur le revers était inscrit :

> In te
> Domine
> Speravi.
> Non confundar
> In eternum. Amen.

Cette plaque établit l'existence de trois manufactures existant en 1748 ; existence qui fut assurément d'une certaine durée, car dans la pétition des fayenciers de l'année 1790, conservée aux archives de la ville de Nevers, nous retrouvons la mention de *trois* fabriques de fayence à Lunéville. Il ressort encore d'une manière évidente que dans la pensée de Chambrette, son agrandissement n'était point étranger à la pensée de fabriquer de la porcelaine, pâte-tendre, à l'exemple des fabriques de Niederviller et de Strasbourg qui allaient être fondées. Il ne nous est pas permis d'ailleurs d'affirmer que les essais de porcelaine qui furent faits à cette époque à Lunéville eurent une suite sérieuse. Mais pour l'histoire même de la céramique lorraine, il est important que ces essais aient été mentionnés.

C'est sans doute à cet agrandissement que se rapporte un arrêt nouveau et des lettres patentes mentionnées dans l'arrêt concernant la fondation de Saint-Clément, dont nous donnerons plus loin des extraits.

Ces nouvelles lettres patentes du Roi Stanislas, datées du 29 décembre 1749, constituaient pour Jacques Chambrette le privilége d'établir une manufacture nouvelle (ou plutôt annexée à l'ancienne comme le prouve la découverte de M. Guérin), d'ouvrages *de fayence en terre de pipe*. Cette matière est caractérisée, comme on sait, par l'addition de caillou broyé et est très voisine de la fayence Anglaise ou fine, généralement usitée aujourd'hui. Dans une requête adressée au Roy par ses successeurs, Jacques Chambrette est présenté comme l'inventeur de cette matière.

Il résulte d'ailleurs de tous ces documents que le nom de Jacques Chambrette doit être honoré en Lorraine comme celui d'un homme qui a créé une véritable industrie locale, l'industrie de la *fayence de terre de pipe*. Il est établi par Durival (règne de François II et Stanislas) que la haute importance donnée par lui à son art, lui avait mérité la faveur de Stanislas, au point que le Roi et sa cour honorèrent ses établissements d'une visite.

Jacques Chambrette fut un fabricant de grand mérite, un homme d'une puissante initiative puisque de son vivant même il donna à son industrie un tel développement qu'il paralysa l'importation des pays étrangers et fut obligé, pour suffire aux commandes qui affluaient de toute part, de fonder deux annexes de son premier établissement l'un, à Lunéville même et l'autre à Saint-Clément.

L'usine de Lunéville a été illustrée par le séjour de Cyfflée. Mais ce n'est point ici le lieu d'en parler, son œuvre n'étant point, à proprement parler, de la fayence mais de la terre de Lorraine.

Jacques mourut en 1758 après avoir, l'année même de sa mort, fondé la succursale de Saint-Clément. Gabriel Chambrette et son gendre Charles Loyal, lui succédèrent. Ils présentèrent requête au roi Stanislas, faisant valoir les services et mérites de leur prédécesseur, pour obtenir continuation des priviléges accordés, le titre de *Manufacture Roïale* et divers autres avantages.

Dans cette requête, voici comment s'expriment les héritiers de l'usine sur le compte de Jacques Chambrette. « Il n'a épargné ni soins ni dépenses
« pour donner à son usine la forme et les accrois-
« sements qui la rendent si considérable aujour-
« d'hui, en sorte que, par la multiplicité et le bon
« goût de ses ouvrages, il est parvenu à étendre
« son commerce de façon que non-seulement
« il a ruiné celuy que la Hollande et l'Angle-
« terre faisaient des ouvrages de cette double
« espèce en Lorraine et dans tous les pays limi-
« troffes (*sic*), mais il en faisait encore passer une
« grande quantité en Suisse, en Allemagne, dans

« les Pays-Bas et jusqu'en Pologne et en Italie,
« où ils sont actuellement connus... il a toujours
« négligé de demander le privilége exclusif tant
« pour ses fabriques de fayance ordinaire qu'il a
« beaucoup perfectionnées que pour celles de
« fayences fines dite de Reverber et celle des
« ouvrages de *terre de pipes dont il est l'inventeur*
« et à la réussite de laquelle il a sacrifié des
« sommes très-considérables.

A la suite de cette requête « le Roy, en son conseil, » trouve les requérants bien fondés. Le 16 mars 1758, il accorde à l'établissement le titre de « *Manufacture Roïale*, fait déffenses à toutes
« personnes de quelque qualité et condition
« qu'elles soient de fabriquer ou faire fabriquer
« des ouvrages semblables pendant 10 ans dans
« la ville de Lunéville et sa banlieue, à peine de
« démolition des fourneaux, etc, et de plus
« confirme les priviléges et exemptions accordés
« à Jacques Chambrette. »

Cependant, sous l'association G. Chambrette et Loyal, la manufacture déclina peu à peu. La suppression de la souveraineté lorraine lui fut funeste et lui porta le dernier coup en 1772. Gabriel tomba en faillite. Loyal reprit toutes les manufactures à son compte ; mais la décadence s'accentua, les livres de vente en donnent la preuve. Il est du reste avéré que Loyal ne put jamais payer intégralement l'achat qu'il avait fait de ces établissements dont il resta seul possesseur jusqu'en 1786.

Par acte, en date du 20 mars 1786, Sébastien Keller, grand'père du propriétaire actuel, et son associé Alexandre Cuny rachetèrent la fabrique à Charles Loyal.

Quelques années plus tard, Sébastien Keller racheta la part des héritiers Cuny et demeura seul propriétaire.

L'usine est, depuis, restée la propriété exclusive de ses descendants directs. Elle est, aujourd'hui, dirigée par M. Keller, M. Emile Guérin et M. Edmond Guérin. Les moules du temps de Jacques Chambrette donnent encore, à l'usine actuelle, une grande partie de ses produits.

SAINT-CLÉMENT.

Les fayenceries de Lunéville et de Saint-Clément ont longtemps été, pour ainsi dire, les deux parties d'un même tout ; on conçoit donc qu'avant de passer à l'examen des produits de Lunéville, nous donnions quelques détails sur le second établissement qui n'en a d'abord été qu'une importante succursale.

Saint-Clément est à 10 kil. de Lunéville. Nous

avons eu la bonne fortune, grâce à l'obligeance de MM. Thomas, directeurs actuels de cette usine, de pouvoir faire les recherches les plus étendues et les plus complètes dans les archives de l'usine.

Nous avons constaté, par l'examen d'un acte de vente que, dès l'année 1757, Chambrette, possesseur de l'usine de Lunéville, songeait déjà à acquérir tous les terrains nécessaires à la fondation d'une succursale dans la commune de Saint-Clément.

Ce n'est que l'année suivante que Jacques Chambrette, à la suite d'une requête au roi, obtint l'autorisation de fonder cette succursale. Nous avons pu prendre copie du texte de cette requête, dont les considérants nous ont paru très intéressants à reproduire dans l'intérêt de l'histoire de la céramique lorraine. Ces considérants rappellent en effet les dates des requêtes et autorisations antérieures concernant l'usine de Lunéville, ils établissent donc un lien continu entre l'histoire de ces deux établissements d'une importance capitale :

En voici les passages les plus importants :

« Le 3 janvier 1758, sur la requête présentée au roy en son conseil par Jacques Chambrette, maître et propriétaire de la manufacture de *fayance* et de *terre de pipe* située à Lunéville, contenant dans le fait :

« Qu'il a entrepris l'établissement de ces manufactures, sous l'autorité et la protection du roy de Pologne et des ducs de Lorraine ses prédécesseurs, et que ce sont les priviléges qu'il a successivement obtenus de ces souverains qui l'ont mis en état de porter les ouvrages qu'il s'était promis de former à un tel point de perfection qu'il a la satisfaction de les voir rechercher beaucoup au-delà des espérances qu'il avait d'abord conçues, ce qui a procuré et procure journellement à la province l'avantage de se passer de ceux de ces sortes d'ouvrages qui se fabriquent en Angleterre et en Saxe ;

« Que des succès aussy heureux et l'impossibilité de faire dans une seule manufacture tous les ouvrages qui lui sont demandés de différents pays luy ont fait naître le dessein d'en établir une nouvelle dans le village appelé St-Clément, éloigné seulement de deux lieues de Lunéville, mais qui, par sa position, se trouve situé *dans la généralité de Metz* ;

« Que ce nouvel établissement, s'il a lieu, sera également avantageux en ce qu'il y a dans le territoire de ce village une très grande quantité d'argile, matière qui ne se rencontre pas facilement partout, et qui cependant est indispensable pour la formation des nouveaux ouvrages dont il se propose d'entreprendre la fabrication ;

« Qu'il est aisé de concevoir que des établissements de cette nature, loin de présenter à l'imagination aucun inconvénient doivent au contraire produire nécessairement des avantages réels pour l'Etat en général, et en particulier pour les lieux où ils sont formés ;

« Qu'en effet ils servent et doivent servir non-seulement à étendre et à faire naître dans le sein du royaume des sujets habiles en ce genre mais encore à assurer la subsistance d'un grand nombre de familles qui y trouvent de l'occupation ;

« Que d'ailleurs ils donnent lieu à consommer dans le pays même une infinité de denrées de toutes espèces par la quantité des marchands et des particuliers qui viennent pour s'y approvisionner, indépendemment de ce qu'ils attirent l'argent des étrangers dont il se fait une sorte d'échange contre des matières qui n'ont de valeur réelle qu'autant qu'elles sont mises en œuvre ;

« Que c'est sur tous ces motifs *qu'il a obtenu, le dix avril mil sept cent trente-un, un décret* par lequel il luy a esté permis de tirer dans tels endroits de la Lorraine qu'il jugerait à propos, les terres et sables propres à la formation des fayances de la manufacture de Lunéville, à la charge seulement d'indemniser les propriétaires des terreins desquels il tirerait les terres et sables dont il se servirait, ainsi qu'il serait réglé par le principal officier des lieux ;

« *Que ce décret a été suivy d'un brevet en datte du quatorze juin de la même année* qui luy accorde pendant sa vie, la franchise et exemption de toutes charges, impositions ordinaires et extraordinaires, même de la subvention, fourniture et logements de guerre ; guet, garde, corvées des ponts et chaussées et généralement de toutes autres charges et servitudes personnelles quelles qu'elles puissent être à la seule réserve des débets de ville, etc.

« Que *par un second brevet du vingt-trois septemb.e mil sept cent trente-trois*, il lui a été accordé « la franchise et exemption de toutes charges publiques généralement quelconques, même de la subvention et des corvées pour les ponts et chaussées, tant aux employés et ouvriers qui travailleraient à la dite manufacture qu'à ceux qu'il y recevrait à l'avenir, » etc.

« Qu'enfin par arrêt et lettres patentes expédiées sur iceluy en date des *treize et vingt-neuf décembre mil sept cent quarante-neuf* et pour les causes y mentionnées il a été permis au suppliant d'établir une manufacture d'ouvrages en terre de pipe, » etc.

« Que, par le même arrêt, et lettres patentes, il a esté fait deffense à tous officiers, maîtres d'usines et autres d'engager, enrôler ny débaucher aucuns ouvriers, travaillant dans ladite fabrique, à peine de nullité des engagements, etc.

« D'autant que le suppliant ne peut raisonnablement pas se promettre de soutenir le nouvel établissement qu'il se propose de faire sur le territoire de Saint-Clément, etc., qu'autant que ses ouvriers et ses employés seront assurés de jouir dans la générallité de Metz des mêmes priviléges et exemptions dont ils jouissent actuellement en Lorraine ;

« Il a dans ces circonstances esté conseillé de donner la présente requête, requérait à ces causes le suppliant qu'il plut à sa majesté luy permettre, etc.

(Suivaient les requêtes de Jacques Chambrette).

« Par le présent arrêt, Le Roy, en son conseil, permet au sieur Chambrette d'établir au village de Saint-Clément, généralité de Metz, une manufacture des *fayances* et *terres de pipe*, à condition qu'il mettra lad. manufacture en état de travail dans un an, à peine de révocation de lad. permission, de tirer de tous les endroits de la généralité de Metz les terres, sables et autres matériaux, etc. Veut sa majesté que le Sr Chambrette et ses ouvriers jouissent des prérogatives comme aux autres maîtres et ouvriers de pareilles manufactures ; fait au surplus sa Majesté défense à toutes personnes de quelque qualité et condition qu'elles soient de le troubler dans sa manufacture, à peine de tous dépens, dommages et intérêts.

« Et seront sur le présent arrêt, toutes lettres nécessaires expédiées. Fait au conseil d'Etat du Roy tenu à Versailles le trois janvier mil sept cent cinquante-huit.

« Collationné,
« BERGERET,
« Extrait des registres du conseil d'Etat. »

Jacques Chambrette mourut l'année même de cette fondation. Son fils Gabriel Chambrette et son gendre Ch. Loyal lui succédèrent.

Ce ne fut que cinq ans après sa mort, qui eut lieu en 1758, que son fils Gabriel consentit à la licitation des usines de Saint-Clément : c'était l'époque où la fabrique de Lunéville, dirigée également par Gabriel Chambrette, commençait à décliner. Peut-être Gabriel Chambrette eut-il comme but, en se retirant de la manufacture de Saint-Clément, de reporter toutes ses ressources sur l'usine de Lunéville, pour la préserver de la catastrophe financière qui n'arriva qu'en 1772.

En 1763, Saint-Clément fut donc vendu aux enchères et adjugé, ainsi qu'il résulte du procès-verbal dont nous avons pu copier la teneur. Les ayants-droit étaient Gabriel Chambrette et Charles

Loyal, ancien contrôleur ambulant, fils lui-même d'une demoiselle Chambrette et époux de la fille de Jacques Chambrette, défunt. Jacques Loyal avait donc épousé sa cousine germaine. Voici le texte même du procès verbal :

« Après plusieurs publications faites et réitérées,
« personne n'ayant surenchéri, ont vendu
« définitivement audit Christophe l'aîné ladite
« manufacture de fayencerie et ses dépendances
« pour la susdite somme de quarante mille sept
« cent livres argent au cours de Lorraine et donné
« acte de la déclaration par luy faite que la présente
« adjudication est pour et au nom du sieur
« Charles Loyal, ancien contrôleur ambulant des
« domaines, Richard Mique, premier architecte
« du Roy, et Paul-Louis Cyfflée, sculpteur de Sa
« Majesté, demeurant tous à Lunéville, etc. »

Loyal avait un douzième dans la propriété ; Mique et Cyfflée avaient chacun la moitié du reste. Charles Loyal, Richard Mique et Cyfflée ont donc été à la fois propriétaires de Saint-Clément. Ce qui, jusqu'à présent, était, croyons-nous, absolument ignoré.

Cette association ne devait point avoir une longue durée, car nous avons retrouvé, 1° un acte passé devant F. Olivier, notaire, en date du 2 septembre 1763, par lequel Cyfflée vendait sa part sans spécifier le montant de la somme due. 2°

une quittance de Cyfflée reconnaissant avoir reçu pour solde le 27 octobre 1763 la somme de 30,390 *livres, treize gros et quatre deniers*, qui forme les trois quarts du prix d'achat.

A partir de cette date, l'histoire de la fabrique de Saint-Clément est devenue pour nous beaucoup plus confuse.

En 1772 (21 août) nous trouvons, en feuilletant le registre des délibérations des administrateurs de la fayencerie de Saint-Clément, la preuve d'une nouvelle Société fondée en 1768, et en même temps de nouveaux ordres de régie, modifiant ce traité et nommant un sieur Pergault, « pour régir au « lieu et place des propriétaires, la manufacture de « fayence et terre de pipe qu'ils ont établie au « village de St-Clément. » Ce qui prouverait qu'en 1772 la scission des 2 usines de Lunéville et Saint-Clément, n'était pas encore opérée. Cette scission fut sans doute provoquée par la faillite de l'usine de Lunéville en 1772. Ces délibérations sont datées de Lunéville et signées : *Montauban, Finiels* et *Haxo*.

En 1781 se forme une nouvelle Société. Une délibération du 7 février porte comme en-tête : *Année 1781, première de la Nouvelle Société*. Elle est signée : Veuve Rainssant, Montauban, *ancien premier valet de chambre de Stanislas*, Finiels de St-Albert, *avocat au parlement*.

Nous avons encore relevé les dates suivantes :

7 *Pluviose an IV*. Richard Mique étant mort on décide que sa veuve sera représentée par Joseph Mique, demeurant à Nancy, qui signe : *Mique le jeune*.

22 *Nivose an IV*. Philippe Louis, est substitué à Finiels, a qui il a acheté sa part.

Jusque vers 1785, les délibérations portent : *fait et délibéré à Lunéville, le...* à partir de cette époque elles portent la mention : *fait et délibéré à Saint-Clément*, et cette mention plus spéciale : *Les propriétaires ou associés de St-Clément*.

Depuis ce moment nous perdons toute trace des associations qui ont existé. Ce n'est qu'en 1824 que nous retrouvons une certitude entière.

M. Germain Thomas acheta en cette année une grande partie des actions qui furent transmises à sa mort à ses trois fils, MM. Germain, Joseph et Alexandre Thomas.

Enfin, en 1863, ce dernier s'étant rendu acquéreur de toutes les autres actions qui n'appartenaient pas encore à sa famille, et la mort de M. Germain Thomas fils étant survenue en 1871, la manufacture passa en pleine propriété à MM. Joseph et Alexandre Thomas qui l'exploitent aujourd'hui sous la raison sociale : *Les propriétaires de la manufacture de Saint-Clément*.

Au point de vue de la fabrication, on conçoit

qu'il soit impossible de distinguer les produits de ces deux manufactures qui ont eu même fondateur, même terre, même émail, mêmes sculpteurs, mêmes maçons, mêmes genres de fours, même direction.

La fayence de Lunéville s'est principalement consacrée à la fabrication de produits décorés en bleu, dans le genre de la fayence de Nevers, ou dont le décor imitait sensiblement le vieux Strasbourg. Ces produits sont marqués le plus souvent des deux initiales K. G. C'est de Lunéville que sont sorties ces grandes pièces représentant des lions ou des chiens, ces derniers quelquefois de grandeur naturelle, et portant sur le socle le nom de la ville imprimé en noir. La mode est venue de les placer en regard les uns des autres, sur le seuil des maisons et dans les vestibules, d'où le proverbe : « se regarder comme des chiens de fayence. » (1).

Toutes les jardinières dit Demmin, de forme circulaire et ornées de ces charmants décors Pompadour-Watteau, sur fonds de paysage et qui se signalent par la manière esquissée de leurs dessins, sortent de la fabrique de Lunéville, où les moules existent encore.

Des corbeilles à jour, dans le genre des porce-

---

(1) Demmin, (*Guide de l'amateur*).

laines de Saxe, proviennent, en majeure partie, des fabriques de Lunéville, où Schneider était un potier renommé. L'ancienne fayence de Lunéville est très légère et ressemble presque à de la terre de pipe. Les belles fayences sans marque (les jardinières par exemple), dont les formes rappellent les fayences attribuées faussement à Sceaux et Penthièvre, où l'émail est blanc et suave et le décor souvent à simple filet où à petites fleurs, sont presque toutes de Lunéville.

Lunéville, dit Gournay, n'a pas marqué ses meilleurs produits. Mais ils sont faciles à distinguer par la finesse des peintures et la beauté de l'or de ducat.

On a fait à Lunéville et à Saint-Clément deux sortes de fayences : l'une est la fayence ordinaire, dont les éléments argileux sont pris dans les environs de Lunéville; l'autre a pour pâte celle de la fayence fine, c'est-à-dire une masse composée principalement d'argile plastique qui, suivant Brongniard, était prise autrefois dans les carrières d'argile de la rive droite du Rhin, dans les environs de Cologne et de Coblentz. Nous ne savons si ces deux fabriques empruntent encore leurs matières premières aux mêmes sources, mais ces poteries ont pour caractère commun d'être recouvertes d'un émail stannifère qui est d'une très belle et bonne qualité en dureté, blancheur, éclat et solidité, car il ne tressaille ou ne gerce que très rarement, même dans les circonstances les plus défavorables.

Lunéville et Saint-Clément ont été et sont restés les centres de fabrication de fayences les plus célèbres peut-être par les grandes pièces qu'ont produites ces deux établissements, et la solidité de leur émail.

On y a fabriqué plusieurs sortes de fayences, *toutes caractérisées par l'étain qui entre dans leur émail*. Ce sont :

1° La fayence blanche ou lorraine ;

2° La terre de pipe émaillée ;

3° La fayence de Reverbère ;

4° La fayence dont les ornements sont peints sur l'émail non cuit.

Ces pièces, sauf les blancheurs, ont des formes et un aspect généralement lourds ; mais leur émail solide et dur leur donne sur les fayences fines, dites fayences anglaises, une supériorité qui permet de les vendre à un prix beaucoup supérieur à celui de ces dernières fayences.

Jusqu'à présent, le biscuit de la fayence et le vernis qui le recouvre ont présenté beaucoup moins de densité et de dureté que les mêmes parties dans les fayences de fabrication anglaise.

Comme les principaux défauts de cette fayence fine résident dans son vernis qui est tendre, altérable et susceptible de tressailler, on a cherché à les éviter en couvrant un biscuit, analogue par sa composition à celui de cette fayence, avec l'émail stannifère et très dur de la fayence commune ; on a donné à cette poterie le nom de *terre de pipe émaillée*. Cette terre de pipe a été fabriquée à Sarreguemines, Saint-Clément et à Lunéville.

Ses pièces peuvent prendre les formes élégantes et avoir le peu d'épaisseur de cette dernière, avec l'émail d'un beau blanc bien glacé et dur de la fayence commune.

L'Exposition de Nancy compte plusieurs spécimens, trop peu représentés malheureusement, de l'industrie de Lunéville et de Saint-Clément. Ce sont :

1° Une figurine d'une couleur très étudiée : la *Buveuse*, à M. Delcominète, (vit. XIII, planche 3) ;

2° Deux bustes très fins de *Louis XV* et de *Marie Lecksinska*, en fayence émaillée, à M. de La Salle (vitrine XIV, planche 3). C'est là l'un des exemples les plus intéressants de la fabrication de Lunéville ;

3° Le *Berger couronné*, un groupe à M. Noël, (vitrine XVII, planche 2) ;

4° Le *Rétameur* émaillé, figure de Cyfflée, à M. Noël, (vitrine du couloir) ;

5° Une *Soupière*, à M. Noël, (vitr. du couloir) ;

6° Une *Tasse à bouillon*, à M. Noël, également dans la vitrine du couloir ;

7° Un très remarquable exemple de ce genre de fayence est, sans aucun doute, une charmante petite *Pendule* artistique, décorée en bleu, avec figures, appartenant à M. de Haldat, et placée dans la vitrine XXVIII.

Nous n'avons au Salon que trois objets indiqués comme provenant de Saint-Clément. Encore qu'il soit bien difficile, comme nous l'avons fait comprendre, d'établir entre les produits de cette succursale, une différence certaine, nous ne devons point omettre de citer les exemples de *fayence émaillée* qui y sont rapportés ; ce sont : 1° Le *Jardinier* et le *Joueur de flûte*, à M. Bernauer, placés sur la deuxième planche dans la vitrine du couloir ;

2° La *Leçon de flûte*, à M. Noël, placés dans la même vitrine, (troisième planche.)

Avant de terminer l'étude de la Céramique des provinces de l'Est, nous avons cru devoir traiter, avec un certain développement, l'œuvre de deux sculpteurs qui se sont illustrés par des ouvrages en terre : Cyfflée et Lemire. Nous aurions pu prendre également pour titre de ces deux chapitres : *Terre de Lorraine et Biscuits.*

—

PAUL-LOUIS CYFFLÉE

Les chefs-d'œuvre de Cyfflée sont l'une des plus charmantes expressions du génie flamand rendu plus pénétrant et plus aimable qu'il ne l'est d'habitude par le long séjour en Lorraine de leur auteur. C'est à ce titre que nous osons parler de celui qui, sans avoir été absolument méconnu de son temps, n'obtint jamais avant sa mort la haute estime que les véritables amis du talent sincère et spontané lui ont depuis accordée. La lutte que Cyfflée eut à soutenir pour élever ses productions à une hauteur qui leur permit d'être, sans trop de défaveur, comparées aux délicates galanteries de la manufacture de Saxe, ceux-là seuls qui ont parcouru les notices de MM. Joly et Morey sur la vie de ce sculpteur peuvent s'en rendre un compte exact.

Cyfflée né à Bruges, le 6 janvier 1724, de Paul Cyfflée et de Marie Depape, élève de Van Hecke pour le dessin et de Guibal pour la sculpture, est resté inimitable dans un genre qu'il n'a lui-même imité de personne, celui des types populaires. Cyfflée ne doit point être comparé aux sculpteurs ses rivaux. Il n'a pour lui que le feu de l'improvisation et l'attrait de la vérité, mais il le possède au suprême degré, et ce réel mérite permet bien de fermer les yeux sur le défaut sensible d'élévation qui caractérise sa manière.

Où donc Cyfflée aurait-il pu puiser la noblesse et la hauteur d'idéal qui distinguait les puissantes conceptions de ses maîtres ? Etait-ce dans l'humble boutique de l'orfèvre Paul Cyfflée, son père, ou même dans l'atelier de Van Heck, son premier professeur de dessin ? Sa vocation fut peut-être l'effet du hasard, qui fut son premier guide, et resta son seul maître. Sans doute, dans ces premières années d'enfance dont l'impression reste ineffaçable, lorsque sa main s'habituait patiemment à parfaire quelque œuvre délicate d'orfèvrerie derrière le comptoir paternel, les yeux curieux du jeune artiste durent chercher souvent quelque distraction dans le spectacle varié des rues de la bonne ville de Bruges. Bien souvent aussi, sortant de ses classes académiques pour rentrer à l'atelier, son esprit qui s'éveillait aux premières émotions de la vie dut errer à l'aventure, échangeant avec le pâle soleil et la froide nature des Flandres certaines confidences dont l'adolescence garde le secret et que l'âge mûr retrouve aux heures de retour vers le passé : tantôt c'était quelque bruyante dispute d'enfants; tantôt quelque joyeuse chanson de remouleur ambulant qui frappaient ses oreilles. D'autrefois, ses regards surprenaient de furtifs baisers dérobés par de jeunes et hardis voisins aux paysannes qui chassaient devant elles leur âne et hâtaient le pas pour n'être point en retard au marché. Combien de fois, courbé sur son travail, Cyfflée enfant et condamné au travail, n'avait-il point dû porter envie à ces fringants patineurs qui partaient de grand matin sur le canal dans la direction d'Ostende ?... Enfants, rémouleurs, paysannes et patineurs, cris, disputes et baisers s'imprimaient avec un trait original dans la mémoire du jeune apprenti. Tout ce peuple familier et bruyant qui se meut, s'agite et se démène un jour de kermesse dans les grandes villes du nord : écaillères, tonneliers, harangères, fumeurs, tailleurs de pierre, savetiers et ravaudeuses prenaient place, chacun avec leur type, leur allure, leur costume, leur physionomie, dans le naïf cerveau de l'enfant qui plus tard devait, grâce à la fidélité de ses souvenirs et à l'étonnante puissance de l'art, leur rendre le magique prestige d'une vie nouvelle.

Cyfflée n'avait pas vingt-deux ans, lorsque l'atelier de Guibal qui appelait à lui toutes les mains légères et habiles de la sculpture lui ouvrit ses portes en 1746. Le jeune ouvrier venait de passer cinq années à Paris, chez son oncle également orfèvre. La perte de ses parents avait déterminé son départ. Quelle destinée attendait le pauvre orphelin qui, désespérant de trouver dans la capitale de la France une protection à la hauteur de ses espérances, s'était vaillamment acheminé vers Lunéville, confiant dans le goût et la générosité d'un souverain plus spirituel et plus éclairé qu'Auguste dans ses bienfaisances artistiques?

Le travail avait-il au moins discipliné cette nature prime-sautière, toute de fantaisie et d'impression? Ceux qui ont recueilli avec une véritable piété d'artiste les moindres traces de la vie de Cyfflée font à cette question une significative réponse. La maison qu'habitait Cyfflée à Lunéville, maison de Guibal, est restée longtemps comme un vivant témoin de tous les caprices d'imagination qui traversaient pendant les heures perdues l'esprit à la fois familier et personnel du jeune élève.

« La petite chambre de garçon qu'il occupait au second et dernier étage de la maison Guibal, rue des Bosquets, n°s 9-11 (nouvelle nomenclature), existe encore; elle avait conservé, jusqu'à ces derniers temps, des traces du séjour de Cyfflée. C'étaient des ébauches ou des dessins plus ou moins licencieux ou extravagants, des fantaisies d'artiste, crayonnées largement, dont les murs étaient couverts; par exception, on y remarquait une tête du Père éternel, de dimensions colossales, que ceux qui l'ont vue estiment être un chef-d'œuvre. Le propriétaire actuel a fait garnir ces murs d'un papier de tenture qu'il serait possible d'enlever ; on retrouverait ainsi facilement les ébauches ou, si l'on veut, les débauches d'imagination de Cyfflée (1). »

Tel que nous l'entrevoyons au bout d'un siècle de distance, Cyfflée dut être, comme homme, le caractère le plus jovial ou le plus sombre, par boutades, qu'on puisse imaginer ; nature d'enfant, nerveuse, fantasque, toute de saillie et de premier mouvement, qui donne à ses improvisations un charmant attrait ; crédule autant que peut l'être un artiste superstitieux. Pour nous, Cyfflée revit tout entier dans les anecdotes charmantes qui nous sont parvenues et dans les charges d'ateliers dont le pauvre homme fut victime à son entrée dans la maison de Guibal. « Il n'y a pas, dit M. Joly, de mauvais tour que ne lui ait attirés, de la part des esprits forts de l'atelier, sa croyance aux sorciers, aux vampires, aux revenants — et un peu aussi, aurait pu ajouter le même historien — son habitude de la bouteille. »

« Quand Cyfflée avait fait une trop longue station au cabaret de la mère Adam, et qu'il rentrait chez lui le soir plus gai que de raison, il avait tout un corridor de la maison Guibal à traverser pour

(1). Joly, page 7.

arriver à sa chambre. Un rôle de bois à brûler, rangé à côté de sa porte, lui servait de repère et l'aidait ordinairement à se reconnaître. Ses camarades d'atelier sachant cela — Sontgen et Mathis étaient du nombre — transportaient le bois devant sa porte de façon à la masquer complètement ; réunis dans une chambre voisine, ils épiaient l'aventure en se frottant les mains.

« Mons Cyfflée ne tardait pas à arriver à tâtons, buttant par-ci, coudoyant par là : « Bon, murmurait-il dans son monologue d'homme en goguette, voici le bois, ma porte n'est pas loin... Tiens, mais où diable est-elle donc ? Il avait beau chercher, point de porte ; force était de retourner sur ses pas, demander en bas qu'on voulût bien l'éclairer. Dans l'intervalle, mes drôles remettaient le bois en place, et quand Cyfflée, mystifié, remontait avec une lumière, il était étonné de retrouver sa porte là où il l'avait vainement cherchée. »

Comme il était accoutumé de rentrer tard et de déranger ses camarades d'atelier par le bruit qu'il faisait en remontant, Mme Guibal, qui était très dévote et maîtresse femme par-dessus le marché, avait entrepris de le corriger. Souvent elle l'attendait armée d'une énorme branche de fagot. Un soir qu'elle se disposait à tomber dessus à tour de bras, Guibal intervint en faveur de son aide et dit à sa femme : « Au moins, Bibi, si vous voulez le corriger, prenez un jarron moins fort, vous l'assommeriez avec celui-là ! (1) »

Le ciseau de Cyfflée suivant le mot d'un autre grand artiste de son temps ne faisait que bien rarement pénitence. Ce qu'il fallait en effet au tempérament du Belge, c'était toujours en Lorraine comme à Paris, le choc des verres, la mousse des brocs en étain, les jurons des gardes du corps, le tapage et la fumée du cabaret et au bout de tout cela l'ivresse qui donne à la gaudriole le ragoût cher aux désœuvrés. Au moins, dans ces débauches de son génie que lui-même appelait ses « petites saletés. » Cyfflée trouva-t-il une ressource qui lui assurât l'aisance et le bien-être ? Cyfflée demeura pauvre, parce qu'il n'eût jamais l'art de fermer la main. Mais il acquit une réputation de facilité et de verve qui attira l'attention du maître auquel il avait associé sa destinée.

Nous ne connaissons plus aujourd'hui que par d'insuffisantes gravures les compositions exécutées par lui en commun avec Guibal des figures allégoriques de la statue de Louis XV. Mais malgré les discussions qu'entraîna cette collaboration, il reste acquis pour tous qu'elles déterminèrent non moins

(1). Joly, page 6 et 7.

que la composition des figures de la fontaine d'Alliance, le choix que fit Stanislas de sa personne pour lui conférer, à la mort, de Guibal le titre de sculpteur ordinaire du Roi.

Sans doute, à certaines heures, le génie de l'artiste tout de feu et d'inquiétude parut vouloir s'élever jusqu'aux hauteurs sereines du grand art. Combien difficile devait être pour ce Téniers de la sculpture la conception d'un idéal dont la nature devait être, suivant le goût de l'époque, presque sévèrement bannie. Comment pouvait s'allier le tempérament réaliste de Cyfflée aux exigences d'une mode qui n'empruntait rien au vrai et devait tout au respect de certaines conventions dont l'éloignaient à la fois son défaut d'instruction première et les tendance familières de son génie? Cyfflée se tira cependant avec honneur de ces difficultés. C'est qu'il y avait sans doute en lui une double étoffe : Cyfflée était, à vrai dire, un faiseur de bonshommes, mais un faiseur doublé d'une âme d'artiste ; un simple modeleur de figures, mais un modeleur d'esprit servi par le goût d'un ancien orfèvre.

Nous ne pouvons aujourd'hui parler que pour mémoire des bas reliefs sculptés sur le piedestal de la fameuse statue de Louis XV, de la statue de Stanislas, placée autrefois à la Bibliothèque et d'une Cène de Léonard de Vinci, dont on ignore la destinée. Ce ne sont d'ailleurs pas là les titres véritables qui recommandent Cyfflée à l'estime des connaisseurs. Ces titres, ce sont ses *Terres de Lorraine*.

L'œuvre entière de Cyfflée, malgré les consciencieuses recherches de MM. Joly et Morey nous est imparfaitement connue ; nous demeurons toutefois convaincu qu'il en est arrivé de ses productions ce qu'il adviendra toujours des œuvres d'un artiste qui comme lui et comme Bagard que nous avons cité plus haut, ont vécu et travaillé dans un milieu de sculpteurs adonnés au même genre que lui. De telles œuvres sont prédestinées à la confusion. Cyfflée a été, il ne faut point l'oublier, la fortune de plusieurs grandes fabriques notamment celles de Lunéville, de Niederviller, de St-Clément et de Bellevue Ban-de-Toul. Est-il possible d'admettre qu'à ses côtés et sous sa direction n'aient point travaillé toute une légion de manœuvres, dont il revoyait et recherchait au besoin les premières épreuves ? Nous avons déjà donné les noms de ceux de Niederviller. Comment, au milieu d'une telle quantité de productions reconnaître ce qui appartient réellement à Cyfflée sinon par ce cachet d'originalité puissante qui est comme le sceau de son génie ?

Cyfflée fut d'abord et longtemps employé à Lunéville à l'usine de Chambrette. Un certain nombre de ses œuvres portent la marque: *Chambrette à Lunéville*. D'après les renseignements qui nous ont été fournis par M. Keller, l'un des propriétaires actuels de l'usine de Lunéville, Cyfflée aurait eu une entreprise particulière, dont il était propriétaire sur l'emplacement du bureau de bienfaisance, dans le faubourg de Villers. Ce renseignement est d'ailleurs conforme à la mention faite par Durival, d'une autorisation qui lui aurait été donnée pour quinze années par le roi Louis XV, d'employer la *terre de Lorraine* et *terre de pipe* à tous ouvrages, avec défense de fabriquer de la porcelaine.

Le 7 janvier 1751, Cyfflée épousa Catherine Marchal, fille d'un facteur d'orgues et organiste de Saint-Epvre. Stanislas et la marquise de Bassompierre, née de Bauveau, lui firent l'honneur de tenir sur les fonds baptismaux son premier enfant (1).

Après son mariage Cyfflée avait quitté la maison de son maître auquel il resta néanmoins associé jusqu'à la brouille survenue à l'occasion de la collaboration de Guibal dans les bas-reliefs de la statue de Louis XV.

Nous avons retrouvé d'autre part la preuve que Cyfflée s'était, dès l'année 1763, rendu acquéreur

---

(1) **Registres de la paroisse de Lunéville.**

conjointement avec Charles Loyal et Richard Micque, de l'usine de Saint-Clément, et que la même année il se serait retiré de l'association après restitution des trois quarts du capital engagé. Il est donc à présumer qu'avant 1763, Cyfflée a sculpté pour le compte de l'usine de Lunéville; qu'à cette date il est entré à Saint-Clément, où il a sans doute continué de travailler comme associé, puis comme simple sculpteur jusqu'en 1768, époque à laquelle il obtint l'autorisation de fonder son propre établissement, où il resta, soutenu par la protection du roi de Pologne jusqu'en 1777.

Quoiqu'il en soit, et en raison même de la situation connue des usines de Saint-Clément et de Lunéville jusqu'en 1772, il y a lieu de penser que Cyfflée a dû, tout en fabriquant pour son propre compte, faire cuire le plus souvent ses statuettes dans ces deux usines, où l'on possède encore la plupart de ses moules. « Le nombre de ces moules était, dit M. Morey dans sa notice, considérable ; mais ils furent tellement dépréciés, là et ailleurs, il y a une quarantaine d'années, que le père de notre statuaire, Giorné Viart, attaché en qualité de mouleur, à la fayencerie de Saint-Clément, en acheta alors plusieurs tombereaux pour quelques francs. Ne pouvant se servir des grands, il finit par les employer comme moëllons à la construction d'un réduit à porcs ; les autres furent emportés à Paris par un de ses fils. »

Sur tous les moules qui nous restent et qui sont encore, à l'heure présente, l'objet d'une fabrication continue, non moins que sur les épreuves uniques dont le moule est perdu, on peut reconnaître que le talent de Cyfflée s'est exercé dans trois genres tout à fait distincts : le genre héroïque et mythologique, le genre gracieux et pastoral, et enfin le genre familier et populaire.

Dans le genre héroïque — dont, il faut le reconnaître, Cyfflée ne nous a laissé, en dehors des figures de la Fontaine d'Alliance, que très peu de spécimens, — son talent nous paraît, sauf de rares exceptions, moins à sa place que partout ailleurs. Même dans le morceau remarquable dont nous venons de parler, la composition d'un goût très pur ne dépasse point un certain niveau encore éloigné du sévère et du grandiose. « C'est » dit en parlant de la fontaine d'Alliance, M. Morey, excellent critique en semblable matière, « un charmant bijou de composition et d'exécution que chacun voudrait voir reproduire en petit pour orner nos étagères. » Ces quatre lignes sont à elles seules un chef-d'œuvre de critique. Même dans ses conceptions les plus hardies et les plus fières, Cyfflée, tout en donnant à ses figures des proportions considérables, est resté, malgré lui, le modeleur de bijou, le sculpteur de vitrine ; et, certes, laisser après soi, comme monument de son talent, une œuvre de vingt pieds de haut, que chacun voudrait voir « reproduire en petit, pour orner ses étagères, » c'est, sans doute, avoir fait preuve d'esprit, même d'ingéniosité, certainement, de goût et de savoir faire, mais ce n'est point avoir franchi les limites du petit art puisque c'est avoir mérité, qu'on puisse dire que le sculpteur n'a jamais pu complètement se débarrasser du bijoutier.

Etait-ce d'ailleurs impuissance réelle chez Cyfflée ? L'artiste péchait-il donc par défaut d'intelligence ? Loin de là. A qui devons-nous alors, faire reproche de cette insuffisance notoire qui s'est manifestée lorsque le sculpteur a voulu s'élever au-dessus de ses types populaires ou pastoraux ? A la fois au goût de l'époque et à l'éducation incomplète de l'artiste. Cyfflée n'avait point étudié. Il était resté l'ouvrier dénué de connaissances profondes et sérieuses auxquelles ne suppléent ni l'acquit ni le sentiment du juste et du beau. Il était né pour sculpter les petites choses, comme Béranger, qui se vantait d'ignorer le latin, pour faire des chansons sur les petites gens. Celui-ci du moins n'eut pas besoin, comme Cyfflée, de faire des cantates sur commande.

Et ce n'est pas une vaine supposition qui nous conduit à présenter l'auteur de *Renaud et Armide* et de *Bélisaire* comme un déshérité des bienfaits de l'éducation. Nous avons pu constater de nos yeux le défaut de culture de son esprit sur un manuscrit pieusement gardé à la manufacture de Saint-Clément, et qui a été gracieusement mis à notre disposition par son propriétaire, M. Thomas. Cyfflée sans doute ne pensait guère qu'un siècle après lui quelque indiscret chercheur viendrait, pour y trouver la preuve manifeste de son ignorance, scruter les lignes suivantes, couramment écrites sur le dos d'un dix de trèfle. Voici pourtant ces lignes curieuses :

« Bon pour douze Résaux de plattre blanc,
» pour la manufacture de St-Clément à Lunéville.
» Le 1er juin 1763.
CYFFLÉE.

« Je prie Monsieur Quinzain de nous prêter les
» sacs on les Réportera demain il aubligera son
» serviteur
CYFFLÉE.

Chacune de ces fautes d'ortographe n'est-elle point une révélation ? Quelle figure pouvait donc faire le talent du sculpteur illettré mis aux prises avec les exigences d'un goût public dont les Boucher et les Watteau réglaient les caprices ? Sous la régence, la poésie s'était peu à peu détournée du chemin des solitudes ; réfugiée tout entière dans les bruits de la vie et dans les joies du monde, elle avait élu domicile derrière un portant de coulisse de l'Opéra ; c'est de là qu'elle s'efforçait de rester à la hauteur des galanteries du Palais-Royal. Les arts ne s'appelaient plus ni peinture ni sculpture : ils s'appelaient mademoiselle La Montagne ou madame de Parabère. Esprit, tolérance, coquetterie, laisser aller, grâce et fraîcheur chiffonnée, voilà ce qu'était devenu le goût Français, à l'heure où Cyfflée mettait le pied sur le sol de la Lorraine. Voilà le domaine d'étroites conventions dans lequel avait été transporté et comme obligé de se mouvoir le génie de l'humble ouvrier flamand, nature positive et sensuelle, étrangère aux sévères conceptions du grand art, au moment où l'atelier de notre grand sculpteur Guibal lui avait ouvert une large carrière.

Convaincu que nous sommes maintenant de l'infériorité où se trouvait placé notre grand artiste, songerons-nous à juger sévèrement les efforts qu'il fit pour sortir du cercle naturellement restreint où le maintenaient à la fois non moins que son goût et son tempérament, son défaut d'éducation première ? N'est-ce pas plutôt pour nous une raison d'être indulgents envers l'homme, tout en maintenant les droits de la critique, et d'admirer en même temps le grand prince qui sut rendre justice au talent fécond et original à sa manière mais peu aristocratique de Paul-Louis Cyfflée ?

Quelque préférence que nous accordions donc au talent saisissant du réaliste, n'oublions pas qu'il y a dans les trois groupes *sérieux* de *Bélisaire*. d'*Homère*, et de *Renaud*, les seuls de ce genre que nous possédions à notre Exposition, la manifestation heureuse d'une tendance noble et élevée chez un homme étranger aux études sévères de l'histoire et de la philosophie. C'est donc avec raison que les amateurs se montrent aujourd'hui si jaloux de posséder ces trois œuvres importantes. Quelques imperfections qu'on puisse signaler dans les figures, quelque insuffisance de style qu'on puisse relever dans des groupes dont l'agencement devrait être exclusivement noble et grand, il y a là assurément plus qu'un mérite de savoir faire ; il y a comme une échappée d'idéal, certainement vague et imparfaite mais réelle, dont la valeur, loin d'avoir été méconnue par le grand artiste, a dû, lorsque son œuvre sortait du moule, provoquer dans son cœur je ne sais quel sentiment de contentement et de légitime fierté.

Plus humains et pourtant exceptionnels encore si on considère dans son ensemble l'œuvre de Cyfflée, sont ses portraits et ses compositions historiques. C'est peut-être le genre où son talent s'est exercé le moins heureusement, à part quelques médaillons, dont nous n'avons hélas ! aucun exemple à l'Exposition. Nous ne croyons pas qu'il y ait dans les portraits qu'il a laissés rien qui mérite de fixer plus que de raison l'attention des amateurs. Le groupe de *Sully aux pieds d'Henry IV* (vitrine VIII, planche 1) appartenant à M. Morey, est au-dessous de la valeur moyenne des figures de Cyfflée. Dans les portraits en buste de *Stanislas* et de *Louis XV* on chercherait en vain l'élégance et l'esprit qui caractérisent la touche habile du maître. Il nous faut faire une exception en faveur d'un seul portrait ; celui de *Voltaire* appartenant à M. Martin (460.), qui se trouve sur la première table (côté opposé aux fenêtres). Sur le terrain de la simple malice et de la verve pétillante, Cyfflée était sûr de retrouver tout le prestige d'une inspiration libre et facile. M. Joly pense que ce portrait a dû être fait sur nature, au moment du séjour de Voltaire au château de Lunéville, lorsque Christian VII, roi de Danemarck de passage dans cette ville honora de sa visite les ateliers de cet artiste.

Une fois encore, et dans un genre qui lui était moins habituel, le genre mythologique, Cyfflée s'abandonna heureusement au caprice de son ciseau ; ce fut lorsqu'il modela les formes si gracieuses et si pures de sa *Léda* dont M. Ad. Besval a pu fournir à l'Exposition un charmant spécimen (1re table, côté gauche). C'est peut-être, selon nous, de tous les essais tentés par Cyfflée en dehors du genre familier, le seul qui puisse, par sa libre allure et sa facilité d'exécution donner entière satisfaction au goût des artistes qui ne se piquent point de pruderie.

En dehors de ces productions d'un genre relativement supérieur, Cyfflée, s'est efforcé comme nous l'avons dit, de lutter avec la concurrence de la manufacture de Saxe. C'est sans doute dans ce but qu'il a composé un nombre assez grand de pièces qu'on pourrait comprendre sous le titre général de *Bergeries* ou *Scènes pastorales*. Nous en avons de nombreux exemples à l'Exposition. Il nous suffira de citer le *Pot de rosiers cassé*, l'*Agréable leçon* et le groupe du *Curieux indiscret*; les deux premiers dans la vit. VIII, le second sur la table n° VI (67). Dans ce genre Cyfflée s'est presque toujours plu à représenter, non des sujets isolés (car *Le pot de rosiers cassé* peut être considéré comme une exception), mais des groupes tels que l'*Agréable leçon* à M. Morey, (vit. n° VIII, 2ᵉ planche) le *Baiser* à M. Parisot, (vit. n° XVII, 3ᵉ planche) et quelque fois même des allégories comme *L'oiseau mort* à M. de Meixmoron (vitrine n° III, 3ᵉ planche), *L'oiseau mis en cage*, qui forme pendant, à M. Noël, (vit. n° XVII, 2ᵉ planche), et enfin *L'amour consulté par des jeunes filles*, à M. Morey, (vitrine n° VIII, 1ʳᵉ planche.)

Entre ces deux genres et dans un groupe à part,

se classent naturellement les *Enfants* de Cyfflée. Très-différents de ceux de Lemire, ces enfants — et dans ce groupe, nous comprenons ses *Amours* — ont un côté espiègle et malin dont rien n'approche. Nous n'en avons que quelques exemples mais bien choisis ; l'un d'eux nous paraît un chef-d'œuvre de grâce délicate. C'est l'*Amour silencieux*, à M. Huyaux, (première table, côté opposé aux fenêtres, n° 436.) C'est l'une des pièces que nous préférons parmi celles de Cyfflée qui affectent un caractère sérieux.

Du même genre, mais inférieur quoique encore très remarquable, est le petit *Amour* aiguisant ses flèches, (vit. VIII.), à M. Morey. Il est impossible de rien voir de plus malicieux que la figure de ce drôle de petit dieu.

Quelque élégance dont Cyfflée ait su faire preuve dans ces gracieux *bergers*, cette partie de son œuvre ne saurait encore cependant être mise en comparaison avec le dernier genre de statuettes qui nous reste à parcourir. C'est là, comme nous le disions en commençant, que Cyfflée s'est manifesté vraiment artiste, non point tel que la mode ou le caprice du jour voulait qu'il fût, mais tel qu'il était toujours resté, en dépit des événements, —flamand et orfèvre.

Un jour, dit M. Morey dans sa Notice sur les statuettes en terre de Lorraine, « Lors d'une

« visite au célèbre peintre Ingres, quand il
« était directeur de l'Académie de France à
« Rome, je fus tout surpris de voir sur un meuble,
« au-dessous d'une admirable copie d'un tableau
« de Raphaël, de petites statuettes que je reconnus
« tout de suite pour avoir joué avec de semblables
« dans ma jeunesse ; je lui fis part de ma surprise
« en tendant la main pour m'en emparer : — « N'y
« touchez pas, me dit-il, cela est beau dans son
« genre, comme l'œuvre qui le couronne ; ce
« tableau et ces statuettes ne me quittent jamais ! »

Rien ne nous permet de présumer quelle pouvait bien être, dans toute l'œuvre de Cyfflée, la pièce favorisée que le grand peintre opposait si complaisamment aux belles conceptions du maître des maîtres. Mais nous gagerions volontiers en faveur de quelqu'une de ces improvisations familières dont il eut le secret et où nul mieux que lui ne sut saisir le côté réel et pittoresque à la fois de ses modèles. Certes, à défaut de documents, il suffirait de parcourir la série des types qu'il s'est appliqué à reproduire pour voir revivre devant nos yeux Cyfflée tel qu'il fût, avec ses goûts, ses habitudes, et parfois ses faiblesses.

Combien naïf et simple ne fallait-t-il pas être en effet, pour appliquer son observation à tous ces sujets empruntés au domaine des métiers vulgaires sur lesquels nos regards se posent chaque jour sans qu'aucun de nous pense le plus souvent y trouver le moindre grain de poésie. Croit-on qu'il suffise d'être exact et vrai lorsqu'on puise son inspiration à des sources aussi humbles ? Et cependant combien d'art et d'esprit ne faut-il pas au ciseau du sculpteur pour éviter le double écueil de la laideur et de la trivialité lorsqu'il s'impose de rendre aimables les accidents les plus vulgaires de la vie ? Ce n'est point assez de connaître alors ce qu'on veut peindre, il faut s'y complaire et n'en point faire seulement un simple sujet d'étude. Il faut s'abandonner, comme l'avait fait Cyfflée, au commerce familier et presque intime des caractères qu'on veut rendre intéressants. Il faut, par une fréquentation assidue, les posséder assez complètement, pour simplifier au besoin et ennoblir, sans cesser d'être vrai, les traits divers de chaque figure, de chaque personnage.

Pour mieux faire saisir notre pensée, n'est-ce point autant de chefs-d'œuvre d'observation que chacun de ces types dont fourmillent encore les rues de Lunéville ou de Nancy et qui forment peut-être la série la plus intéressante de l'œuvre de Cyfflée : le *Joueur de Vielle*, le *Vieillard au chien*, la *Vieille endormie*, (vit. III) ? Combien avait du être vivace et profonde l'impression causée sur l'esprit de Cyfflée par la population si variée de Paris pour qu'arrivant à Lunéville, son premier souci ait été de revêtir d'une couleur locale le secret de ses émotions fugitives et l'intimité de son âme ? Avec une conscience parfaite de son infériorité d'éducation, Cyfflée avait voulu chercher les éléments de son succès — non dans l'élégance et la coquetterie de ses compositions, car les galantes bergerades de Saxe lui interdisaient de prétendre même à l'attention de ses contemporains s'il se fût engagé dans cette voie — mais dans l'expression juste, sincère et très ressentie de tout ce qui lui avait paru, dans le domaine de ses souvenirs d'enfance, digne d'être confié aux badinages de l'improvisation. Ce qui d'abord n'était pour lui qu'un jeu et une source de gagnepain facile était devenu bientôt, grâce à sa manière personnelle, un genre défini. C'est ainsi que, dans les premiers moments de sa carrière artistique, nous voyons se succéder une foule d'œuvres dont l'importance va sans cesse croissant. Chaque métier vient tour à tour poser devant ses souvenirs. Les *Marchandes de fleurs, d'œufs, de volaille, de pieds de mouton, de fruits, de pommes, la Laitière* et *le Remouleur* dont la vitrine de M. Morey nous fournit des exemples, témoignent de la préoccupation qu'avait Cyfflée de s'écarter des sentiers battus où le goût public de l'époque maintenait comme enchaînés tous les sculpteurs de renom. Ce n'est pas que chacune de ses productions fut absolument exempte de poésie. Loin de là. Mais leur idéal avait cela d'étrange qu'il rompait brutalement avec des traditions d'afféterie singulièrement pesantes à la libre intention du ciseau franc et déluré de Cyfflée.

Cet idéal est fait tout entier d'esprit et de simplicité. On voit qu'une fois sur le terrain des petites choses, Cyfflée est en pleine possession de son art et que dans le cercle étendu où se meuvent ses personnages familiers il triomphe en maître. Nous ne connaissons, dans ce genre, rien de plus réussi que le *Savetier et la Ravaudeuse*. C'est là pour nous le chef-d'œuvre de Cyfflée. Il y a bien certaines compositions d'un genre peu aimable et tout à fait jovial dont nous préférerions ne rien dire. Mais que faire hélas ! Ce sont celles où Cyfflée a excellé et il devait en être ainsi. Là où l'homme se sent le plus faible, par une contradiction toute naturelle, l'artiste reprend ses droits et l'œuvre n'en est presque toujours que plus sincère. Il semble qu'en dépeignant leur vice préféré, poëtes, peintres ou sculpteurs se laissent aller à des égards et des complaisances dont leurs autres œuvres auraient souvent le droit de se montrer jalouses. Ainsi ce n'est point seulement le charme de la bouteille que Cyfflée célèbre discrètement dans ses productions bacchiques, c'est le triomphe inconscient de sa secrète faiblesse. On sent, dans les caresses complaisantes de son ciseau, comme un hommage pieusement rendu à la fragilité de sa propre nature. Cyfflée, toujours si réservé dans ses attitudes, n'est plus maître de lui dès qu'il s'attaque aux buveurs. Evohé ! sa verve l'échauffe et le transporte jusqu'aux dernières limites du sensualisme. Comme Lucullus qui redoublait d'attention dans la composition de son menu lorsqu'il dînait chez Lucullus, Cyfflée met en branle toutes les ressources du naturalisme flamand et tous les éclats de la gaîté gauloise lorsqu'il fait aux faiblesses de Cyfflée l'honneur de son ciseau. Pour goûter la saveur du *Silène sur un âne*, à M. Godchaux-Picard (vitrine n° V, 2ᵉ planche), de la *Buveuse*, à M. Delcominète (vitrine XIII, 2ᵉ planche) et de l'*Ivrogne*, à M. Butte (1ʳᵉ table côté des fenêtres) il faudrait presque faire cause commune avec le sculpteur lui-même. A coup sûr c'est bien là l'œuvre du buveur intransigeant et incorrigible qui, malheureux, sans argent, à soixante ans passés, regrettait en France le bon petit faro de Louvain, en Flandre les généreux crus de la Lorraine et écrivait d'Hastières à M. Perrin, cette lettre qu'on devrait reproduire sur le piédestal de son *Ivrogne* : « Du 5 octobre 1785. — « parlons d'autre choses... Je désire bien « des fois d'être avec vous pour pouvoir un peu « philosofer et arroser nos bonnes penses d'un

« petit verre de notre bon et santif vin de
« Lunenville ; car isi, c'est plutault un poison
« que l'on avalle que du vin ; aussi je boy de la
« bierre comme un vrai flamand... »

Voilà bien Cyfflée en six lignes ! et combien, le connaissant mieux, on peut supposer qu'il dut souvent s'arrêter et se laisser aller au gros rire des buveurs satisfaits, en présence de ces deux types étranges l'*Ivrogne* et la *Buveuse*, copies brutalement sincères du vice qu'il ne pouvait, flamand qu'il était, ni tout à fait cacher, ni tout à fait non plus se résoudre à maudire.

Combien cependant, à ces échappés d'un goût trivial, nous préférons ses jolies figures — même celles dont il recherchait les types dans un milieu populaire, mais à l'heure où ses sens plus rassis le ramenaient naturellement vers les sources du vrai honnête et modeste, le seul qui soit aimable ! N'est-ce point toute une idylle que ces deux pendants : Le *Ramoneur* et la *Savoyarde* (vitrine VIII, à M. Morey), et serait-il trop risqué de dire qu'à force de simplicité et de naturel, Cyfflée a atteint vraiment la grandeur dans sa figure de *Vieille femme endormie* ? (à M. Charlot, vitrine n° 3). Il lui suffisait de si peu de chose pour être charmant ! Il avait l'esprit si juste et si fin ! En quelques traits la vengeance lui était facile. Etait-ce son ami ou sa victime, que *Panpan*

Devaux, le fou de Stanislas ? N'était-ce pas plutôt quelque rival jaloux de sa faveur auprès du roi, à en juger par le soin scrupuleux qu'a pris l'artiste de livrer ses traits avec toute leur laideur à la postérité peu indulgente ? (statuette de M. Geny, vitrine XXX, 3ᵉ planche). C'est au sujet de ce personnage, le plus laid, dit-on, de ceux qui composaient la cour de Stanislas, que le chevalier de Boufflers fit le couplet suivant :

Si monsieur Deveau
Etait un peu beau,
Que monsieur de Beauveau
Fût un peu moins beau ;
Ce monsieur Deveau
Serait un Beauveau
Et monsieur de Beauveau
Ne serait qu'un veau.

La statuette de Cyfflée est, elle aussi, une épigramme ; mais, combien plus vive et plus saisissante ! Aussi, qu'est-il arrivé ? Personne aujourd'hui ne se souvient du couplet, et les amateurs se disputent la statuette.

Il en est d'ailleurs parmi ces figurines qui sont devenues très rares. Celle-ci n'est point la seule. La tradition qui veut que le *Tailleur de pierre* soit le portrait du plus jeune des cinq fils de Cyfflée, (vitrine VIII, à M. Morey), le *Patineur*, celui de son fils aîné, (vit. XVI, dernière planche, à M. Martin), et enfin le *Sculpteur de pierre*, (vitrine VIII, à M. Morey) le portrait de Cyfflée lui-même, a rendu ces figures très précieuses aux amateurs. Si cette tradition est fondée, Cyfflée aurait eu la mine la plus éveillée qu'homme du monde pût avoir. Rien de plus intéressant que ce petit espiègle qui ne sculpte point seulement, mais qui paraît tout à la fois voir, écouter, causer et rire sans perdre ni un coup d'œil, ni un coup de langue, ni un coup de ciseau. Le portrait doit être vrai ; pour le rendre vraisemblable, Cyfflée a oublié d'y joindre en attribut une bouteille vide et renversée.

Pauvre Cyfflée ! Eut-il au moins la consolation, dans sa vieillesse, de pouvoir quelquefois encore savourer à ses heures de déboire, ce « vieux et sentif vin de Lunenville » qui lui réchauffait si fort le cœur, et lui rappelait son bon temps de jeunesse et de verve trop tôt perdues. Hélas, nulle vie ne fut plus amère que la sienne ! Ruiné par une concurrence d'établissements rivaux dont son talent n'avait pas peu contribué à développer la prospérité, Cyfflée prit en 1777, à 53 ans, la désastreuse résolution de quitter Lunéville et de retourner dans sa ville natale. Cette date est pour le malheureux sculpteur l'origine d'un nouveau genre d'existence, aventureux et misérable, où le pauvre artiste laisse chaque jour un lambeau de son cœur et de son courage aux épines de la route. Il part et, à Bruxelles comme à Vienne, il obtient de Charles, gouverneur des Pays-Bas, et de Marie-Thérèse, une protection qui n'aboutit qu'à lui faire concéder, pour y fabriquer de la porcelaine, la verrerie de Bruges, établissement dans un tel état de délabrement qu'il doit renoncer bientôt à son projet. Une seule fois le sort semble lui sourire, mais ce n'est que pour le frapper plus cruellement. Au moment même où il vient d'être chargé par les Etats, d'élever une statue à Marie Thérèse, comtesse des Flandres, la mort de cette princesse survient le 22 novembre de la même année. « Le projet, dit un historien, fut abandonné juste au moment où il était naturel de l'entreprendre ; les flatteurs n'aiment à encenser que les vivants, n'ayant rien à attendre des morts. » Malgré les habitudes irrégulières de Cyfflée, on ne peut se défendre d'un sentiment de pitié en voyant tant de talent aux prises avec la vieillesse et l'infortune. Toutes ses correspondances accusent à partir de ce moment, une pénurie désolante qui ne parvient cependant à ébranler, ni ses forces ni son courage. Retiré à Hastières, dans le comté de Namur, pour y fonder une manufacture, il surveille l'éducation de ses enfants : « Mon Louis », « écrit-il le 30 janvier 1787, « a pint son premier

« tableau qui a étonné tous les connesseurs. »
et il s'intitule « maître de la manufacture impériale
et royale d'Hastières ». Confiance aveugle et
mal fondée ! car, trois ans plus tard, quelques
lambeaux de correspondance échappés à l'oubli
viennent nous révéler la triste misère de celui qu'un
roi avait couvert de sa protection. « Tâchez,
écrit-il à son représentant de Lunéville, de me
faire payer le « plus tôt possible, car je suis *en*
« *grand besoin* à cause de notre révolution. Voilà
« un moy que j'ete obligé de quitter mon pajs et
« je suis actueleman à Mars en *Famines*... »

Cyfflée ne devait point résister à tant d'infortunes réunies... Veuf depuis peu, ruiné et sans appui, il disputa devant la cour de Nancy les derniers paiements de sa ferme d'Obreck, faits en assignats discrédités, et obtint gain de cause, puis vint en 1791 s'établir à Ixelles, près de Bruxelles, département de la Deyle. C'est là qu'abreuvé d'amertumes, il termina ses jours en 1806. Longtemps, il passa pour être mort à Bruxelles, mais son acte de décès retrouvé en 1864 par M. Joly, ne laisse aucun doute, sinon sur le lieu de sa sépulture, du moins sur celui de son décès. Voici le texte même de ce document :

Délivré à titre de renseignement

COMMUNE D'IXELLES — ÉTAT-CIVIL.

F° 39 recto. L'an 1806, le 24 du mois d'août, a

3 heures 1/2 de relevée est décédé Paul Louis Cyfflé, artiste, âgé de quatre vingt deux ans, né à Bruges, département de la Lys, demeurant à Ixelles, veuf de Catherine Marchal, fils de Cyfflé, officier de Monnaye et de Depape.
(*Sceau de la commune*) (1).

Malgré tant de misères et de déboires, ce serait peut-être fausser la vérité que de laisser croire que l'ardeur de Cyfflée pour le travail et sa bonne humeur intarissable des premiers jours s'étaient ralenties dans les dernières années de sa vie.

« Vers les dernières années de sa vie, écrit M. Morey, alors qu'il était dans un état voisin de l'indigence, un de nos écrivains le rencontra à Bruxelles. Cyfflée chercha vivement à le persuader qu'il était seul l'auteur de la statue de Louis XV.

« MM. Jaquiné, ingénieur, et Clément, conducteur des ponts et chaussées, chargés de la conduite des grands travaux du port d'Anvers, eurent l'occasion de rencontrer Cyfflée, lors de leur séjour dans cette ville, et de dîner ensemble chez un de ses fils, alors ingénieur en chef. C'était, me dit plusieurs fois M. Clément, qui en conservait les plus bienveillants souvenirs, un petit vielliard fort gai et très-spirituel, ce qui

---

(1) Joly, page 20.

lui avait valu sans doute l'épithète de joyeux compère. »

Telle nous est apparue aujourd'hui, l'intéressante figure du vaillant artiste dont nous nous disputons les œuvres. En dehors de son pays, nulle part le tempérament de Cyfflée ne pouvait plus facilement se greffer et former une souche vigoureuse que sur le sol de la Lorraine. Flamand par son origine, ses goûts, ses habitudes, son éducation première, Cyfflée est Lorrain par le droit du talent et des services rendus, par ses liens de famille. S'il eût vécu en Flandre il eût continué les traditions paisibles de l'art familier qu'ont illustré les Tenier et les Ostade. — Sur le sol français, à la cour somptueuse d'un roi qui comprenait le luxe comme une nécessité industrielle, ses productions devaient revêtir un cachet d'élégance et de finesse qui les distinguera toujours de l'art flamand. Réaliste à la façon de Chardin, il a su imprimer à ses œuvres le sceau d'une vérité qui n'a point besoin d'être apprêtée pour se montrer aimable. Ses figures sont souvent lorraines par le costume, et c'est en Lorraine qu'il a conservé ses plus chers souvenirs, ceux qui ont pu adoucir les tristes épreuves de la dernière heure. C'est là qu'il avait trouvé une population patiente, laborieuse et simple au milieu de laquelle il était venu s'implanter et il lui avait plu de vivre. C'est là qu'il avait pu, aidé par la ténacité du milieu dans lequel il travaillait, conserver une manière libre, indépendante et personnelle, qui donne à ses productions leur âpre saveur d'originalité. A Paris, où chacun cherchait son modèle au-dessus de lui, sa vigueur première eût pu s'étioler et dépérir. En Lorraine, où beaucoup avaient encore la prétention de rester maîtres chez eux sans s'inquiéter outre mesure de l'avis des autres, Cyfflée a pu rester flamand sans qu'aucun de ceux qui l'entouraient y ait trouvé à redire. Si peu que ce soit, c'est peut-être un honneur pour la Lorraine ; à coup sûr, c'en est un pour l'artiste. Dans un siècle, les étrangers de passage à Nancy admireront sans doute encore les formes sveltes et nerveuses des Fleuves de la fontaine d'Alliance ; soit. Mais les Lorrains, heureux possesseurs en leurs vitrines de ces gracieuses figures que Paris nous dispute sans réussir à s'en emparer, répèteront avec un juste sentiment du talent sincère et personnel ce mot charmant et vraiment lorrain du premier auteur qui a écrit sur Cyfflée : « J'aime mieux le *Savetier*. »

CHARLES SAUVAGE DIT LEMIRE

La terre de Lorraine avait eu son représentant dans Cyfflée. Le biscuit de porcelaine eut le sien dans Lemire. Cyfflée était familier à toutes les péripéties des petits drames intimes de la vie populaire qui ont pour scène l'étalage d'un marché, ou la table d'un cabaret. Comme Chardin, son rival en peinture, il passait à boire les heures qu'il ne consacrait point au travail. C'est à une toute autre source que Charles Sauvage, *dit* LEMIRE, devait puiser ses inspirations.

On connaît peu de chose sur la vie de Lemire. L'époque même de sa naissance est incertaine. On sait seulement qu'il fut originaire de Lunéville et Tainturier, dans les notes qu'il a publiées sur Niederviller, nous apprend qu'il reçut les premières notions des arts du dessin dans l'atelier de l'un de ces excellents artistes que le roi Stanislas avait appelés en Lorraine. Pendant ses premières années il fut, paraît-il, employé à copier, sous la direction de Cyfflée, beaucoup plus âgé que lui, les figurines que ce sculpteur avait mises à la mode. Entre ces talents si divers comme tendance, il y avait un demi-siècle de distance. Ce fut probablement au moment de la faillite de Gabriel Chambrette en 1772 que la séparation des deux sculpteurs s'opéra.

On nous a raconté que l'un des témoins de la vie de Lemire, M. Delcominète, grand-père de M. Delcominète, ancien pharmacien à Nancy, avait assisté à l'arrivée de cet artiste à Niederviller. M. Delcominète habitait alors Lunéville et pendant le séjour qu'il avait fait à l'usine de Niederviller, dirigée alors par Lanfrey, il avait vu décharger des tombereaux de moules provenant sans doute de la liquidation de Lunéville. C'était un brillant apport que Lemire adjoignait à sa collaboration dans la nouvelle fabrique.

C'est ce qui explique comment, aujourd'hui même, nous retrouvons sur des œuvres certainement dues au ciseau de Cyfflée, la marque *Niedervilier*. Quelquefois même cette marque est suivie d'un monogramme, mais ce cas est plus particulier à la fabrication de Lunéville, surtout lorsque les statuettes ont été exécutées en *terre* dite *de Lorraine*. Cette terre jouissait en effet de la propriété de pouvoir être retouchée après une première cuisson. De là la précision qui se remarque dans le modelé des figures ; de là le fini des détails. Le monogramme n'est d'ailleurs autre chose que la signature de l'artiste ayant donné à l'œuvre la dernière retouche. C'est ainsi que Lemire a quelquefois, étant à Lunéville, signé d'un L. les figures de Cyfflée.

Malgré le séjour assez long qu'il avait fait près de cet artiste, Lemire avait su garder intact son caractère personnel. « Il sut, dit Tainturier, suivre sans dévier, les inspirations qu'il avait puisées dans une étude intelligente et attentive de la nature et de la statuaire antique. Aussi, bien que les œuvres de ces deux artistes soient aujourd'hui confondues dans les collections et jusque dans les tarifs des manufactures qui les ont produites, sous la désignation de *Figurines de Lorraine*, il est cependant possible de faire la part de chacun. »

Ce qui caractérise Lemire, c'est l'exquise poésie ; il est poète autant que sculpteur, car il sculpte pour l'esprit autant que pour les yeux. Tout en s'attachant à la pureté gracieuse des formes, il répand avec onction le sentiment qui vient jeter un rayon sur les compositions les plus simples et les plus familières. Son œuvre, c'est la nature voilée. Suivant l'inspiration de son ciseau, les déesses sortent de ses mains toutes nues, amoureuses, mais pudiques. Non loin des déesses, voici les demi-déesses d'un Olympe mis en faveur par le goût du siècle, qui symbolisent les passions humaines dans leurs poétiques aspirations. En parcourant son œuvre marquée au coin d'une liberté charmante, on croit entendre le chant des nymphes et des Bacchantes dans les vignes brûlées. C'est devant lui que viennent poser Pâris, Ganymède, Zéphir, Galathée, tout un monde d'amoureux heureux de s'être laissé voir avant de disparaître derrière les saules, et d'entraîner à sa suite le cortége gracieux des amours dont les formes voluptueuses ondulent dans les demi-teintes d'un biscuit plus blanc que le lait.

Lemire à précédé Prud'hon. Comme lui il a compris que l'élégie champêtre pouvait, sans compromettre la grâce de son prestige, quitter les pelisses de soie grise et les mules de satin dont l'avaient impertinemment revêtue les Lancret et les Vatteau du demi grand art. Sa Muse plus correcte et plus fière s'est élancée d'un bond vers les hauteurs au sentiment sévère et chaste où son génie l'a maintenue en dépit des conventions d'époque qui la rappelaient vers de plus terrestres et de plus humaines régions.

Lemire a beaucoup travaillé à Niederviller ; c'est là qu'il a eu ses plus heureuses inspirations ; c'est là qu'il a exécuté ses meilleurs modèles dont quelques-uns étaient de dimensions peu ordinaires comme on peut en juger par les deux figures de *Jeune pâtre* et de *Jeune fille* (475, 476) à M. Maure, (2ᵉ table).

Il existe au Musée de Colmar un groupe allégorique d'une grande beauté, ayant trait au mariage de Louis XVI et de Marie Antoinette. Ce groupe représente un autel triangulaire dont la partie du devant porte en lettres d'or l'inscription : *Cara Deùm Soboles*. Sur cet autel sont placés deux écussons portant : l'un les armes du Dauphin, l'autre celles d'Autriche et de Lorraine. La donatrice avait remis ce groupe au Musée en 1861, avec ce billet :

« Ce monument a été fait à la main exprès pour la reine Marie Antoinette ; il était posé dans sa chambre à coucher au palais à Strasbourg, quand elle a passé comme Dauphine pour épouser Louis XVI. »

Au verso du billet étaient les mots suivants :
« Lemire, sculpteur à la fabrique de Niederviller. »

Lemire donnait, paraît-il, une partie de son temps à la direction artistique des travaux de la manufacture ; en outre, il avait fondé une école de dessin et de modelage pour les ouvriers. C'est, grâce à son talent que, pendant la Révolution, Lanfrey put traverser sans encombre la tourmente révolutionnaire.

Lemire ne quitta Niederviller qu'en 1806, pour aller à Paris, où il prit part à toutes les expositions du Salon jusqu'en 1819. Ses œuvres qui y furent toutes remarquées, étaient, en 1810, l'*Amour mettant une corde à son arc* : en 1812, le *Génie de la poésie* ; en 1814, un *jeune Berger* ; en 1817, l'*Innocence* ; en 1819, un *Enfant de grandeur naturelle*.

Le fils de Charles Sauvage, *dit* Lemire, fut André Sauvage, *dit* également Lemire, peintre distingué.

On n'a retrouvé aucun détail sur la fin de Lemire qui s'écoula, paraît-il, à partir de 1808, à la manufacture de Sèvres.

Nous possédons à l'Exposition un certain nombre de statuettes en biscuit de porcelaine de Niederviller qui nous permettent d'avoir une idée très-complète du talent de Lemire. Ce sont :

Appollon et *Hébé* (vit. III, planche 4), à M. de Saint-Remy.

Le *Médecin de campagne*, signé *Niederviller*, à M. Godchaux-Picard (vit. V.)

Les *Quatre Saisons*, bergeries de Niederviller (vit. VIII, pl. 3), à M. Godchaux-Picard.

Pâris (même vitrine, pl. 3), à M. Noël.

Vénus à la Pomme (vit. XIV, pl. 1), à M. de la Salle.

Le *Fleuve* et la *Source* (même vitrine, pl. 2), petites figures, à M. de la Salle.

Vendangeurs (même vitrine, pl. 3), à M. de Haldat.

L'*Amour forgeron* et l'*Amour rêveur* (vit. XVII, planche 1), à M. Noël.

Le *Chevreuil*, désigné aussi sous le titre de *la Curée*, à M. Luxer, (même vitrine, planche 1.)

Saint Bruno (terre de Lorraine), à M. Quintard, (même vitrine, 3° pl.)

Amours aiguisant leurs flèches, à M. Noël, (même vitrine, 3° pl.)

La guirlande tressée, à M. de Landreville, (même vitrine, 2° pl.)

Le jugement de Pâris (160), à M. Godchaux-Picard, (côté des meubles.)

Bacchantes et Satyres, au même propriétaire (144), pendant du précédent.

Berger et Bergère, à Mme la baronne Saladin, (156-157.)

Nouveaux-nés portés par des enfants, (vit. 29), à Mme de Baudot.

Bacchanale d'enfants, à M. Liffort, (n° 260), dans un cabinet à M. de Meixmoron, (côté gauche.)

Bacchanale d'enfants en vendange (309), à Mlle Rollin, (1re table.)

Bacchanale, à M. de Beauminy, (même table, 408.)

Joueuse de cymbale, à M. Martin, (363), 1re table.

Berger et Bergère, grandes figures à M. Maure, (aux deux coins de la 2° table.)

CLAUDE MICHEL DIT CLODION

« Il règne, dit M. de Villars, dans ses notes concernant Clodion, une incertitude complète sur la date de naissance de Clodion, sur son nom même et sur l'endroit où il est né. Une grande autorité, Mariette, l'appelle ainsi : Claudion (Claude-François) et le fait naître à Strasbourg.

« Les quelques lignes biographiques que l'on rencontre ailleurs mentionnent Clodion (Claude-Michel), né à Nancy vers 1740, suivant le livret des sculpteurs modernes du Louvre, et vers 1745, suivant le dictionnaire des artistes de Gabet. »

L'incertitude qui existait en 1862, au moment où ces lignes ont été écrites, a été levée depuis par la découverte de son acte de baptême que nous trouvons relaté dans la *Notice sur les statuettes dites de terre de Lorraine*, de M. Morey.

« Claude, fils de Thomas Michel, marchand traiteur, et d'Anne Adam, son épouse, est né et a été baptisé le vingtième décembre 1738. Parrain : le sieur Claude Deny, provoyeur des fruits à Madame la duchesse Royale ; marraine : Jeanne-

Gabrielle Garnier, son épouse, qui ont signé et marqué.

 Claude Deny.
      Antoine Colin, prêtre.
 Sacristain de Saint-Roch.

(Registre de la paroisse de Saint-Roch de Nancy).

C'est donc avec raison que l'auteur de l'*Art français au XVIII*ᵉ *siècle*, a pu dire :

« C'est encore Nancy qui nous a donné Clodion.
« Du reste, tout voyageur épris des arts, que
« le hasard des voyages conduit dans la patrie de
« Jacques Callot, se reconnaît, en franchissant les
« portes, dans une terre sacrée. Ce n'est pas là une
« ville de province, c'est une capitale oubliée, c'est
« un Versailles qui a perdu son roi, c'est tout un
« musée pour l'antiquaire et pour le philosophe.
« Le chemin de fer a beau passer par Nancy, il ne
« lui retire pas la poésie ancienne. Cependant on y
« travaille comme ailleurs ; mais on y fait de la
« dentelle et on y brode des robes de mariée ou des
« robes de bal : de l'art encore, de l'art toujours.
« On se promène avec quelque surprise dans ces
« rues silencieuses où l'architecture savante a mar-
« qué son empreinte; on s'arrête émerveillé devant
« ces grilles, ces balcons, ces rampes d'escalier des
« Lamour, ces serruriers artistes, autres enfants de
« Nancy que Michel-Ange eût fait célèbres s'il

« avait pu conduire leurs mains de fée. En effet,
« on n'a jamais mieux travaillé le fer ; les
« Cyclopes eux-mêmes ne l'ont pas soumis avec
« plus de force et d'adresse sous leurs mains
« victorieuses. »

Comme on l'a vu par son acte de baptême, la mère de Clodion était une demoiselle *Adam*, fille de Sigisbert Adam, dont nous avons déjà eu occasion de parler dans notre chapitre des *Bois sculptés*.

Ce fut à l'école de son oncle que Clodion prit donc les premières notions du dessin et de la sculpture. « Clodion, dit l'*Art français*, dont les moindres terres-cuites payeraient aujourd'hui beaucoup de marbres académiques, se passa des honneurs du grand prix. » Il y a là une seconde erreur que nous croyons utile de relever. Clodion échoua en effet une première fois, mais il obtint le prix et devint pensionnaire de Rome en 1759, l'année même de la mort de son oncle et premier maître, Sigisbert Adam.

Clodion s'était perfectionné dans l'atelier de Monnat. Ce sculpteur n'avait point les qualités voulues pour développer la charmante originalité qui donne tant de prix à ses œuvres. L'Italie fut, pour Clodion, une véritable révélation du grand art. Son tempérament se vivifia au contact des grandes œuvres des maîtres. Il revint de Rome après les travaux ordinaires de l'école, tout imprégné des impressions de la statuaire antique. Comme un autre artiste lorrain, Claude, notre immortel paysagiste, il se prit, une fois revenu sur le sol natal, à regretter la terre classique des arts et fit, pour y retourner, toutes les économies que comportait son modeste budget d'artiste. Fier de ce petit pécule, il revint puiser aux grandes sources du beau cette intarissable puissance de ciseau qui devait, après sa mort, l'élever au niveau des sculpteurs les plus estimés de son époque.

C'est à Rome qu'il commença à exécuter la gracieuse série de sujets qui font aujourd'hui l'ornement de nos plus riches collections. Pendant ce séjour de onze années, sa réputation grandit tellement que l'impératrice Catherine II, qui tenait à honneur d'attirer à sa cour les plus célèbres artistes, lui fit les instances les plus vives pour qu'il vînt se fixer à Saint-Pétersbourg. Clodion résista ; il avait le pressentiment de sa valeur et pensait que la gloire est plus douce pour l'artiste lorsqu'il l'obtient dans sa mère patrie. Sa réputation l'avait déjà précédé à Paris. Plus que personne il possédait l'élégance suprême. C'est le dernier caractère de l'art, celui qui survit à tous les autres dans une société qui renferme en elle-même tous les germes de sa dissolution. Il résolut de tenter l'épreuve de la critique au salon de 1773. C'est à cette exposition que nous voyons, au milieu de dix autres envois, figurer son *Hercule qui se repose*, modèle en plâtre de 18 pouces de hauteur. Clodion jugeait lui-même sévèrement ses œuvres. Car après avoir donné le dernier coup à cet *Hercule*, il jeta son ciseau et dit à ses camarades : « Voilà un Hercule qui n'a pas tué le lion de Némée et pourtant je l'ai couvert de la dépouille du lion. Ah ! je ne suis pas de ceux qui enlèvent les pommes d'or du jardin des Hespérides ! » Clodion, on le voit, sentait lui-même que son génie, fait pour donner aux idées riantes le charme de la grâce et de la volupté, était mal à l'aise lorsqu'il s'essayait à trouver une juste expression de la force. Ses contemporains se montrèrent moins sévères que lui. Le célèbre virtuose Petit de Bachaumont nous donne en ces termes son avis sur cette Exposition :

« C'est à M. Clodion Michel d'allier les idées
« les plus sublimes aux plus riantes. Jupiter prêt
« à lancer la foudre ; le fleuve Scamandre desséché
« par les feux de Vulcain, implorant le secours
« des dieux ; Hercule qui se repose ; le fleuve du
« Rhin séparant ses eaux sont le premier genre.
« On admire la majesté de l'un, l'expression de
« l'autre, l'anatomie savante du troisième, la
« précision du dernier. Les bas-reliefs, dans le
« second genre, reposent délicieusement le
« spectateur frappé de ces grands sujets. »

Lorsque Louis XVI eut la noble idée d'ériger des statues en marbre à nos gloires nationales, Clodion fut chargé d'exécuter la statue de Montesquieu. Ce n'était point là un sujet qui convint au tempérament de notre sculpteur nancéien. On trouva, et sans doute non sans quelque raison, que la figure manquait de noblesse, que le costume péchait par un mélange assez déplacé du style antique et du style moderne.

Au Salon de 1783, Clodion reconquit la faveur du public par une statue de Ste-Cécile et un bas relief représentant la mort de la même Sainte qui figure aujourd'hui dans la cathédrale de Rouen. Avant 1789, il sculpta le tombeau de la comtesse d'Orsay que ne respectèrent point les mains des iconoclastes. La révolution qui étouffa momentanément en France l'essor artistique arrêta pareillement l'exécution de son groupe de Turenne et de Condé destiné à la ville de Montpellier. Pendant cette sanguinaire période, Clodion vécut dans la retraite, retiré dans une maison de travail qui, suivant M. Morey, aurait été à Nancy même, et sans doute la maison occupée actuellement rue Saint-Dizier, par M. Demange-Cremel. Cette maison porte en effet, à l'instar de celle de son oncle Sigisbert Adam, rue des Dominicains, des marques irrécusables de son talent. La frise qui décore aujourd'hui encore le portique des magasins est tout entière de la main de Clodion.

Sous l'Empire, Clodion, évincé des commandes officielles par la cabale de ses rivaux qui ne lui supposaient point le talent voulu pour réussir dans de grandes compositions, se contenta de donner à sa protestation la meilleure forme qui convient à un artiste soucieux de sa dignité; il envoya au Salon *la Scène du Déluge*. Ce morceau était prédestiné à de violentes critiques qui ne lui furent point épargnées. Malgré cette opposition, le succès fut manifeste car le gouvernement lui confia le buste du sénateur Tronchet.

Ce fut à partir de cette époque que Clodion, soutenu par la faveur publique, retrouva sa finesse et son entrain. Le luxe et l'élégance ramenaient le goût des arts, mais trop tard malheureusement pour que Clodion pût longtemps jouir de son triomphe. Il exposa pour la dernière fois au Salon de 1810, une jeune fille qui veut prendre un papillon.

La date de sa mort, dit M. de Villars, est certaine; Clodion est mort à Paris, le 28 mars 1814. Les œuvres, études, ébauches trouvées dans son atelier au moment de son décès furent vendues en sa demeure, rue de Sorbonne les 30 et 31 août 1814.

Nous ne possédons à l'Exposition que de rares

spécimens de l'œuvre de Clodion. Ce sont 1° *Le Baiser* composé en deux sujets, le *Baiser donné* et le *Baiser rendu*. Une épreuve en terre cuite de cette composition appartient à M. Morey, (vit. n° VIII). Les deux pendants du même sujet en biscuit de porcelaine, sont sur la seconde table. 2° *un bas relief en terre cuite* et en quatre fragments dont les deux premiers, appartenant à M. Morey, sont dans la vitrine n° VIII et les deux autres à M. Beaupré sont sur le côté des fenêtres de la première table. Nous ne citons que pour mémoire une *Bacchante* et un *Satyre* en terre cuite également, à M. Dupont. Ces deux sujets placés dans la vitrine n° XXIV, nous paraissent des surmoulages.

Personne n'ignore le prix fabuleux atteint dans ces dernières années par les statuettes de Clodion ; fantaisies rapidement conçues, hardiment exécutées et façonnées d'un pouce habile, qui portent l'empreinte d'une inspiration passagère et chaleureuse. Clodion a passé sa vie à multiplier de faciles modèles où la liberté de l'esquisse est toujours rachetée par la grâce et le sentiment exquis de la volupté. Nulle œuvre mieux que la sienne ne peut prouver que la sculpture est un art sérieux, même dans ses caprices, lorsque le goût et l'inspiration s'accordent pour en tempérer les entraînements et en mesurer les écarts.

LES ADAM

(TERRES CUITES).

C'est ici le lieu, puisque nous avons classé les *Terres cuites* dans un chapitre à part de la céramique lorraine, de dire quelques mots de plusieurs œuvres dignes d'estime dues également au ciseau d'un sculpteur lorrain dont nous avons déjà parlé, Sigisbert Adam.

Nous ne reviendrons pas sur les détails de sa vie, dont nous avons donné les traits principaux à l'article concernant les *Bois sculptés*. Nous nous contenterons ici de mentionner les œuvres en terre cuite qui figurent à notre Exposition en assez grand nombre pour donner une idée juste de son style et de sa manière.

Les Adam ont en effet, sacrifié amplement au goût prononcé de leur école pour le côté théâtral et mouvementé de la sculpture. C'est surtout dans les attitudes et l'agencement des draperies que cette influence est particulièrement sensible; sans parler de la préférence marquée pour le costume très chargé d'accessoires, les personnages sculptés par les Adam se ressentent toujours plus ou moins des habitudes en faveur à la cour du grand roi. Il y a bien dans toute cette manière d'apparat une tendance manifeste vers la grandeur. Mais c'est le propre de toutes les époques de décadence de n'avoir point saisi les caractères véritables qui donnent aux productions de l'art le cachet sublime de la noblesse et de la majesté vraie. Au premier abord il semblerait que les arts ne peuvent atteindre ce genre d'éloquence qu'après leur maturité, à une époque voisine de leur vieillesse. Il n'en est rien cependant, et l'étude des littératures anciennes et modernes, aussi bien que celles des beaux-arts dans toutes leurs manifestations, suffit pour nous convaincre que l'époque de la maturité est bien voisine de celle de la corruption du goût. *Corruptio boni pessima.*

Rien n'est en effet plus funeste à la sincère et juste expression du beau que les idées erronnés sur la fausse majesté qui succèdent généralement au sentiment vrai de la noblesse. Il est une condition essentielle de la grandeur dont les sculpteurs de la décadence n'ont jamais manqué de s'écarter : le style du sculpteur dont nous parlons ici en est une preuve. Cette condition c'est la simplicité.

Tandis que les sculpteurs des grandes époques,

soit en Grèce, soit en Italie, ont toujours cru que leur art avait tout avantage à représenter des actions simples et tranquilles, à chercher des attitudes définies plutôt que des mouvements qui compromettent le sentiment de l'équilibre, les artistes de la décadence comme les Adam ont cherché à usurper les attributions de la peinture dans l'intention sans doute d'élargir le domaine de leurs conceptions. Les figures isolées ont alors cédé le pas aux groupes compliqués, aux actions violentes et théâtrales. En devenant moins sobre, le geste s'est écarté des lois qui sont une condition de la dignité. Les personnages des Adam pèchent le plus souvent par ce point. Un geste qui n'est point correct et sévère ne saurait être celui d'un dieu dont l'âme ne doit point être soupçonnée de faiblesses purement humaines. Les héros de la forte sculpture semblent toujours maîtres d'eux-mêmes et c'est le secret de leur grandeur. Ceux de notre école du XVIIIe siècle paraissent toujours disposés à la colère, à la vengeance, à la terreur. En cherchant à être vifs, les mouvements partiels des groupes contribuent à troubler la tranquillité de l'ensemble; les parties isolées — et il y en a souvent, soit membres, soit draperies, — jettent de la confusion dans le sujet en y remuant des lumières et des ombres imprévues. C'est ainsi que la silhouette extérieure et intérieure des figures d'Adam rompues par une complication de gestes et de draperies qui de loin les font ressembler à des rochers ne se débrouillent point aisément. Si Adam avait eu à sculpter un Apollon vainqueur, jamais l'idée ne lui serait venue de choisir le moment où, le mouvement venant de s'accomplir, comme dans le chef-d'œuvre du Belvédère, le corps tout entier rayonne d'une attitude si fière qu'on y lit le mépris d'une victoire facile. Adam eût cherché le triomphe dans l'action et non dans l'attitude animée mais sereine qui lui succède.

Si le geste pèche le plus souvent par excès de mouvement, comme dans ce fragment des *Bergers de la Nativité,* appartenant à M. de Saint-Remy (1re table) que ne dirons-nous point des draperies sous lesquelles le nu disparaît et s'efface. Combien le sculpteur des dieux et des héros de Versailles s'écarte des principes si justes et si sages que Molière retraçait dans son poème sur la Gloire du Val-de-Grâce de Mignard :

> Ces belles draperies
> Dont l'ornement aux yeux doit conserver le nu
> Mais qui pour le marquer soit un peu retenu
> Qui ne s'y colle point ; mais en suive la grâce
> Et sans le serrer trop, le caresse et l'embrasse.

Sans doute il y a bien quelques raisons pour ne point rendre de parti pris la draperie l'esclave du corps. La draperie doit être une *épithète* et non un *pléonasme*. Celles des personnages d'Adam n'ont ni l'un ni l'autre caractère ; ce sont des interjections qu'on pourrait placer entre parenthèses. Bien loin d'être accentuée et expliquée par le mouvement des draperies, la pantomime de ses statues est toujours contrariée par l'effet du vêtement. N'est-ce point déjà un signe de décadence que cet amour exagéré du contraste et de la variété à tout prix ?

Combien plus réservé dans la composition se montrait notre grand sculpteur Bagard, si nous en jugeons d'après les quelques spécimens qui figurent à notre Exposition ! Ce n'est point lui qui eût jamais commis cette série de grotesques à M. de Meixmoron dans l'angle près du salon de peinture. Ces figures sont entassées dans un véritable fouillis de vêtements ébauchés d'un pouce fiévreux. Nous sommes loin de méconnaître le côté pittoresque et non déplaisant dans sa brusquerie de ces compositions *lâchées* à outrance. Mais n'était-il pas possible de donner à ces brigands un égal cachet de fantaisie sans les alourdir de parti pris par un tel abus d'accessoires ?

Après avoir analysé les œuvres des *Adam*, on demeure convaincu que, pendant le séjour assez prolongé que fit Sigisbert en Italie, et en raison même du concours qu'il dut subir pour la *fon-*

taine de Trévi, il céda à l'influence de l'École du Bernin qui visait à la manière de Michel-Ange sans en copier autre chose que l'accentuation violente des effets. Bernin, lui aussi, ne pouvait supporter l'idée d'une draperie tranquille ; et c'est ce qui lui a valu les justes critiques de Reynolds :
« Que le sculpteur veuille faire jouer et voltiger
« la pierre, dit Reynolds, c'est une folie si visible
« qu'elle porte avec elle sa condamnation. Cette
« folie a pourtant été l'ambition de plusieurs ar-
« tistes modernes, particulièrement de Bernin qui,
« entreprenant ce qui n'est pas au pouvoir de la
« sculpture, s'obstinait à vaincre la dureté, la
« fierté du marbre. Quand même il serait par-
« venu à donner un air de vérité aux draperies
« volantes qui lui plaisaient tant, le mauvais effet
« et la confusion qu'elles produisent auraient dû
« suffire pour l'éloigner de cette méthode. »

Ne semble-t-il pas, en lisant cette critique qu'elle s'adresse directement à l'œuvre de notre artiste lorrain ?

Si nous nous sommes appliqué d'ailleurs à faire ressortir les côtés inférieurs de son talent, c'est pour mieux avoir le droit de rendre hommage aux efforts qu'il a faits pour maintenir son art à un niveau qui l'élève encore au-dessus de tous les autres sculpteurs de la décadence. Toutes les fois qu'il s'est appliqué à rester vrai et que sa manière propre a pour ainsi dire été régentée par les lois supérieures de la convenance, son œuvre est demeurée grande et pure. C'est ainsi que dans les figures des *Quatre Evangélistes,* à M. Huyaux (2ᵉ table), il a atteint la vraie et imposante grandeur. Sans doute il y a bien encore quelque déclamation dans les draperies, mais ici le mouvement est mieux en rapport avec le caractère impétueux du souffle divin qui inspire les têtes des apôtres. On reconnait là l'influence directe du style de Michel-Ange (468, 469, 470, 471).

Ses portraits ne manquent point non plus d'élévation. Celui de *Charles III,* exécuté sans doute en mémoire de la victoire de Consarbruck sur le maréchal de Créqui, est une œuvre remarquable. Ce buste a été coulé en bronze par M. Daubrée, il est la propriété de M. Huyaux (472).

Dans la vitrine n° VIII, à M. Morey, se trouve encore un portrait curieux de la *femme de Léopold,* sœur du régent. Sans doute aussi doivent être comptés au nombre des portraits les deux intéressantes figures de *Cérès* et de *Bacchus* (406 et 407) à M. Martin ; tout dans l'agencement des traits et de la coiffure indique que ce ne sont pas là simplement des figures de fantaisie. Il nous semble même que la tête de Cérès présente avec la figure de la sœur du Régent citée plus haut, des analogies frappantes.

L'une de ses plus belles compositions en terre cuite que nous puissions admirer à l'Exposition est sans contredit le *Génie de la Lorraine* couronnant le buste de Charles IV, à M. de Meixmoron, (352.) sur la première table.

Nous ne pouvons passer sous silence deux figurines d'une certaine liberté d'allure, le *Remouleur* et le *Marchand de bois* à M. Morey (vit. VIII), non plus qu'une ébauche assez informe, à Mlle Rollin, le *Joueur de vielle* placé sur la vitrine n° XXX. Ce sont là, évidemment, dans l'œuvre de Sigisbert Adam les pièces les moins dignes d'attention. Nous ne possédons aucune œuvre certaine de Sébastien Adam son frère. Toutefois, si nous devions voir dans le groupe du *Temps découvrant la Vérité* (vitrine VIII) à M. Morey, une première pensée du tombeau de Catherine Opalinska qui fait à Bon-Secours l'admiration des connaisseurs, c'est à Sébastien Adam et non à Sigisbert que ce morceau très légèrement ébauché devrait être attribué.

Il ne nous reste plus qu'un mot à dire pour terminer la série des fayences lorraines exposées. Sans doute il eût été à désirer que ces fayences fussent plus complétement représentées. C'est ainsi que Jacquemart, dans son traité, indique l'existence d'anciennes fabriques dans les quatre départements de la Meurthe, des Vosges, de la Meuse et de la Moselle dont, pour la plupart, nous ne possédons aucun spécimen.

Dans la *Meurthe* : Niederviller (cette fabrique est en Alsace), Lunéville, Nancy, Bellevue, Toul, Moyen, Montenoy et St-Clément.

Dans les *Vosges* : Epinal, Rambervillers.

Dans la *Meuse* : Vaucouleurs, Montigny, Clermont en Argonne, Les Islettes, Wely.

Dans la *Moselle* : Thionville, Lagrange, Sarreguemines.

De toutes ces fabriques, Niederviller, Saint-Clément et Lunéville sont seules suffisamment représentées.

Nous possédons quelques rares exemples de la fayence de Rambervillers : 1° *Un plat à fleurs en relief*, à M. Noël (seconde table). 2° Des assiettes à M. Costé (vitrine du couloir). Nous n'avons pu trouver aucun renseignement positif sur cette fabrique.

Enfin nous voyons figurer au catalogue un porte-bouillon en fayence de Badonviller à Mlle Rollin, (première table). D'après les renseignements qui nous ont été fournis sur cette fabrique, la fayence de Badonviller aurait été fabriquée à l'époque des Princes de Salm-Salm. Nous avons vainement compulsé Dom Calmet qui, par sa situation, eût dû être en mesure de posséder sur cette fabrique des documents certains. Dom Calmet, dans sa notice sur Badonviller, a omis d'en faire mention.

FAYENCES ÉTRANGÈRES

Il nous reste enfin, pour compléter notre énumération, à parler des fayences étrangères qui sont représentées par deux séries bien distinctes : les fayences de Delft et celles d'Allemagne.

DELFT.

On reporte à 1500, et même au XVe siècle, ce qui est peu probable, l'introduction de l'art du fayencier à Delft. La marque mise sous les pièces, et avec constance, depuis les premiers temps de la fabrication jusqu'au commencement du XVIIe siècle seulement, indique l'importance que les Hollandais attachaient à la perfection de leur fayence. Cette perfection consistait non-seulement dans les qualités de pâte et d'émail que nous venons de signaler, mais encore dans celle des peintures, qui imitaient en cela les peintures des porcelaines chinoises et japonaises à s'y tromper.

Les pièces marquées d'un R traversé d'un sabre indiqueront le XVIe siècle tout entier ; passé 1600, nous a-t-on assuré, à Delft même, on n'a plus rien marqué.

C'est à l'introduction des fayences fines anglaises, et à celle de la porcelaine, qu'on attribue la dégénérescence de l'art. Les formes pures, les peintures soignées et délicates portaient à un prix trop élevé une Poterie dont le corps était moins estimé que celui des deux nouvelles Poteries qui paraissaient alors. On trouvera dans les tableaux des marques et signalements tous ceux qui appartiennent à l'ancienne fayence de Delft.

On fabrique encore, mais bien peu, des fayences stannifères. M. H.-A. Picardt, est le seul fabricant de fayence qui reste à Delft des cent cinquante à deux cents qui s'y trouvaient il y a près de deux siècles.

Les fayences de Delft que nous possédons à l'Exposition sont :

1° *Deux bouteilles*, à Mlle Rollin, sur la 3e planche de la vitrine II.

2° *Deux plats et un plat rond*, à M. Dauvé, sur la 2e planche de la vitrine IV.

3° *Un plat aux armes de Lorraine*, à M. Herbin, sur la 3e planche de la vitrine n° X.

4° *Un plat*, à M. de Haldat, sur la 3e planche e la vitrine n° XIV .

5° *Un plat,* à Mlle Rollin, sur la 3ᵉ planche de la vitrine n° XVIII.

6° *Deux corbeilles,* décor japonais, à M. Hemmerdinger, (côté gauche de la salle, n°s 294 et 295.)

7° *Deux assiettes,* l'une à M. Noël, l'autre à M. Dauvé, sur la première table.

8° *Un beurrier,* à M. Herbin, sur la seconde table.

9° *Une petite potiche* à côte, signée Adrian Pynacker, à M. Gallé-Reinemer, (1re table).

10° *Une potiche,* à M. de Meixmoron, première table.

11° *Une potiche,* à Mlle Rollin, 2ᵉ table.

12° *Deux assiettes,* à M. Dauvé, 2ᵉ table.

FAYENCES ALLEMANDES.

Comme fayences étrangères, nous n'avons à mentionner que les fayences allemandes, à M. Luxer, vitrine XXII :

1° *Un plat et deux assiettes,* sur la deuxième planche de cette vitrine ;

2° *Deux corbeilles* placées sur la 4ᵉ planche, même vitrine.

Pour donner satisfaction à plusieurs de nos lecteurs, nous avons cru devoir présenter, dans un tableau résumé, les progrès de la fayence dans les différents pays de la terre, par ordre chronologique :

1273 ou 1302	Espagne. —	Grenade. Mohamed II. Carreaux de l'Alhambra. En 1280, dit Aikin.
1320 ?	Espagne. —	Vase de l'Alhambra.
1415 à 1520	Italie. —	Florence. Luca della Robbia.
1487	Italie. —	Gubbio. George Andreoli.
1509	Italie. —	Florence. Lanfranco.
1511	Italie. —	Pesaro. Lustres métalliques divers.
1511 à 1540	Italie. —	Urbino. Orazzio et Flaminio Fontana.
1525 ?	Italie. —	Gubbio. Maestro Georgio.
1530	France. —	Paris. Girolamo della Robbia.
1520	Allemagne —	Nuremberg.
1555	France. —	Saintonge et Paris au Louvre. Bernard Palissy.
1560	Italie. —	Dégradation du Majolica.
1570	France. —	Paris, Palissy et frères.
1600		Hollande. Delft. On dit même 1400, mais cela est fort probable.
1603	France. —	Nevers.
1688	France. —	Saint-Cloud.
....	France. —	Rouen.

PORCELAINES

—

La porcelaine est représentée à notre Exposition par de nombreux spécimens des produits de l'Orient et de l'Europe. Nous ne saurions, sans donner à notre travail une étendue qui excéderait les limites que nous nous sommes imposées, entreprendre de résumer l'histoire très-intéressante des progrès de la porcelaine. Nous nous contenterons, pour permettre à nos lecteurs de suivre avec intérêt cette étude, de résumer dans un tableau chronologique, l'introduction des diverses fabriques de porcelaines et les dates des principales découvertes qui ont marqué dans l'histoire de cette importante fabrication.

—

Tableau de l'histoire de la Porcelaine dans l'ordre chronologique.

Av. J.-C.

- 2600   CHINE. Chun et Honang-ti, il y avait un intendant de la poterie.
- 2357   YAO. (Ces dates sont très apocryphes.)
- 1006   Egypte. (On trouve des vases dont le caractère est très discuté.)
- 163   Chine. Dynastie des HAN. Porcelaine connue et employée

Ap. J.-C.

- 72   Terre de Segni. (Pline.)
- 442   Chine et Japon. Porcelaine employée (d'Entrecolles).
- 600   Chine. Dynastie des SOUI. Vases de porcelaine très en usage.
- 618 et 904   Chine. Dynastie des THANG. Vases trouvés dans les ruines et les fouilles des palais en construction.
- 1000   Chine. — Grand perfectionnement dans la fabrication de la porcelaine.
- 1277   Tour de porcelaine près de Nankin.

1508	Introduction de la porcelaine en Europe par les Portugais.
1650	Porcelaine réelle en Perse (CHARDIN).
1689	Déjà de belles collections de porcelaines chinoises et japonaises à Paris.
1695	SAINT-CLOUD (porcelaine tendre).
1700	Moscou (porcel. tendre).
1706	Découverte de la porcelaine en Saxe. BOTGER. — TSCHIRNAAUS.
1708	Lille (porcel. tendre) fondée par les Hollandais.
1710	Fabrique de Meïssen, en activité.
1718	Vienne, en Autriche, puis en 1744 par STOBEL, transfuge de Meïssen.
1720	GELZ de Francfort à Hochst ; puis BENGRAF et RINGLER, fondat. générale des manufact. allemandes. St-Cloud, porcelaine tendre.
1725	RÉAUMUR, France (porcelaine tendre) (1729-1739).
1735	Docéia près Florence, et Buontalente. (Porcelaine mixte). Chantilly. (Porcelaine tendre).
1741 et 1745	Vincennes, transférée à Sèvres en 1756. (Porcelaine tendre).
1740 et 1745	Chelsea, en Angleterre. (Porcelaine tendre).
1747	Nymphymbourg, en Bavière.

1750 Tournay. (Porcelaine tendre commune).
1751 Sceaux. (Porcelaine tendre).
» Wonester. — Docteur WALES.
» Berlin. — Vient primitivement de Ringler.
1755 et 1760 Nymphymbourg, en Bavière, par Ringler.
1753 Traité avec Hannong.
» A Baden-Baden, la veuve Sperl.
1755 et 1761 Fabrique de Frankenthal, qui introduisit par Hannong la porcelaine en France.
1756 et 1758 Louisbourg, près Stuttgard, par Ringler.
» Saint-Pétersbourg.
1756 Moscou, par Garnier.
1758 Fabrique de Thuringe, indépendante de celle de Hochst.
1762 à 1767 Sitycrode et Volksadt-Lumbach, Ilmenau, en Thuringe, par les Greiner.
» Hildburgausen et Gotha, (Kaolin de Passau), par Weber.
» Kelstesbach, en Hesse-Darmstadt. Etablie pendant la guerre de sept ans, par Busch.
1763 Buen-Retiro, près Madrid. (Porcelaine tendre).

1765	A Bagnolet, pour le duc d'Orléans. Guettard.
»	A Shelton et dans le Straffordshire, Liffler et Cookworthey.
1765	Sèvres. Commencement de la porcelaine dure.
1768	Niederviller. BEYERLÉ.
1768	COOKWORTHEY découvre le Kaolin de Cornouailles.
1769	Etablissement d'Hannong, faubourg Saint-Denis, manufacture du comte d'Artois (Macquer).
1770	Porcelaine dure de Sèvres en activité. Kaolin de Saint-Yrieix.
1771	Clignancourt.
1780	COPENHAGUE.
1781	DITTL, manufacture de duc d'Angoulême.
1782	Arras, (porcelaine tendre); demoiselles *Déleneur*.
1800	Introduction des os calcinés dans la pâte de la porcelaine tendre anglaise.

SÈVRES.

La manufacture de Sèvres fut fondée en 1759 par Louis XV.

Tous nos lecteurs savent le prix et par conséquent l'intérêt qui s'attache aux *vieux Sèvres*; il n'est donc pas sans intérêt d'indiquer sommairement les raisons qui, dès l'origine, ont motivé la valeur de tous les produits sortis de cette fabrique.

La porcelaine tendre est un produit translucide, ce qui la distingue de la *fayence*. Ce caractère résulte de la vitrification d'une partie de ses molécules, séparées par une portion plus ou moins considérable de parties absolument réfractaires à ce phénomène, ce qui la distingue du *verre*.

La confection de la porcelaine tendre se composait de deux opérations principales : 1° la préparation de la pièce *en pâte* et sa cuisson. La pâte cuite sortait du four à l'état de *biscuit*.

2° La seconde opération consistait à recouvrir le biscuit d'une matière vitrifiable appelée *couverte*.

La préparation du biscuit était entourée de très grandes difficultés. La pâte du biscuit telle qu'on la préparait en 1791 à la manufacture royale se composait de nitrate de potasse, de sel marin, de soude d'Alicante, d'alun de Rome, de gypse calciné, de sable de Fontainebleau. Cette pâte cuite en masse était pulvérisée pendant six semaines et délayée ensuite avec du savon noir pour lui donner la consistance et la ductilité nécessaires au travail. Malgré cela la pâte n'avait pas encore assez de liant pour être ébauchée, et il fallait mouler les pièces à la pierre entre deux matrices de plâtre. On donnait l'épaisseur double de la pièce et on finissait sur le tour avec des instruments de fer. On conçoit dès lors ce que ce dernier travail présentait de difficultés, dans une matière aussi dure, sans parler du dommage irréparable pour la pièce, dès lors rebutée, résultant de chaque coup mal appliqué par l'ouvrier. Les pièces étaient alors complètement cuites. Mais, à cause du ramollissement résultant de cette cuisson, on les soutenait de toute part avec des moules de terre ou de marne argileuse de Viroflay. La pièce sortait du four comme nous l'avons dit, à l'état de *biscuit*.

Venait ensuite la seconde opération pour laquelle on composait une pâte d'émail, ou couverte composée de sable, de silex, de potasse, de sel de soude et de litharge. Après fusion complète, ce mélange était broyé et délayé avec de l'eau et du vinaigre, jusqu'à consistance d'une bouillie claire.

On en revêtait entièrement le biscuit et on soumettait à une seconde cuisson. Comme cette couverte n'était pas uniformément appliquée, on la recouvrait après sa cuisson d'une seconde, exigeant une troisième mise au feu. C'est à cette double couche de vernis que la porcelaine tendre du *vieux Sèvres* devait son bel aspect. L'émail qui la recouvre offre un brillant gras qui ne s'obtient jamais sur la porcelaine *dure*. Cette circonstance jointe à la rareté présente des pièces de cette nature fait rechercher aujourd'hui avec soin par les amateurs tout ce qui reste d'*anciens Sèvres*. Cette porcelaine est vitreuse, mais d'un ton plus transparent que celle de pâte dure ; elle ne peut résister aux changements brusques de température. Elle offre, par rapport à la peinture l'avantage que les couleurs y sont moins sujettes à se lever en écailles : mais elle a cet inconvénient que l'oxyde de plomb fait changer les couleurs au feu.

Aujourd'hui, la manufacture de Sèvres ne fabrique plus de porcelaine *tendre*; une modification profonde s'introduisit dans sa fabrication à partir de 1770, époque à laquelle fut appliquée la découverte du kaolin tiré de St-Yrieix-la-Perche, près Limoges. La différence entre la porcelaine de Sèvres et celle des autres fabriques tient à ce que, pour cette manufacture, le kaolin lavé est séparé du petit sable auquel il est mêlé et qui altère sa pureté. C'est au kaolin, qui possède par lui-même toutes les propriétés de l'ant qu'on ajoute, pour former la pâte, un *fondant*, ordinairement du feldspath. Après un long séjour dans des fosses, ce mélange broyé et séché est soumis au piétinement d'un ouvrier, puis moulé, cuit, et enduit ensuite, par une cuisson à grand feu, de la couverte qui est ordinairement du feldspath pur.

Les deux plus beaux exemples de *vieux Sèvres* que nous avons à l'Exposition sont : en premier lieu, la superbe *Garniture de cheminée* appartenant à M. de l'Espée et provenant de la collection ancienne du comte d'Ourches. Cette garniture de style Louis XVI est un exemple remarquable du vieux style qui prévalut à la manufacture jusqu'à l'époque de la Révolution. Comme le remarque M. Duc dans un rapport qui fait autorité sur cette question, « la porcelaine dure en France, dit-il, depuis sa découverte, a peu varié dans sa fabrication, sous le point de vue décoratif. » M. Duc, dans le rapport adressé au ministre au nom de la commission de perfectionnement de la manufacture de Sèvres, s'exprime ainsi sur la valeur des pièces fabriquées anciennement, comme nous paraissent l'être celles qui composent la garniture de M. de l'Espée :

« Ce genre de décoration n'est certainement pas

digne d'assigner aux produits de cette époque une place bien considérable dans l'histoire de l'art ; néanmoins toutes ces compositions, grandes ou petites, sans doute parce qu'elles empruntaient leurs principes à l'architecture, avaient une haute tenue et un grand air de richesse distinguée, soit qu'elles prissent place sur de grands vases, des coupes, voire des assiettes. Longtemps elles ont acquis à la manufacture une véritable célébrité et des œuvres, encore aujourd'hui recherchées, répondaient par une certaine noblesse au goût de la haute société et des étrangers de distinction. Les cadeaux diplomatiques et adressés à des souverains tenaient particulièrement une grande place parmi les sujets de ces travaux remarquables et répondaient bien à leur haute distinction. »

Dans un style entièrement différent, les *deux Soupières*, appartenant à M. de Landre et provenant aussi de la collection du comte d'Ourches, ont une haute valeur ; très élégantes de forme, elles ont sans doute plus de laisser aller comme composition, mais elles ont un éclat de couleur et une perfection de pâte dont rien n'approche. Ces deux pièces sont renfermées dans la vitrine droite n° XXIV.

VIEUX SÈVRES

Les principaux spécimens de vieux Sèvres que nous possédons à l'exposition sont :

1° *Une chocolatière* à M. le président Favier sur la première planche de la vitrine n° III.

2° *Un groupe*, pâte tendre, émaillé bleu clair à M. de Meixmoron, (3e planche, vitrine n° III.)

3° *Une garniture* de boutons d'habits, très belle d'exécution, à M. Godchaux-Picard, ayant appartenu au roi Louis XVI.

4° *Deux tasses*, fond bleu, genre Restauration ; l'une porte le portrait de Marie Antoinette d'après Nattier, l'autre celui d'Anne d'Autriche ; ces deux pièces proviennent de la collection Lenoir et appartiennent à M. de La Salle (2e planche, vitrine XIV).

5° *Trois statuettes* en biscuit, à M. Batta (1re planche, vitrine n° XVIII.)

6° *Une tasse*, à M. Batta (4e planche vitrine n° XVIII.)

7° *Un déjeuner* (deux tasses, sucrier et théière), un pot à crème, deux autres pots à crème en porcelaine dite à la Reine ; toutes ces pièces, à M. Luxer (3e planche, vitrine n° XXII.)

8° *Grand vase et deux petits vases*, fond bleu, montés en bronze, à M. Dupont (1re planche vitrine n° XXIV.)

9° *Deux soupières* (service de voyage de Louis XVI) avec leurs écrins armoriés aux armes de France (Les écrins n'ont pas été exposés) ; deux tasses et un pot à crême, à M. de Landres, (3ᵉ planche vitrine XXIV.)

10° *Deux tasses et deux sucriers* (Sèvres 1779) pâte tendre, à M. de Landres (4ᵉ planche, vitrine n° XXIV.)

11° *Deux vases* placés au-dessus de la vitrine XXVI, appartenant à Mlle Rolland de Malleloy.

12° *Tous les objets* de la vitrine n° XXVI, à M. de Scitivaux, en Sèvres pâte dure et pâte tendre.

13° *Une petite cruche* à M. Charles Favier (vitrine n° XXVI 3ᵉ planche).

14° *Une tasse à bouillon* avec soucoupe, à Mme la baronne Saladin 3ᵉ planche, vitrine XXVI.)

15° *Une tasse à bouillon* à M. de Perceval, 3ᵉ planche, vitrine XXVI.

16° *Objets divers*, à Mme et à M. de Haldat (vitrine XXVIII.)

17° *Une pendule Louis XVI*, à cadran tournant, avec les *deux vases* complétant cette garniture, à M. de L'Espée.

18° *Jardinier et jardinière* à M. Bertaux (vitrine XXX.)

19° *Vase Louis XVI* biscuit à M me Faivre.

20° *Un beurrier*, à M. Hemmerdinger (vitrine n° XXVI, 2e planche).

VIEUX SAXE

Nous sommes obligé d'attendre 1700 pour trouver en Europe les premiers résultats de la fabrication de la véritable porcelaine dure. C'est en Saxe, à Dresde, que cette fabrication a commencé. Son histoire est fort curieuse.

L'histoire de BOTTHCHER ou BOTTGER, comme l'écrit Engelhardt, n'est pas moins intéressante, moins piquante que celle de Bernard Palissy, quoique d'un caractère bien différent.

Il est né, dit M. Klemm, le 4 février 1682, à Schlaiz en Voigtland, ou en 1685, suivant son historien Engelhardt. Il a été élevé en grande partie à Magdebourg où son père avait des fonctions à la Monnaie. Celui-ci prétendait avoir trouvé la pierre philosophale et en avoir transmis le secret à son fils. Bottger était superstitieux et mettait une certaine importance à être *enfant du Dimanche*, prétendant que cette circonstance lui donnait la faculté de lire dans l'avenir.

Ses travaux secrets d'alchimie le rendant peu zélé aux travaux de la pharmacie, il opéra sa première fuite en abandonnant la pharmacie de Zorn. Mais il y revint bientôt et continua de se livrer à ses recherches d'alchimie ; il parvint à y intéresser Zorn son patron, qui cependant ne l'avait repris, après son escapade, qu'à condition qu'il renoncerait à l'alchimie. Il apprit bientôt que le roi de Prusse, informé de ses espérances et de ses succès, voulait lui arracher ses secrets ; il prit une seconde fois la fuite. Le roi le fit poursuivre ; on l'arrêta en Saxe, mais l'électeur ne voulut pas le livrer, le fit enlever de Wittenberg, et gardant pour lui ce fabricant d'or, comme on l'appelait, il lui fit continuer ses recherches alchimiques secrètement et sous une active surveillance, égale à une vraie captivité; il était presque tenu au secret. Le roi soupçonna bientôt que ces recherches étaient sans succès et peut-être sans réalité, et Bottger qui probablement les avait entreprises de bonne foi, commença à voir aussi qu'elles étaient illusoires. Il était inquiet de cette position lorsque Tschirnhaus le remit sur la voie de la recherche de la porcelaine dont les succès devaient avoir des résultats moins brillants et des avantages moins rapides que ceux de la fabrication de l'or, mais plus probables et très-avantageux. Il s'y livra donc avec l'aide de son compagnon, mais toujours sous une surveillance très-sévère, jusqu'au moment où ayant fait d'abord des grès durs et rouges, poterie déjà connue, cependant il arriva à connaître le kaolin et à faire de la véritable porcelaine blanche, plus blanche même que celle de la Chine. On ne dit pas précisément quel fut le kaolin qu'il employa pour les premiers essais, mais ce qui paraît certain, c'est qu'il découvrit le kaolin d'Aue, base de la porcelaine de Saxe, par un hasard aussi singulier que ceux qui firent connaître les kaolins de Saint-Irieix et de Passaw, le silex de la fayence fine, etc.

En 1711, Jean Schnorr, un des plus riches maîtres de forges de l'Erzgebirge, passant à cheval près d'Aue, remarqua que les pieds de son cheval enfonçaient dans une terre blanche et molle dont il avait peine à se tirer. L'usage général de la poudre à poudrer en faisait alors un objet de commerce considérable. Schnorr, négociant calculateur, vit dans cette terre un moyen de remplacer la farine de froment pour cette fabrication ; il en emporta donc un échantillon à Carlsfeld et en fit préparer en effet de la poudre qu'il vendit en grande quantité à Dresde, à Leipzig, Zittau, etc. Bottger en ayant, comme les autres, fait poudrer sa perruque, remarqua que cette poussière blanche avait un poids inaccoutumé ; il interrogea son valet de chambre (Klunker) sur l'origine de sa poudre ; ayant appris qu'elle était terreuse, il l'essaya et, à sa grande joie, il s'aperçut qu'il avait enfin trouvé la matière longtemps cherchée qui sert de base à la porcelaine blanche ; car jusque-là il n'avait pu faire que des grès rouges qui, quoique bien inférieurs à la porcelaine chinoise, avaient eu une grande vogue en Saxe lors de leur apparition.

Le kaolin continua d'être connu dans le commerce sous le nom de *Schnorrischen weissen erde* (terre blanche de Schnorr). Son exportation était défendue sous les peines les plus sévères et on le faisait transporter à la fabrique par des gens assermentés et dans des tonnes scellées.

Les précautions prises pour assurer le secret sur tout ce qui intéressait la fabrication de la porcelaine, étaient portées au delà de ce qu'on pourrait croire. Le point fondamental des instructions données à tous ceux qui y travaillaient depuis le premier jusqu'au plus simple ouvrier était « *secret jusqu'au tombeau !* » Cette instruction était répétée aux principaux chefs tous les mois et affichée pour les inférieurs à la porte des ateliers.

Quiconque trahissait un des secrets était menacé par le roi d'être enfermé pour la vie comme prisonnier d'état à la forteresse de Kœnigstein.

La fabrique d'Albrechtsburg à Meïssen était traitée en véritable place forte dont le pont-levis n'était abaissé que la nuit et l'entrée interdite à quiconque n'en faisait partie, et lors même que le roi y amenait des étrangers de marque, il était enjoint de cacher avec soin les secrets (*Arcanes.*)

La grande préoccupation de Bottger, c'était d'obtenir une pâte aussi blanche dit Jacquemart que celle de la Corée ; il y parvint du premier coup et produisit des pièces à décor archaïque si exactement imitées qu'on hésite souvent à les déclarer européennes. En 1719, ce céramiste mourut âgé de trente-cinq ans et plus usé par les excès que par les travaux. Horold lui succéda comme directeur et imprima une nouvelle impulsion au goût artistique ; le style européen fut inauguré ; Kandler, sculpteur habile, imagina vers 1731, de faire courir sur les vases des guirlandes en relief, puis il y joignit des figures ; le peintre Linderer exécutait les oiseaux et les insectes que tout le monde admire encore.

La guerre de Sept ans interrompit l'élan du progrès ; lorsque revint la paix il fallut de grands sacrifices pour rétablir les choses. Dietrich, professeur de peinture de Dresde, prit la direction artistique ; les sculpteurs Luch, de Frankenthal, Breich, de Vienne, et François Acier, de Paris, prêtèrent leur secours ; le dernier, venu vers 1765, introduisit le style de Sèvres auprès des productions allemandes. Dès lors une nouvelle ère de succès fut ouverte, et la réputation des porcelaines de Saxe devint européenne.

Le style des travaux saxons n'a pas besoin d'être décrit ; chacun connaît les vases à composition rocaille exubérante, les surtouts, les candélabres gigantesques et les girandoles luxueuses surchargées de fleurs coloriées ; on connaît également les figures et les groupes finement modelés et peints avec un soin minutieux (1).

Le plus beau spécimen que nous possédions de la fabrication du vieux Saxe est le *service représenté par une soupière et son plat, une corbeille à jour, un pot à crème et une soucoupe, deux tasses et leurs soucoupes*, faisant partie d'un service complet en vieux Saxe de Meïssen et ayant appartenu à Auguste II, électeur de Saxe, roi de Pologne, 1697. Ce service magnifique est la propriété de Mlle Dauzas, de Strasbourg (vitrine XXX.)

A côté de ces pièces hors ligne, nous remarquons :

Une coupe avec groupe, à Mme Levylier. (Vit. III, 4ᵉ planche.)

Des *groupes divers* sur les trois planches de la vitrine V, à M. Godchaux-Picard.

Un *Jupiter tonnant*, à M. Butte, au-dessus de la vitrine n° IX.

Une pomme de canne ayant appartenu à Stanislas, à M. Voirin. (Vitrine n° XI.)

(1) Jacquemart.

Arlequin et Polichinelle, à M. Bertaux. (Vit. XIII, 2ᵉ planche.)

Un *Croate*, à Mme la baronne Saladin. (Même vitrine, même planche.)

Un *Homme masqué*, à M. de Haldat. (Vit. XIV, 1ʳᵉ planche.)

La guirlande tressée, à M. Noël. (Vitrine n° XVIII, 2ᵉ planche.

La rose demandée et la rose obtenue, à M. de Perceval. (Vit. XVII, 2ᵉ planche.)

L'*Actrice* et le *peintre*, à M. Butte. (Vit. XVIII, 2ᵉ planche.)

Un *déjeûner*, à M. Pillement, (vitrine n° V, 4ᵉ planche.)

Un *Sucrier* et une *soucoupe*, à M. Godchaux-Picard (531), 4ᵉ table.

Un *Bouilloir et* une *soucoupe*, au même propriétaire, sur la seconde table (537).

Une *tasse* et un *sucrier*, à M. Godchaux-Picard, même table (558).

Un *plat*, à M. Noël, (2ᵉ table, à droite de la *table aux cartes*).

Les *objets en vieux Saxe*, à M. de Scitivaux, (dans sa vitrine n° XXVI.)

Une *tasse à bouillon*, à Mme la baronne Saladin (vitrine XXVI.)

De *nombreux objets* à M. et à Mme de Haldat, (dans leur vitrine, n° XXVIII.)

Le *Repos,* groupe à M. Godchaux-Picard, 306, (côté des meubles).

La *Curée,* groupe (307), à M. de Scitivaux, en pendant au précédent.

Deux *appliques pour flambeaux,* perroquets en porcelaine avec feuillage en bronze émaillé, à M. Dupont (310-311), dans le même panneau que les deux objets qui précèdent.

Une *petite théière,* à M. Noël (première table) sans numéro.

Un *vase,* à M. Hannequin, placé dans le couloir.

En dehors de ces deux grands types de porcelaine, l'Exposition de Nancy possède un nombre assez considérable d'échantillons de fabriques diverses, soit françaises, soit étrangères. Nous classerons dans un premier groupe celles qui proviennent de fabriques françaises.

MENNECY-VILLEROI

Cette fabrique eut pour fondateur François Barbin ; en 1735, elle fut érigée sous la protection du duc de Villeroy, et dans sa terre des *Petites Maisons.* La porcelaine est remarquable par la finesse et la translucidité de sa pâte, par le caractère uni et lisse de son vernis. Elle paraît avoir pris pour type la fabrication de Sèvres, dont elle n'est quelquefois qu'une contrefaçon. Son décor est très varié; tantôt archaïque et tantôt moderne.

M. Dauvé a exposé un socle en porcelaine de Mennecy ; il est placé sur la 2ᵉ planche de la vitrine n° IV.

NIDERVILLER

Nous n'avons point à refaire l'historique de cette fabrique, dont nous avons parlé en traitant des fayences. Nous avons déjà signalé, comme transition entre ses deux grands produits céramiques, les qualités supérieures de son biscuit. Niederviller a fabriqué aussi de la porcelaine qui ne manque point d'élégance. Nous en trouvons la preuve dans les deux statuettes en porcelaine de Niederviller, *Marquis et Paysan souabe*, exposés par M. Bertaux (vitrine XIII, 3ᵉ planche), et dans un *beurrier et sa soucoupe*, à M. Pène (vitrine du couloir).

CHANTILLY

Chantilly fut, comme la plupart des grandes manufactures, fondé sous le patronage d'un prince. Il fut une époque où la grande noblesse tenait à honneur de protéger une manufacture de fayence ou de porcelaine. La *porcelaine* fut de mode comme l'est aujourd'hui une écurie de courses. Chantilly fut protégé au début par le prince Louis-Henry de Condé, plus connu comme ministre de Louis XV sous le nom de duc de Bourbon. A la suite de quelques impôts vexatoires, le cardinal de Fleury, profitant du mécontentement général, l'avait fait exiler par le jeune roi, en 1726, à Chantilly. Cette date fut celle de la fondation de la fabrique qui, confiée à la direction de Ciquaire Cirou, obtint ses lettres patentes en 1735, cinq ans avant la mort du prince. Le duc de Bourbon possédait une remarquable collection de porcelaines de la Corée. Il s'appliqua à en reproduire le décor dans sa fabrique, et y réussit pleinement. « Sur un émail stannifère, dit Jacquemart, on voit courir les plantes orientales, gravir l'écureuil et s'étaler la haie en tons variés, mais un peu froids. Plus tard on renonça à l'émail opaque, et les fleurs façon Saxe, les décors genre Sèvres se fondirent dans une couverte vitreuse semblable à celle de Mennecy. »

Nous possédons comme spécimen de la porcelaine de Chantilly, (seconde manière,) un *moutardier*, à M. Fabvier, placé sur la 2ᵉ planche de la vitrine n° XIII.

CLIGNANCOURT

Clignancourt fut aussi fondé sous le patronage d'un prince, en 1775. Ce prince n'était autre que Monsieur, frère du roi (qui depuis, monta sur le trône sous le nom de Louis XVIII). Sa direction fut donnée à un nommé Pierre Deruelle qui déposa la déclaration d'établissement de cette usine, au mois de janvier 1775. Dans l'origine, la marque devait être un moulin ; mais depuis, la porcelaine fut signée du chiffre du prince.

Cette porcelaine se distingue par la beauté de la pâte semblable à celle de Sèvres et par l'élégance des bouquets polychromes qui la décorent. La *Cruche et la Cuvette* de M. Luxer (vitrine n° 22, 4e planche), en sont un très gracieux échantillon.

Il nous reste maintenant à parler du second groupe, celui des porcelaines étrangères.

FRANKENTHAL

Lorsque nous avons raconté avec détail l'histoire lamentable de la famille Hannong, nous avons raconté comment Paul Hannong, chassé de Strasbourg par la concurrence jalouse de Sèvres était venu dans la Palatinat offrir ses services à Charles Théodore. Ce prince intelligent agréa l'offre d'Hannong, se rendit acquéreur de la fabrique et lui donna un tel développement que ses produits rivalisèrent bientôt avec ceux de la manufacture de Saxe. Ces produits, d'une pâte un peu inférieure comme qualité et comme blancheur, sont d'un goût allemand mais cependant d'un décor très châtié comme dessin.

Nous citerons entre autres spécimens :

Une soupière à M. Brackenhoffer. (Vit. III, 4ᵉ planche.)

Deux statuettes, *Fleuve et Jardinier* à M. Bertaux. (Vit. XVII, 1ʳᵉ planche).

Une tasse à M. Luxer. (Vit. XXII, 2ᵉ planche.)

Un bouillon à M. Luxer. (Vit. XXII, 3ᵉ pl.)

Deux assiettes et une saucière, à M. Em. Michel sur la seconde table, près d'un grand vase en marbre blanc à M. de Landres.

Deux sucriers à M. Godchaux-Picard, sur la seconde table.

BERLIN.

La ville de Berlin a possédé deux usines dont les origines sont assez incertaines. L'une (1750), dirigée par Wegeli dans la *Neuefrederikstrass*, qui fut bientôt mise hors d'activité par la concurrence d'une autre fabrique dans le *Leipzigstrasse*. Celle-ci paraît avoir eu la protection royale. En 1756, Frédéric vainqueur y fit venir les moules et les ouvriers de Meïssen. Elle ne devint cependant fabrique royale qu'après la paix d'Hubertsburg. Elle marqua alors d'un sceptre qui est très apparent dans *le Déjeuner* appartenant à M. Thilloy (côté gauche). Ce déjeuner (138.) dit *tête à tête* a appartenu à Charles Auguste, dernier duc régnant des Deux-Ponts.

Nous mentionnerons encore comme porcelaine de Berlin, *Vénus et Pâris*, deux statuettes à M. Bertaux (Vit. XIII, 1re planche) et une coupe à jour, à M. Beaupré sur la première table. (445.)

RUDOLSTADT

Ce fut là, dit Jacquemart, que parurent les premiers essais de Macheleid. Monta-t-il une fabrique ? Nous l'ignorons, mais on attribue à Rudolstadt des porcelaines marquées d'un R ou R. G. ou d'une fourche. Dans la vitrine XIII, (3° planche), nous trouvons *un Soldat*, statuette en porcelaine, qui est présenté comme provenant de Rudolstadt. Cette statuette appartient à M. Bertaux.

HOECHST SUR LE MEIN.

Vers 1720, un fayencier de Francfort, Gelz, désespérait de transformer sa fayencerie en usine à porcelaine, lorsque Ringler, un transfuge de Vienne, vint lui donner le plan des fours autrichiens. Pour mieux s'emparer de son secret on l'enivra. En 1740 cette fabrique était en pleine prospérité. Melchior, modeleur célèbre y fit des figures rivales des figures de Saxe.

Nous possédons à l'exposition deux statuettes de Hœchst à M. Bertaux : *Une actrice* et *un diable colporteur* placés tous deux sur la planche 3 de la Vit. XIII.

LOUISBOURG

Parmi les manufactures fondées encore par le même Ringler, il faut citer la manufacture de Louisbourg encouragée par Charles Eugène, duc de Wurtemberg. Ses produits moins blancs que ceux de la Saxe sont soignés et bien composés. La marque se distingue de celle du comte de Custines par la couronne fermée qui la surmonte.

Au nombre des produits de cette fabrique nous signalerons *deux assiettes* à Mlle Rollin, placées sur la 2e planche, vit. XVIII.

KELSTERBACH

Cette usine a été élevée dans la Hesse-Darmstadt de 1756 à 1763 par Busch, céramiste saxon pendant la guerre de Sept ans. Sa marque n'est pas connue. Un *Paillasse* et une *Bergère* tous deux sur la 2ᵉ planche de la vitrine XVIII et appartenant à M. Bertaux sont présentés comme appartenant à cette fabrique.

NYMPHEMBOURG

Cet établissement a repris en 1758 la succession d'une usine fondée en 1754 par le fayencier Niedermayer, et à laquelle Ringler a été quelque temps attaché. Les produits sont remarquables par l'éclat et la glaçure non moins que par la belle qualité des ors.

On peut voir dans *Arlequin* et *Colombine*, à M. Bertaux, deux échantillons de cette porcelaine. Ces échantillons sont placés sur la 1ʳᵉ planche de la vitrine XXX.

STADFORT LE BOW.

Comme produits intéressants de la fayence anglaise, nous pouvons signaler un *Bacchus*, à

M. Bertaux. (1re planche, vit. XXX.) Cette statuette provient de la fabrique de Bow, qui paraît être l'une des premières fondées en Angleterre. Les produits de Bow, d'une pâte assez grossière, se prêtaient peu à la peinture et se reconnaissent généralement aux effets de reliefs et de camaïeu dont se sont contentés les décorateurs.

CHELSEA.

Cette fabrique, située près de Londres, dispute à Bow la priorité pour la fabrication de la poterie translucide. En 1745, l'usine était soutenue par une compagnie puissante. Les groupes ornementés, ainsi que les vases, sont souvent comparés à ceux de la France et de la Saxe.

C'est encore la riche et variée collection de M. Bertaux qui nous fournit un échantillon de ce produit dans deux statuettes : *Le Coq et la Poule*, placées sur la 3e planche de la vit. XVIII.

MOSCOU

L'impératrice Catherine tint à honneur de développer à Saint-Pétersbourg, non moins qu'à Moscou, l'industrie céramique. Cette dernière fabrique, fondée en 1758 par un nommé Gardner, s'est surtout appliquée à imiter le style et le décor des poteries françaises. D'après Jacquemart, ce serait une erreur de croire que l'ancienne fabrique aurait été établie à Twer. Plusieurs ouvrages portent le nom de la ville de Moscou. Sur la première planche de la vitrine XIII se trouve une statuette à M. Bertaux, *le Fabricant de chaussons* qui est attribuée à cette fabrique.

VIENNE.

La fabrication de la porcelaine en Autriche fut importée par un transfuge de la fabrique de Meïssen en Saxe, Stofzel. Charles VI accorda à sa fabrique des priviléges en 1720, et lui conféra en 1744 le titre de manufacture impériale.

Un peu grisâtre au début, la porcelaine de Vienne devint ultérieurement très blanche, grâce à l'emploi du kaolin de Moravie. Elle se distingue dans quelques-uns de ses produits par l'emploi du noir d'urane, et par une décoration d'or bruni en relief sur or mat. Le *Vigneron* et la *Vigneronne* de M. Bertaux (vit. XIII, 3ᵉ pl.) sortent de cette fabrique.

PORCELAINE D'ESPAGNE.

Charles III fit ériger dans les jardins de Buen-

Retiro, à Madrid, un atelier où 32 ouvriers amenés de Naples continuèrent en secret la fabrication de porcelaines presque semblables à celles d'Italie. Quelques-unes portent une marque de deux C entrelacés semblable à celle du comte de Custines. Au nombre des produits de cette fabrique, nous devons compter l'*Hiver* et l'*Été*, deux statuettes à M. Bertaux, placées sur la 3ᵉ planche de la vit. XIII.

ZURICH.

La porcelaine de cette fabrique, fondée par un transfuge de Hochst, a été surtout fabriquée de 1763 à 1768. Elle se rapproche beaucoup par les caractères du genre allemand.

C'est à cette fabrication qu'il faudrait attribuer une *Cruche*, à M. Dauvé, (vit. IV, 2ᵉ planche).

PORCELAINES DE CHINE (1).

En ne rapportant le commencement de la fabrication de la porcelaine en Chine qu'à des dates certaines, l'une de 163 avant l'ère chré-

---

(1) Ces détails sur la Chine sont empruntés à Brongniard (Traité des arts céramiques).

tienne, l'autre encore plus certaine de 442 ans après J.-C., elle remonte à une assez haute antiquité pour montrer combien elle est antérieure à la fabrication la plus ancienne admise pour l'Europe, et même à sa première introduction dans cette partie du monde.

Le premier four (ou fabrique de porcelaine) dont il soit fait mention, se nommait *taou-yaou* et était situé à Chang-Nan, province de Keang-si ; il envoyait des tributs de porcelaine à la cour de Woo-tih en l'an 630. Les célèbres fours de King-té-Chin, situés à l'E. du lac Payang, ne furent pas établis avant l'an 1000 de l'ère chrétienne.

Le musée céramique de Sèvres possède plusieurs pièces datées qui ont été fabriquées en 1476, d'après la traduction que plusieurs sinologues, et notamment M. Klaproth, en ont donnée.

Le palais du Japon, à Dresde, en renferme qui portent les dates de 1403 à 1425, de 1465 à 1488, de 1573 à 1620, et ces pièces, faites les premières à plus de deux cents ans de distance des dernières, n'offrent aucune différence dans leur mode de fabrication, leur pâte, leur couleur même. C'est en 1518 que les Portugais introduisirent la porcelaine de Chine en Europe, et ce ne fut qu'environ 200 ans après, c'est-à-dire en 1706, qu'on fit les premiers essais de fabrication de porcelaine dure en Saxe. Or, en ne prenant qu'une date généralement admise pour la certitude de la fabrication en Chine, celle de 442 de l'ère chrétienne, on verra que la fabrication de la vraie porcelaine dure en Chine est de 1250 ans au moins antérieure à celle de la porcelaine en Europe.

On s'accorde généralement à attribuer aux porcelaines du Japon plus de blancheur, un glacé de couverte plus complet et plus de translucidité qu'à celles de la Chine, aux peintures qui les ornent un goût moins bizarre, moins chargé, plus près de l'imitation naturelle des objets ; elles sont d'un travail plus fin. Les couleurs ont plus de relief comme aussi plus d'éclat. Cependant beaucoup de porcelaines que l'on n'hésite pas d'attribuer à la Chine réunissent toutes ces qualités à un degré très éminent.

On remarque dans la porcelaine de la Chine et du Japon des particularités assez frappantes dont plusieurs sont de réelles qualités ; je vais les parcourir.

La pâte est rarement d'un beau blanc ; on prétend que le beau blanc de crême dont sont faites plusieurs figurines émaillées et qui approche un peu de celui de Saxe et de celui de Sèvres, ne se fait plus, du moins aussi parfaitement. Son ton ordinaire tire sur le grisâtre et sa couverte sur le verdâtre. La pâte a, en général, peu de translucidité : elle est dure, assez cassante, et ne peut aller sur le feu qu'avec de grandes précautions.

Dans beaucoup de cas, les formes sont déterminées par l'usage auquel les pièces sont destinées ; ainsi les vases allongés que nous nommons carafes, bouteilles, cornets, jasmins, sont destinés à recevoir des fleurs coupées. Les caisses carrées et polygonales sont consacrées à mettre avec de la terre, des plantes à racines, des arbres nains avec de petits rochers imitant les grandes et singulières roches de la Chine.

Les pièces dont la forme n'est pas ainsi consacrée par l'usage, ont en général des contours simples et assez purs. Quelques-unes ont même un certain rapport avec la forme grecque.

Une des formes chinoises les plus caractéristiques est celle des vases pyriformes doubles ou à étranglement, qui présentent comme deux vases plus ou moins raccourcis placés l'un sur l'autre en sens inverse. Ce sont ou des vases indépendants ou des couvercles de grands vases.

La sculpture n'est jamais en biscuit blanc comme les nôtres ; lorsque la pâte est blanche elle est revêtue de couverte. Parmi les figures ainsi faites, on a vu celle d'une femme debout tenant un enfant, ayant 65 centimètres de hauteur. Les figures de Chinois à gros contours et à gros ventre, que nous appelons magots, mais que tous les amateurs se connaissant en porcelaine orientale appellent Pou-sa, sont souvent en couverte et colorées. C'est le dieu de la porcelaine, car on le regarde comme un martyr de l'art qui, voyant que son four allait mal et qu'il allait perdre sa fournée, se jeta dans le foyer pour le remettre en bonne marche par ce sacrifice, ce qu'il obtint, disent les légendes chinoises.

Les figures mattes sont en pâte rougeâtre, les draperies sont en couverte ou blanche ou d'une autre couleur ; elles sont petites et représentent ce que nous appelons aussi des magots ; mais les collecteurs de porcelaine et d'autres curiosités chinoises, les appellent mendiants, bonzes et fakirs.

Le craquelage, gerçage ou tressaillure, que les Chinois appellent Tsouï-ki, est, comme on le sait, un défaut de la couverte, dû, selon le père d'Entrecolles, à l'emploi du caillou blanc seul. On en a fait une ornementation très recherchée suivant certaines qualités difficiles à obtenir; ainsi le craquelage à grandes parties irrégulières dû à une couverte très épaisse, est peu prisé ; mais il est instructif, on voit que pour faire ressortir ces fissures, considérées comme ornements, on les a remplies, probablement par frottement, d'une couleur noirâtre, car dans ce grand craquelage irrégulier, on remarque qu'il s'est formé, depuis le remplissage des premières fissures, d'autres fissures qui n'ont pas reçu la couleur des premières.

Le craquelage régulier à petits carreaux fins et tous d'une dimension et d'une répartition à peu près la même, est le plus recherché, et celui qui fait vendre à très haut prix les pièces qui sont ornées de ce défaut. Il produit quelquefois un assez agréable effet, quand il a lieu avec cette finesse et cette régularité sur de beaux fonds de couleurs.

Parmi les couleurs au grand feu, le bleu si commun est loin d'être aussi beau que nos bleus d'Europe ; ils n'ont pas le vert, mais ils ont un noir très-brillant et surtout un rouge purpurin originaire du cuivre qui n'a encore été fait sur aucune porcelaine européenne.

Les verts pâles tirant plus ou moins sur l'olive et qu'on nomme céladon, sont une couleur chinoise qu'on n'a pas encore imitée parfaitement. C'est évidemment une couleur de grand feu. Il n'en est pas de même d'un jaune orange moderne d'un ton chaud, et surtout de la couleur vert bleuâtre qu'on a nommé improprement bleu turquoise ; elle est toujours un peu tressaillée. Les autres colorations sont dues à des couleurs de moufles très-variées qui présentent rarement l'éclat et la suavité de nos couleurs européennes.

Nous citerons comme porcelaines de Chine :

Objets divers à M. et à Mme de Haldat. (Vit. XXVIII.)

Sur la crédence de M. Bonvié, 1re planche, *plusieurs plats*, à Mlle Rollin ; 2e planche, *un plat*, à M. de La Salle.

3e planche, *Plats et Jatte*, à Mlle Rollin.

Une grande potiche à anse et personnages à M. de Marnézia, et *deux potiches* à M. Gény, sur le bahut à colonnes torses de M. le docteur Rousset.

Deux potiches à Mme de Haldat, sur la crédence de M. d'Assonville.

Du côté gauche, nous ne remarquons que :

1° Les *deux très jolis vases* montés sur pieds à M. Butte.

2° Une *potiche* de M. de Haldat (274).

3° Et un curieux *plat* à M. Dupont (244).

4° Des *cornets* à Mme de Haldat (234, 235).

On peut encore signaler : 1° sur la première table :

Deux bols à M. Godchaux-Picard *(355-356)*.

Un plat à M. Dupont (361).

Une grande soucoupe, à M. le baron de Landres (450).

Une potiche à M. de Haldat.

Une potiche à M. de Roquefeuil.

Les porcelaine de Chine que nous possédons à

l'Exposition sont nombreuses. Parmi celles qui nous ont frappé, nous mentionnerons spécialement :

1° *Un plat à compartiments rectangulaires*, à M. de Haldat. (2ᵉ pl., vit. XIV.) Ce plat doit être classé dans la famille verte.

2° *Deux plats et deux assiettes* de la même famille, également à M. de Haldat, sur la 3ᵉ pl. de la vitrine XIV.

3° Dans la même vitrine se trouve encore, mais sur la planche du haut, un *plat à compartiments* de la famille verte, flanqué de deux autres *plats* de Chine.

4° Sur cette vitrine sont *trois statuettes Chinois et Chinoises*, en pâte de riz, à M. Brice.

5° *Deux dames chinoises*, statuettes à M. Bertaux. Vit. XVII.

Deux vases, à Mlle Rollin, (vit. XVIII, 1ʳᵉ pl.)

Une assiette à jour. (Même vitrine, 1ᵉ pl.) Egalement à Mlle Rollin.

Des assiettes (même vit. 3ᵉ et 4ᵉ planches) à Mlle Rollin.

Deux cruches (1ʳᵉ pl.), *une théière* (?ᵉ pl.), à M. Luxer. (Vit. XXIX.)

2° Sur la seconde table :

Une assiette, compagnie des Indes, à M. Noël.

Une assiette à M. de Roquefeuil.

Deux plats armoriés, compagnie des Indes, à M. Dauvé.

Une assiette, compagnie des Indes, sujet religieux, et *une autre assiette* en grisaille à M. Gonthier.

Une assiette de la compagnie des Indes, à M. Gonthier, aux armes de Lorraine et d'Orléans, montée en bois.

PORCELAINES DU JAPON.

Il est regrettable dit Jacquemart que l'histoire même, ne nous donne aucune notion sur la fabrication de la porlaine au Japon : mais les documents écrits disent positivement que la peinture et la dorure des vases sont un secret qu'il n'est pas permis de divulguer.

Voici donc le peu que l'on sait sur l'origine des poteries translucides à Nippon : au printemps de l'an 27 avant Jésus-Christ, un vaisseau coréen aborda dans la province d'Halima. Le chef de l'expédition, prétendu fils du roi de Sin-ra, se fixa dans la province d'Omi, où des hommes de sa suite établirent une corporation de fabricants de porcelaine.

Vers la même époque vivait, dans la province d'Idsoumi, située comme celle d'Omi dans la grande île de Nippon, un athlète du nom de Nomino-Soukouné, qui faisait en fayence et en porcelaine des vases et surtout des figures humaines, pour les substituer aux esclaves qu'il était d'usage, jusqu'alors d'inhumer avec leurs maîtres. Nomino-Soukouné reçut, en récompense, l'autorisation de prendre pour nom de famille *Fazi*, en coréen *Patsi*, fabricant, artiste.

Sous le règne du Mikado Teu-tsi (662-672 de l'ère vulgaire), un moine bouddhiste nommé Gyô-gui, dont les ancêtres étaient Coréens, vulgarisa parmi les habitants de la province d'Idsoumi, le secret de la fabrication des poteries translucides ; le village où il s'était établi s'appelait Tô-Ki-Moura, village aux services de porcelaine.

Sous Sei-wa (859-876) le nombre des usines augmentait considérablement ; en 859 même, deux provinces, Kavatsi, et Idsoumi, se disputèrent une montagne pour cuire la porcelaine et abattre du bois à brûler.

Sous Syoun-tock (1211-1221), un fabricant nommé Katosiro-ouye-mon commença à confectionner de petits vases pour servir de boîtes à thé ; mais, faute de meilleur procédé, il les plaçait dans le four sur leur orifice, qui paraissait usé et peu soigné. On les désigna par l'appellation de *Koutsi fakata* (pièces à orifice usé). Désireux de s'instruire, Katosiro, accompagné du moine bouddhiste Fô-gen, se rendit en Chine de 1211 à 1212, et apprit là tous les secrets de l'art céramique.

Dans les temps plus modernes, c'est sur l'île de Kiou-siou et particulièrement dans l'arrondissement de Matsoura, près du hameau de Ouresino, qu'on a produit la plus fine porcelaine.

Ces données historiques permettent d'établir deux faits importants : l'art céramique a été importé au Japon par les Coréens, et il s'est perfectionné par l'inspiration des Chinois sous les Youen. Il ne faut donc pas chercher un caractère particulier et original dans les poteries de Nippon ; elles sont reconnaissables plutôt à leur perfection même et à la délicatesse des tons et de la touche.

Parmi les porcelaines du Japon qui méritent attention nous citons :

Un *Reliquaire autrichien* (potiche bleue, à M. Butte, (vitrine X, 2e planche.)

Trois *Plats Japon*, beaucoup plus modernes, à Mme Velche, (2e planche, vitrine X.)

Un *Plat, vieux Japon* (à droite de plats Palissy, 2e et 3e planches, vitrine XVIII.)

Plats, vieux Japon, à Mlle Rollin, (3e planche, même vitrine.)

Plats, vieux Japon, à Mlle Rollin, (3e planche même vitrine.)

Plats en forme de poissons, à M. de Carcy, (des deux côtés de la vitrine XX.)

Deux petites *Bouteilles*, un *Plat* et deux *Boîtes*

à *thé*, à M. de Marnézia, (crédence 102, à M. Bonvié, 2ᵉ planche.)

Une grande *Potiche bleue*, octogonale, à Mlle Faivre, (crédence 102, 3ᵉ planche.)

Plats et *Jatte*, à Mlle Rollin, (crédence 102, 3ᵉ planche.)

Une grande *Potiche*, à M. d'Assonvillez, (sur sa crédence n° 115.)

Deux *Potiches*, l'une à M. Noël, l'autre à M. de Carcy, (sur la crédence 120, à M. Favier.)

Deux *Potiches bleues* (182, 183), sur le meuble à M. Luxer, (côté gauche.)

Deux *Vases à thé* (215), à M. de Carcy.

Deux petites *Bouteilles* (217, 218), à M. de Meixmoron.

Un *Plat*, à M. de Haldat, (250.)

Un *Plat*, à M. G. Picard, (251.)

Deux *Potiches élancées*, à M. Butte, monture ancienne, (288.)

Une *Potiche* et des *Cornets* en Japon laqué, à M. Laprevote, (276.)

Deux *Coupes*, montées en bronze doré, à M. de Marnézia, (296, 297.)

Deux *Potiches*, à M. de Carcy, au-dessus du 1ᵉʳ meuble, en entrant à gauche, (344, 346.)

On peut citer sur la première table :

Deux *Potiches*, à M. Butte.

Sur la même table, une *Potiche*, à M. Noël, (440.)

Un *Plat creux*, octogonal, à M. Gonthier, (1ʳᵉ table.)

Deux petites *Potiches*, à M. Dupont.

Deux petites *Potiches*, à M. de La Salle, (353, 354.)

Deux grandes *Potiches*, à M. de Meixmoron, (357, 358.)

Deux petites *Théières*, à M. de Roquefeuille.

Sur la 2ᵉ table :

Un grand *Plat*, à M. de Meixmoron.

Une *Potiche*, à M. Gaudchaux-Picard.

Un *Plat*, à M. de Roquefeuille.

Un *Sucrier*, monture en cuivre, à Mᵐᵉ de Cherisey.

VI

ORFÉVRERIE

Orfévrerie.

Le mot *orfévrerie* désigne, d'une manière générale, ces objets et tous ceux qui ornent les édifices sacrés ou les habitations particulières. Pour les édifices sacrés, l'orfévrerie a fabriqué, comme le dit le moine Théophile dans un ouvrage qui date du treizième siècle (*diversarum artium schedula*), « les calices, les candélabres, les encensoirs, les vases des saintes huiles, les burettes, les châsses des saintes reliques, les croix, les missels et autres objets qu'une absolue nécessité réclame pour les usages de l'Eglise et sans lesquels les divins mystères ni le service des autels ne peuvent s'accomplir. » La France s'est distinguée, entre toutes les nations, pour la perfection des objets, la beauté et la distinction des formes, la délicatesse et le fini du travail. Les sculpteurs, les dessinateurs et les graveurs les plus distingués ne dédaignaient pas de consacrer leurs talents spéciaux à cette industrie, où l'art double, triple et quadruple souvent a valeur de la matière première employée. L'habileté de l'orfévre consiste à faire entrer peu de matière dans les objets, tout en observant les lois de la solidité et du goût, sans pourtant tomber, par une mesquine économie, dans les formes grêles, sans solidité et sans l'apparence monumentale qui convient aux produits de l'orfévrerie. L'orfèvre doit donc s'appliquer à satisfaire ces deux conditions de produire à bon marché, en faisant porter l'économie principalement sur la diminution de la matière première employée, tout en restant fidèle à la grâce et à l'élégance. C'est ainsi que cette industrie a fait un pas immense en abandonnant le massif pour le creux, en introduisant le plaqué, en appliquant les procédés de dorure et d'argenture par l'électricité, l'estampage, le moulage et autres moyens mécaniques qui sont venus concourir à la diminution des frais de main-d'œuvre et à mettre à la portée des fortunes moyennes des objets dont la jouissance leur avait été jusque-là interdite.

On retrouve dans l'orfévrerie, comme dans tous les arts, différents caractères, différents styles qui ont varié suivant les époques, en s'harmonisant aux divers styles de l'architecture. C'est ainsi que, dans l'orfévrerie grecque et romaine, on retrouve la simplicité et la pureté des lignes. Dans l'orfévrerie byzantine, il y a moins de pureté, moins de sévérité dans les lignes et dans les formes ; l'artiste a été plus libre, il a surtout recherché la richesse matérielle qui est la marque distinctive du *style byzantin*. Les ornements de St-Gozelin sont un spécimen du style byzantin: nous les avons décrits ailleurs.

Au *moyen âge*, les orfèvres se sont particulièrement consacrés à produire des objets destinés à orner les édifices religieux ; ce sont des châsses, des reliquaires, des tabernacles, des ostensoirs, des crucifix, etc. Les reliquaires reproduisent généralement les formes des églises elles-mêmes. Les voûtes sont en plein cintre ; les figures des saints sont allongées, les plis des vêtements verticaux, roides et serrés, les cheveux finement dessinés ; on remarque, en outre, une grande richesse de bijoux, et partout se retrouvent les quatre clous du Sauveur. Au treizième siècle; le *style gothique* apparaît avec l'ogive ; les figures sont plus naturelles et les draperies plus larges de dessin. La *renaissance* modifie aussi le goût des artistes, qui s'appliquent alors à la fabrication d'ornements profanes. Les vases, les coupes, les poignées d'épée et de poignard, les boucliers sont ornés de fleurs, de fruits, de feuillages ou de scènes de fantaisie ; la gravure vient encore contribuer à la perfection des objets; Benvenuto Cellini, le sublime et immortel artiste de Florence, est le maître de cette nouvelle école. — Au commencement du XVIe siècle, les procédés de fabrication se perfectionnent, et l'art se divise en plusieurs branches ; la fabrication matérielle se détache de la partie artistique.

De nos jours, l'orfévrerie appartient indistinctement à tous les styles du passé, comme l'architecture moderne ; il serait difficile de distinguer certaines productions contemporaines de celles du moyen âge, par exemple, surtout depuis que la *niellure* a été remise en usage après un oubli de plus de deux siècles. C'est par elle qu'on peut tracer, sur des pièces d'orfévrerie en argent ou en or, des dessins aussi distincts que ceux que le crayon imprime sur le papier ; seulement c'est une espèce d'émail métallique noir qui remplace la mine de plomb. Le moine Théophile fait con-

naître dans l'ouvrage que nous avons déjà cité, des recettes pour pratiquer les nielles ; on gravait d'abord le dessin, et dans les tailles de la gravure on étendait une composition métallique noire, formée de 6 parties d'argent, 2 de cuivre et 1 de plomb, avec une quantité suffisante de soufre ; cette combinaison, à cause de sa couleur, s'appelait, en latin, *nigellum*, et, en italien, *niello*. Par la chaleur elle se mettait en fusion et se fixait parfaitement dans les tailles de la gravure ; au polissage les parties d'or et d'argent que le burin n'avait pas touchées devenaient brillantes, tandis que la nielle présentait le dessin ressortant noir et net sur un fond éclatant. M. Vitet, dans ses *Etudes sur les beaux-arts*, rappelle ainsi les divers emplois anciens de la niellure : « Elle servait à
» exécuter des arabesques et autres ornements
» délicats ; on l'employait aussi à faire des por-
» traits ou même de petites compositions histo-
» riques... Ces espèces de médailles étaient ensuite
» incrustées sur des calices, sur des reliquaires,
» ou sur des couvertures de livres d'autel ; on en
» décorait aussi des meubles et des bijoux. » —
Le procédé actuel, dû à MM. Wagner et Mention, est mécanique pour ainsi dire, en ce sens qu'il permet de faire servir le même dessin à plusieurs pièces sans nécessiter une nouvelle gravure. Voici en peu de mots en quoi il consiste : on grave

le dessin choisi sur une plaque d'acier que l'on trempe ensuite pour la rendre très-dure ; une seconde plaque d'acier doux est appliquée contre la première, et on passe entre deux laminoirs les deux plaques ainsi assemblées ; la pression et la différence de dureté font paraitre, en relief sur l'acier doux, la gravure tracée primitivement sur l'acier dur ; le relief sert ensuite, après avoir subi la trempe, à imprimer, d'un seul coup, le dessin en creux sur les pièces d'orfévrerie. La nielle est composée de 38 parties d'argent, 72 de cuivre, 50 de plomb, 36 de borax et 384 de soufre. Après avoir opéré la fusion dans une cornue dont le col est bouché, on coule la matière dans un creuset de fer, on la pulvérise, et on forme, avec de l'eau légèrement gommeuse, une pâte très-fine que l'on applique, à l'aide d'une spatule, dans la gravure de la plaque préparée ; on porte la pièce à la chaleur rouge dans un moufle, et l'émail est parfaitement fixé; il ne reste plus qu'à polir. L'*application des émaux* a été pratiquée, par les orfèvres, depuis le VIIe siècle, ainsi que nous l'apprend le remarquable ouvrage de l'abbé Texier (*Mémoires de la Société des antiquaires de l'Ouest*) sur les argentiers et les émailleurs de Limoges; c'est dans cette ville, un des premiers centres anciens de l'orfévrerie française, que travaillait saint Eloi. Jusqu'en 1330, on se borna à émailler par *champ-levé*. A l'aide d'un burin plat, on creusait de 1 à 5 millimètres dans le cuivre les parties destinées à recevoir les pâtes diverses qui au feu se transformaient en émaux ; les coulées se faisant d'ailleurs successivement en finissant par l'émail le plus faible. Après un polissage à la meule, la dorure était appliquée sur les partie restées intactes. L'émail, dans cette première méthode, était employé, soit comme fond, ordinairement bleu, à des dessins gravés ou en relief, soit comme détails, pour revêtir des figures ou des ornements colorés. C'est ainsi qu'on ajoutait à la beauté et à la richesse des calices, dyptiques, tombeaux, candélabres, suspensoirs, mitres, crosses et autres instruments d'église, de même qu'à l'élégance des poignées d'épée, des agrafes, bagues, colliers, boucliers, fermoirs, etc. De 1330 à 1470, on émailla *en apprêts*, c'est-à-dire en colorant le métal superficiellement par des émaux appliqués immédiatement au pinceau, et que la cuisson faisait adhérer. Ce qui distingue le produit de cette seconde méthode c'est l'absence d'ombre ou de demi-teintes, c'est la transparence souvent d'une couche trop mince d'émail qui laisse entrevoir le métal. Enfin, de 1470 jusqu'à nos jours, on introduisit la *peinture en émail sur émail cru*, qui consiste à couvrir d'abord le métal d'un émail blanc, et à peindre ensuite en émail par-dessus le premier (1).

Parmi les objets d'orfévrerie exposés, nous ne possédons, en dehors des *ornements de St-Gozlin*, dont nous avons déjà longuement parlé au chapitre des *Emaux*, que de très rares spécimens parmi lesquels nous distingueront cependant une Croix d'Eglise du quinzième siècle, à M. Martin, près de la première porte d'entrée.

Cette croix, qui nous paraît remonter à l'époque de transition voisine de la Renaissance, est l'un des plus beaux spécimens d'orfévrerie ancienne non émaillée qu'on puisse voir à l'exposition. C'est une pièce unique. En examinant avec soin les détails de cette œuvre remarquable, on reconnaît l'heureuse influence de l'architecture religieuse, à l'époque de transition, sur tous les arts. Comme dans la construction même des édifices, la décoration des pièces d'orfévrerie s'enchaine avec une logique rigoureuse, et le beau y demeure toujours une forme de l'utile. Chaque nécessité de la disposition devient entre les mains de l'orfèvre le prétexte d'un ornement emprunté à quelque type architectural. Les rosaces se soutiennent par des arcatures dentelées portées sur des colonnettes rayonnantes

(1) Pour plus de détails voir au chapitre des *Emaux*.

comme dans les beaux arcs-boutants de la cathédrale de Chartres, et cette élégante image en forme de roue n'est qu'un prétexte pour donner au métal la solidité qui prévient toute rupture. Un rhythme secret engendre la pondération et la symétrie de ces ornements qui semblent d'abord n'avoir été que le produit d'un pur sentiment. Combien nos artistes les plus éminents de l'époque actuelle n'auraient-ils pas à profiter s'ils s'étudiaient à surprendre les secrets de cette subtilité toujours logique à laquelle ont obéi invariablement tous les orfèvres et les architectes du moyen-âge ! Précautions délicates ; pourquoi faut-il que la cherté de la main d'œuvre et le prix du temps soient tels aujourd'hui qu'on dédaigne de les prendre ?

Parmi les objets divers exposés dans les vitrines nous signalerons :

1° Un *Huilier*, Louis XV, garni de burettes Bohême ;

2° Un *Gobelet*, Renaissance, à double coupe, à l'usage des péritomistes israëlites ;

3° Un *Ornement israëlite*, destiné à être placé sur les rouleaux de l'Ecriture-Sainte.

Deux autres *Ornements* de même usage, Louis XIV et Louis XV. Le nom de Jehovah est écrit sur le centre.

Un *Menora*, chandelier à 7 branches, sur lequel figurent l'encensoir qui ne servait que du temps d'Aaron, puis le bonnet du grand prêtre et les deux mains symboliques ;

4° Un *Gobelet israëlite* servant à faire la prière du *Benedicite* sur le vin. Cet ornement est de l'époque Louis XIII ;

5° Une *Tasse*, où figure Elie dans un char de feu. En hébreu se trouve inscrit dessus : « Elie montant au ciel. » Cet ornement est de Louis XV.

6° Une *Lanterne*, Louis XIII ;

7° Un *Etui*, en filigrane chinois ;

8° Une *Tabatière* moderne, émaillée ;

9° Une *Bombonnière*, en or doré, forme escargot, Louis XIII.

10° Un *Coffre chinois* ;

11° Une *Soupière*, Louis XV ;

12° Une *Lampe israëlite*, pour la fête de Ranigo. Ces lampes servent pendant 8 jours. Elle est de la fin du règne de Louis XV ;

13° Une *Lampe* semblable, Louis XIV ;

14° Une *Lampe* de même usage, Louis XVI ;

15° Un *Vase persan*, à 3 compartiments, à col tordu, pour boire 3 espèces de liqueurs ;

16° Une *Aiguière italienne*, portant des amours, XVIIe siècle ;

17° Un *Calice*, à couvercle, israëlite, Louis XIV ;

18° Une *Lampe israëlite*, qui sert tous les samedis soir. Elle est destinée à contenir un cierge. Dans le petit compartiment inférieur sont des odeurs qu'on fait sentir aux personnes présentes ;

19° Trois *Gobelets* ;

20° Un *Brûle-parfums*, argent filigrane, Louis XVI.

Un *Porte-bougie israëlite*, argent filigrane.

Tous les objets précédents remis dans une même vitrine n° XXVII, proviennent des collections de M. Godchaux-Picart et de M. Gougenheim.

Parmi les objets répartis dans les autres points de la salle, mentionnons :

Le *Coffre* à M. de Chabon, (vitrine XXIX.)

Un très joli *Cavalier*, sur un cheval, Louis XIII, à M. Bertaux.

Une *Soupière*, Louis XV, à M. Godchaux-Picart.

Un *Hanap-mappemonde* de Charles IV.

Ce chef-d'œuvre d'orfévrerie fut offert à Notre-Dame de Sion en 1663 par Charles IV à l'occasion de son heureux retour en Lorraine. Quand il fut transféré de Sion à Nancy, le directoire du département nomma une commission pour savoir s'il méritait d'être conservé ou envoyé à la Monnaie ; les trois commissaires se décidèrent pour la conservation. Ce chef-d'œuvre d'environ 8 pouces de hauteur totale est porté par un pied rond et ciselé sur lequel s'élève un atlas nu et debout soutenant, à l'aide d'une corne d'abondance, un globe terrestre que couronne une petite sphère armillaire.

Le globe, partagé horizontalement en deux hémisphères, peut sans peine être ouvert en ciboire par la suppression de la sphère de Ptolémée et par la substitution d'une croix. La dorure du globe permet de distinguer les terres des eaux qui étaient jadis émaillées d'un bleu forcé et cet émail disparu a découvert une superbe ciselure imitant les ondulations d'une mer doucement agitée. La coupe paraît avoir servi de ciboire jusqu'au XVIIIe siècle. L'époque de sa fabrication ne peut être fixée d'une manière très précise. Ce hanap fut exécuté en 1601, sur l'ordre du duc de Lorraine, par Antoine Vallier, orfèvre à Nancy.

A la suite de cette pièce remarquable nous mentionnerons :

Un *Hanap*, Louis XIII, allemand, (1re table.)

Un *Calice*, buis et argent, à Mme Levylier, pour la cérémonie du samedi, (2e table.)

Une *Main indicatrice*, (armoire aux émaux), pour la lecture des tables de la loi.

Des *Agrafes de livre*, Henry II (même vitrine).

Une *Boîte* en argent, id.

Une *Citronière israëlite*, en argent repoussé et doré, (même vitrine.)

Un *Bénitier* Louis XV, (même vitrine.)

Enfin, une ravissante *Lampe israëlite*, à Mme Levylier, suspendue dans le retrait près de la porte d'entrée.

VII

BRONZE

Bronze.

Le bronze, mélange, comme on sait, de cuivre jaune allié avec de l'étain et dans lequel le premier de ces métaux domine, est employé, dans les œuvres d'art, à la confection des statues, bas-reliefs, médailles. etc,

Au reste, ce n'est pas le métal qui donne ou augmente la valeur de l'œuvre au point de vue de l'art ; c'est le travail de l'artiste, c'est le modèle qui a servi à la fonte du bronze ; cependant il est juste de dire que ce dernier y participe directement dans la ciselure et dans le fini que le statuaire ou le graveur en médailles est obligé de donner au bronze qui sort de la fonte ou du coin ; il est même de ces œuvres d'art qui, par ce dernier travail, ont subi des retouches telles, qu'elles leur ont dû un des principaux caractères de leur beauté.

L'opération de couler, une grande pièce en bronze, comme une statue équestre, un groupe, une grande vasque de fontaine, surtout si elle offre beaucoup de *ronde bosse* dans ses sculptures, est, pour une parfaite réussite, très difficile, souvent même fort chanceuse.

Les médailles se frappent avec des matrices en acier dites *coins*, que l'artiste a gravées en creux, après avoir préalablement exécuté le modèle en cire de même relief que la médaille qu'il veut produire.

Il existe peu de *bronzes* antiques d'une grande dimension ; tous les ouvrages considérables en ce genre appartiennent à l'art moderne ; mais le nombre des médailles antiques est immense, et l'art de la gravure en médailles, depuis l'époque de la renaissance, illustré par le talent des Camelio, des Padouan, des Pisanelio, des Benvenuto-Cellini, etc., en Italie, et, en France, par celui des Warin, des Dupré, des Duvivier et d'autres artistes, a encore considérablement augmenté ce nombre de médailles, qui n'attend plus que le temps pour prendre rang parmi le *grand*, le *moyen* ou le *petit bronze*.

L'usage du bronze ou airain a partout précédé celui du fer. Chez les Grecs du temps d'Homère les armes et les instruments d'agriculture étaient encore en bronze : leurs premières monnaies furent également fabriquées avec ce métal. Chez les Romains, le bronze prend un caractère monumental, religieux et artistique ; c'est sur le bronze qu'on grave les lois, les traités de paix et d'alliance ; tous les instruments du culte, couteaux, haches, patères, spatules, sont en bronze ; on en couvre des monuments entiers, on en fait des bas reliefs, des statues, des médailles (*grand*, *moyen* et *petit bronze*), etc.

Disparu avec la civilisation romaine, l'art de fondre le bronze reparaît avec la renaissance. Au XVIe siècle, le Primatice et Benvenuto Cellini coulent d'un seul jet de grandes statues ; Urbain VIII fait élever en bronze le baldaquin de Saint-Pierre. En 1684, le bronze se naturalise en France ; Louvois établit les fonderies de l'Arsenal, sous la direction des frères Keller. Depuis cette époque, il est employé dans une foule de monuments publics, ainsi que dans l'artillerie.

Les *Bronzes* qui figurent à notre exposition sont relativement en petit nombre. Ce sont :

Les *ornements gallo-Romains*, placés dans la vitrine de M. Beaupré, n° XX.

Parmi ces ornements, nous trouvons, des *bracelets* pour bras et pour jambes, puis en parcourant la vitrine de droite à gauche, des *fibules* et des *agraffes de manteau* parmi lesquels se trouve un sanglier émaillé ; des *clefs* très remarquables par le retour en équerre de la partie inférieure du panneton ; enfin des *Dieux* de toute espèce, notamment des *Mercures* d'une grande élégance de forme. Dans le nombre de ces intéressantes curiosités se trouve une arme de gladiateur qui paraît destinée, sous forme d'anneau garni de piquants, à jouer le rôle de ce que nous appelons aujourd'hui *coup de poing*. La partie gauche de la vitrine est entièrement occupée par des *Haches* dont plusieurs remontent à l'âge de pierre.

Au nombre des antiquités romaines qui ont une valeur très intéressante, nous citerons un *prefericulum*, vase antique en bronze et le *buste de Mithra* trouvé à Gripport. Ces deux objets (vit. VII), sont la propriété de M. Quintard. L'objet le plus remarquable parmi les petites statuettes est peut-être le *mercure* assis, orné de ses attributs, en bronze romain, trouvé à Fraisne-sous-Vaudémont, à M. Laprévote.

C'est à côté de cette statuette qu'il convient de placer le remarquable bronze antique de M. Morey, le *tireur d'Epine* (1re table), trouvé dans le voisinage d'Epinal. Ce bronze a fait partie de la collection des Bassompierre puis de celle des princes de Beauveau ; trouvé chez un revendeur à Lunéville, il fut racheté par M. Butte et fit partie de sa collection jusqu'à sa mort, (383).

A côté de cette pièce importante, nous placerons les quatre statuettes en bronze oxydé par l'âge et qui représentent *quatre empereurs romains*. Ces quatre sujets (394, 395, 396, 397.) appartiennent à Mme Balbâtre, comme aussi, la statuette équestre de Marc-Aurèle, reproduction de celle qui se trouve à Rome devant le Capitole.

Pour retrouver d'autres spécimens de bronze, il nous faut sauter de plusieurs siècles et arriver à ce qu'on appelle la fabrication florentine. Dans ce genre, nous classerons le *Socrate* de M. Legay (99), près de la 5e fenêtre ; *un cavalier et un satyre*, à M. Beaupré (387, 388) sur la première table ; un *bronze florentin d'après l'antique*, à M. Beaupré (404, 1re table) et *deux bustes* Renaissance, à Mme de Haldat (366, 367, 1re table). Plusieurs bronzes présentent un intérêt local, ce sont ceux qui sont attribués à nos célèbres fondeurs lorrains Chaligny : L'un est une statuette (376) *emblême du nom d'Epinal* (1re table), les deux autres sont : un *Cheval en bronze* et une *Nymphe avec un satyre*, sur la seconde table (466, 467). Ces trois objets sont à M. J. Gouy.

Au nombre des bronzes intéressants doivent être cités les *deux enfants*, du XVIIe siècle, (côté gauche 282, 283), du sculpteur Flamant. (Ces deux jolis sujets sont à M. de Meixmoron) et une très-belle *cafetière* en argent, Louis XV, à M. Bruneau (sur la vitrine n° XVIII).

Mentionnons encore un très-beau sujet, l'*Indépendance de l'Amérique* sur socle de marbre. Ce bronze n'a été tiré qu'à trois exemplaires dont un a été donné à Washington, un autre à Lafayette et un troisième à Louis XVI. Cet objet appartient aujourd'hui à Mme Verdier (365).

Il nous reste à noter pour mémoire le *bronze* moulé sur le pied droit de la statue de Louis XIV, alors que cette statue existait sur la place Bellecourt à Lyon. Cet objet est la propriété de M. de Marnezia.

VIII

BIJOUX & MINIATURES

Bijoux & Miniatures.

Le goût des bijoux a régné en tout lieu et en tout temps, surtout chez les femmes ; dans l'antiquité, il fut porté à l'excès ; au moyen âge les bijoux étaient les attributs de la noblesse.

Le grand nombre de matériaux que travaille le bijoutier et le nombre infini d'objets qu'il fabrique exigent de lui des connaissances approfondies en dessin ; il doit composer ses objets avec goût, travailler avec la plus grande adresse, connaître la métallurgie des métaux qu'il emploie, et la docimasie, qui lui enseigne à allier convenablement ces métaux. Son art comprend ceux de l'orfèvre, du joaillier, du tablettier, du tourneur, du sculpteur, etc.

Depuis l'ouverture de l'Exposition, l'ordre des bijoux (n° XVI), renfermés dans la vitrine n° XVI, a été souvent modifiée. Nous croyons qu'il sera agréable à nos lecteurs de retrouver, dans notre travail, l'ordre même de la vitrine, en commençant par l'angle gauche supérieur.

Voici donc ces objets dans cet ordre :

Un dessus d'une boîte de montre en cuivre repoussé et ciselé. Le sujet est : *les filles de Loth* de Hardi, graveur de Charles IV, à M. de Beaupré.

Une montre ovale en bronze doré et ciselé par Jean Bock (fin du XVI° siècle), à M. Bretagne fils.

Deux miniatures à M. de Carcy portrait d'homme et de femme de l'époque Louis XVI.

Une tabatière, à M. de Dumas, en or ciselé, ornée d'une mosaïque donnée par l'empereur d'Autriche au père du propriétaire.

Un médaillon en émail, XVII° siècle, représentant une réception d'ambassadeur, à M. de Carcy.

Une bombonnière ornée d'amours en camée, à M. Quintard.

Une tabatière avec amours, médaillon en émail Louis XV, à M. de Carcy.

Un fond de montre plaqué en or, représentant l'enlèvement d'Hélène, signée D. Cochin, à M. Beaupré.

Un drageoir avec portrait de Mlle de Gontaut-Biron, à M. de Carcy.

Une montre émaillée en bleu, portant sur le fond d'émail un paysage orné de brillants et entourée de perles, à M. de Ricaumont.

Une tabatière, en or, ciselée, avec miniature en grisaille : la Charité (Louis XVI), à M. de la Salle.

2e RANG.

Une bombonnière, à Mme Velche, écaille avec portrait de femme.

Une montre Louis XV, émail translucide sur fond d'or.

Un sacrifice à l'innocence, à M. de Laval.

Une montre, à M. Herbin, de Lépine, à Paris, avec brillants et portrait d'homme en émail.

Une pièce du Bas Empire en or, à M. de Lacombe.

Une montre à M. de Perceval enrichie de perles et ornée d'un émail translucide avec médaillon dont le sujet est *un sacrifice à l'Amour*.

Une montre, à M. Noël, ornée d'un sujet représentant une nymphe tenant l'amour sur ses genoux.

Une bombonnière ornée d'un portrait de femme en miniature, Louis XVI, à M. le baron de Landres.

Une tabatière en ivoire, à M. de Meixmoron, ornée d'un portrait d'homme.

Une montre en argent à double boîte, à M. Bretagne fils.

Une montre en or, à M. de Morlet. La boîte porte un sujet représentant Diane.

Une montre à M. Verhles, de Leblanc, avec émail représentant une bergère.

Une montre en or avec emblème ciselé, à M. Quintard.

Une châtelaine en or, à M. Colin Saint-Michel, portant trois médaillons en émail, Louis XIV.

Une montre en or ciselé à jour de Beidetro, Louis XV, à M. de Perceval.

Une tabatière en or avec Diamants, à M. Noël.

Une montre en or, à M. Dupont, de Hœadscht à Dresde, avec figure de Pallas.

Une montre à deux ors avec emblèmes ciselés, à Mme Velche.

Une miniature, portrait de femme, à M. Bruneau.

Une montre en or avec émail de Beckoest à Paris, Louis XV, à M. Devilly.

Un portrait de femme, miniature à M. de Braux.

Une croix ancienne en cristal de roche ornée de diamants à Mme Courant.

Un personnage du Directoire en habit violet, peint par Augustin, à M. Bretagne.

Une montre Louis XVI, en or ciselé et garnie de brillants, de Marchand fils, avec portrait de femme, à M. Bretagne.

Une montre en or ciselé avec *berger* et *bergère*, à M. Brackenhoffer.

De l'autre côté de la *Châtelaine*, une *montre en or*, de Dutertre à Paris, avec emblême de l'amour, ciselée, à Mme Cotelle.

Au-dessus, *une montre* en or ciselé, Louis XVI, avec portrait de femme, à Mme Walter.

Anne d'Autriche, portrait en émail sur or repoussé.

Au-dessous, *Louis XIV jeune*, émail sur argent ; au revers : le prince chassant au canard.

Le *duc de Bourgogne*, de Petitot, émail sur or ; au revers se trouve une tête de mort dans une guirlande de roses, avec la légende : « voilà tout ce qui me reste. » Ces trois derniers objets sont à M. Bretagne.

3ᵉ Rang.

Une montre en or, garnie de perles ; le sujet représente le *Sommeil d'un Berger*, en émail.

Une miniature, portrait de femme, Louis XVI, à M. de Carcy.

Un autre portrait de femme, Louis XVI, tenant un pigeon, à M. de Carcy.

Un portrait de femme, Louis XV, à M. de Carcy.

Une bague chinoise, à M. de Carcy.

Une bague en cornaline gravée, représentant Vénus debout, à Mme Balbâtre.

Une bague avec tête antique sur camée, à Mme Balbâtre.

Une bague en or et brillants sur lapis, à Mme Cotelle.

Une bague, portrait de Stanislas, sur camée, à Mme Balbâtre.

Une bague, tête antique sur camée, à Mme Balbâtre.

Une bague en cornaline, portant une Bacchanale, à Mme Balbâtre.

Une bague antique en or VIe siècle, trouvée avec un quinaire de Justin, à M. Bretagne.

Une bague antique en or, IIIe siècle avec prêtre sur Nicolo, à M. Bretagne.

Un médaillon Louis XV, portant sur ses deux faces deux portraits, l'un de jeune homme, l'autre de vieille femme.

Une miniature à l'huile, portant OEt. 24. Ao. 1642, à M. Brackenhoffer.

Un médaillon ovale-oblong, garni de perles avec émail, représentant les « joies de la paternité, » à M. de Perceval.

Un médaillon avec perles, portant sur émail une scène, genre Watteau, à M. de Beauminy.

Une montre en or ciselé, ornée de diamants, portant en émail translucide un sujet militaire qui paraît anglais.

Un portrait de Mlle de La Chambre, par Augustin, de St-Dié, à M. de La Salle.

Un médaillon avec perles, rubis et émail, représentant des Amours, à Mme Dagand.

Une miniature ornée de perles, portrait d'homme, à M. Brackenhoffer.

Une tabatière en or, avec fleurs en miniature, à M. Henriet.

Une épingle émaillée sur cuivre, à M. de Carcy.

Un médaillon, émail du XVIIIe siècle, représentant un personnage en velours bleu, à M. Martin.

Un portrait de Mme Faibvrel, par J. Augustin, à Mlle Faibvrel.

Une broche camée (adoration des bergers) avec garniture en or, portant perles, rubis et émaux divers, bijou italien Renaissance.

Une tabatière en or ciselé, avec miniature de femme, signé : Artaud, à M. de Landres.

(Vitrine aux éventails, n° XXXI) :

Une guitare en argent, à M. Beaupré.

Des ciseaux, à Mme de Dumas.

Un nécessaire en or et argent ciselé, à M. de La Salle.

Plusieurs tabatières en or ciselé, à M. Godchaux-Picard.

Un étui en or, à Mme de Dumas.

Nous mentionnons en groupe tous les objets à M. de Carcy, renfermés dans sa vitrine n° XXIII.

IX

ÉVENTAILS & DENTELLES

Eventails & Dentelles.

Nous ne voulons point terminer cette longue énumération sans parler d'une vitrine vers laquelle se sont portés principalement dans notre Exposition les regards des dames. Nous voulons parler de la vitrine aux *éventails* et aux *dentelles*. L'éventail est un musée rétrospectif de l'aquarelle et de la miniature, c'est là que se retrouvent les plus jolies gouaches du XVIII° siècle. Ce genre, quelque temps abandonné, revient aujourd'hui plus que jamais à la mode.

Parmi les pièces remarquables exposées, nous citerons dans la vitrine XXIII :

Un *Eventail*, à Mme Courant, genre Louis XV. (Deux laquais apportant des rafraîchissements à deux dames.)

Un très bel *Eventail*, Louis XV, à Mme Barbey. — La déclaration contrariée, — peinture sur soie, (travail chinois.)

Un magnifique *Eventail fin*, Louis XIV, à Mme Barbey, représentant la Toilette de Diane.

Un *Eventail*, Louis XV. — Scène galante, (gouache.)

Un *Eventail*, Louis XV, à Mme de Braux. — Le Château de cartes, (gouache.)

Un *Eventail*, Louis XVI, à Mme Gailliard. — Bergerie, (gouache.)

Un *Eventail*, Louis XVI. — Un Repas champêtre, peinture à la gouache, à M. Noël.

Un très curieux *Eventail*, Louis XV. — Scène italienne, aquarelle, à M. Gaillard.

Un *Eventail*, Louis XV, à Mme Costé.

Un *Eventail* magnifique, Louis XV, portant sur toute sa longueur, *Renaud dans les jardins d'Armide*, à l'aquarelle. La peinture paraît dater de Louis XIV. Cet éventail appartient à Mme Barbey.

Deux *Eventails*, Louis XVI, peinture sur soie, à Mme Costé.

Un *Eventail*, Louis XIV. La monture, Louis XV, à Mme Chappuy.

Deux très beaux *Eventails* italiens, XVIIe siècle, sous verre, rehaussés d'or, à M. de Meixmoron.

Les *Dentelles*, de l'époque de Louis XIV, appartiennent à Mme la générale Courant et à Mlle de Metz.

Mentionnons enfin les *Eventails* et *Dentelles* à M. de Carcy, renfermés dans une même vitrine placés sur une table du fond.

X

MANUSCRITS & RELIURES

Manuscrits & Reliures.

L'usage des manuscrits remonte jusqu'à l'origine de l'écriture. Les matières subjectives de l'écriture déterminent la forme et la durée des manuscrits. Les plus anciens documents écrits appartiennent à l'Egypte.

Les inscriptions gravées sur la pierre, en creux ou en relief, sur le granit, le grès, le calcaire et l'albâtre, sont très-nombreuses. Les manuscrits égyptiens le sont beaucoup moins, et parmi ceux-ci l'emploi de la toile est très-rare. Les manuscrits égyptiens sont, à peu d'exceptions près, exécutés sur papyrus ; le plus ancien remonte à 1800 avant l'ère vulgaire ; il est antérieur à Moïse de près de 300 ans. Quant au papier proprement dit, de soie, de coton, de chiffes et autres matières, les Asiatiques connaissaient le papier de soie depuis le Ier siècle de l'ère chrétienne. L'usage du papier de coton est aussi bien ancien en Asie. Il s'introduisit parmi les Grecs dès le IXe siècle, et depuis il devint commun dans le pays où ils se fixèrent. On fit aussi des papiers de fantaisie, mais nous n'avons à parler ici que des matières que les manuscrits existants nous font connaître. Le papier de chiffe fut fabriqué à l'imitation du papier de coton, et on a trouvé une lettre du sire de Joinville à Louis-le-Hutin écrite sur papier de chiffe ; c'est le plus ancien exemple de ce papier occidental. Pour les manuscrits importants, le parchemin fut toujours préféré et même exigé.

Ajoutons, pour terminer ce qui concerne le matériel des manuscrits, que le choix du parchemin répondait à l'importance ou à la destination du livre ; que les plus beaux, les plus riches sont composés du parchemin le plus blanc et le plus fin ; que le suprême en cette matière était le parchemin teint en pourpre ; qu'on écrivait d'ordinaire sur la pourpre avec de l'encre d'or et d'argent ; qu'il nous reste quelques beaux modèles de ce luxe, fort dispendieux, dans des manuscrits tout liturgiques ; que l'encre noire était d'un usage universel ; qu'on écrivait les titres des livres et des chapitres avec de l'encre rouge : de là le nom de *rubrique* donné à ces titres ; qu'on employait des encres bleues, vertes et jaunes, mais pour l'ornement plutôt que pour les corps des ouvrages. Le goût des écrivains, des calligraphes, des miniaturistes était d'ailleurs le seul arbitre de l'ornement, à moins qu'il ne se soumît aux ordres de la personne qui faisait les frais de la copie : quant aux frais de la reliure, ils entraient en grande considération dans la dépense du volume.

On attachait souvent les cahiers d'un manuscrit à deux ou trois lanières de cuir qu'on clouait ensuite à deux ais de bois ; il n'y avait dans ces simples matériaux aucune cause de fermentation, ni de génération d'insectes, tandis que la couverture en peau préparée et la colle de farine exposent les livres à ce double danger. Mais le luxe pénétra bientôt dans les reliures ; l'offrande d'un évangéliaire, d'un missel, d'un antiphonaire à une église, témoignait de la piété du donateur en proportion de la richesse du présent. L'offrande de si riches volumes ne se faisait pas sans éclat : le manuscrit était déposé sur l'autel principal de l'église ; une messe solennelle était célébrée à cette occasion, et le volume, après avoir été béni, même s'il renfermait un texte profane, était placé avec quelques cérémonies dans la bibliothèque ou le trésor de l'église. D'ordinaire une inscription à la fin de l'ouvrage mentionnait cette offrande à Dieu et aux saints du paradis. Il ne faut point s'étonner de l'empressement de l'Eglise à encourager ces sortes d'hommages où la littérature avait autant d'intérêt que la religion.

A toutes les époques de l'histoire on trouve la mention de certains manuscrits célèbres, et ces traditions font honneur aux siècles où elles sont nées. Ainsi au Ve siècle, saint Jérôme savait que Pamphile le martyr avait transcrit de sa main les œuvres d'Origène. Saint Ambroise, saint Fulgence, Alcuin, Hincmar copiaient eux-mêmes les livres les plus utiles ; et comme c'étaient des hommes très-savants, ils s'appliquèrent surtout à conserver ou à rétablir la bonne leçon des textes. Les capitulaires contre les mauvais copistes étaient alors souvent renouvelés, ainsi que ceux qui prescrivaient la révision de livres sacrés corrompus par de nombreux solécismes. On a parlé d'un texte d'Origène corrigé de la main de Charlemagne, à qui l'on attribue aussi l'introduction des points et des virgules dans les manuscrits. Les plus grands hommes de l'Eglise ne dédaignèrent point non plus une telle occupation ; les corrections étaient indiquées dans les interlignes, et les additions portées sur les marges.

Le manuscrit de Saint-Dié est un *in-folio maximo* sur vélin. C'est un graduel de la fin du XVe ou du commencement du XVIe siècle. Il provient du chapitre de Saint-Dié. Ce magnifique livre de 0m80 de haut sur 0m60 de large, sur velin de choix, contient à chaque page un grand nombre de tournures fleuronnées sur fond d'or bruni et d'autres à figures grotesques en miniature. Toutes celles qui joignent la marge sont ornées d'une bordure d'arabesques à rinceaux de couleurs rehaussés d'or. On y trouve vingt-deux grandes majuscules historiées de 0m16 sur 0m12 environ. Chacune d'elles est accompagnée d'une bordure en arabesques à fleurs, fruits, animaux, rinceaux, etc., encadrant toute la page sur 0m05 de large et comprenant des miniatures dont le sujet est analogue à celui qui est représenté dans le champ de la grande majuscule. On trouve au bas de ces pages, dans les arabesques, des armoiries qui sont celles du chapitre ou de quelques chanoines. Nous y avons notamment reconnu celles de Sainte-Marie-aux-Mines. Voici la nomenclature des miniatures : 1° Le roi David en prières, bordure à rinceaux ; 2° La nativité avec miniature représentant les bergers ; 3° Adoration des mages avec arabesques ; 4° Résurrection du Christ avec quatre miniatures qui représentent la rupture des portes de l'Enfer, les disciples au tombeau, la cène à Emmaüs, Jésus-Christ montrant sa place à Saint-Thomas ; 5° L'ascension, avec rinceaux ; 6° La Pentecôte, même bordure ; 7° La Sainte Trinité ; 8° Le Saint Sacrement ; 9° La Purification ; 10° L'Annonciation, toutes quatre avec bordures en arabesques ; 11° Saint Georges, bordure avec neuf miniatures, réprésentant divers martyres ; 12° Martyre de Saint Ferriol et Ferrution ; 13° Saint Deodat ou Saint Dié, six miniatures, représentant divers événements de sa vie ; 14° Naissance de Saint Jean-Baptiste, avec cinq miniatures, représentant ses prédications et son martyre ; 15° La visitation, avec deux miniatures, tirées de la vie de la Vierge ; 16° Saint Laurent ; 17° La mort de la vierge ; 18° Ses couches toutes trois avec bordures en arabesques ; 19° La dédicace des églises avec une série de dessins représentant le travail des mines et des forges dans les Vosges ; 20° La Béatitude céleste avec groupe des anges, archanges, etc. et toutes les puissances du ciel ; 21° Cinq miniatures représentant diverses scènes de la vie de la Vierge ; 22° Sainte Barbe avec quatre miniatures, représentant son martyre. Le caractère de ces peintures semble appartenir à l'extrême limite entre le moyen-âge et la Renaissance.

On trouve sur le même feuillet des formes architecturales des deux styles. Les personnages ont quitté les formes grêles et allongées, les visages sont traités dans le genre de la miniature ; les costumes sont du quinzième siècle, et tous les clairs rehaussés en or de coquille, tandis que les tournures sont en or bruni. Parmi les armoiries on trouve celles du chanoine de *Monachis* ou *Monachus*, dont le nom se retrouve sur quelques traités de droit achetés au quinzième siècle et celles d'un autre chanoine représenté agenouillé aux pieds de saint Laurent, l'armusse sur le bras et ayant à ses côtés son écusson, qui est d'azur, à un maillet d'or accosté des lettres L. et P. La première désigne sans doute le prénom Laurent et la seconde le nom propre. On trouve parmi les chanoines un Laurent Pilladius ou Pillart, auteur du poème de la Rusticiade composé en 1548 et dédié au duc de Lorraine. Mais les armes de la famille Pillart du nobiliaire de Lorraine sont différentes.

La reliure de ce superbe manuscrit est en basane avec garniture de cuivre et fermoir, portant les armes du chapitre.

La bibliothèque a exposé encore *un manuscrit* au sujet duquel nous trouvons les renseignements suivants que nous copions avec l'orthographe :

« *Horæ beate Marie Virginis secondù vsum Romanum... cum multis suffragiis et orationibus.* »

Ces présentes heures ont esté nouvellement imprimées à Paris par Germain Hardouyn, almanach de 1527 à 1541, petit in-octavo goth. de 9675 figures et encadrement sur bois. (Manuel du libraire et de l'amateur de livres, Paris, 1864, par Jacques-Charles Brunet, tome V, colonne 1641-42.)

A cette liste il faut ajouter, à la suite de l'Evangelière de Saint-Gozlin, un *manuscrit de la fin du quatorzième siècle*, reliure aux armes de Stanislas. — Un *manuscrit* avec miniatures, reliure aux armes de Stanislas et de Lorraine et reliures avec armoiries. — Un *manuscrit* à miniatures, à M. le docteur Herrgott. — Un *manuscrit allemand*, avec miniatures, armoiries et sceaux à M. de Testa. — Un *épitome* de 1623, à M. de la Salle, et enfin un très remarquable *Livre d'heures* manuscrit, à M. Chappuy.

Comme livre curieux, nous citerons : un *Livre avec reliure*, date de 1584, à M. Martin. — Un *Livre de prières*, de Marie Lecksinska, à M. le comte de Warren. — Un *Livre d'heures*, à M. Brackenhoffer.

XI

MÉDAILLES

Médailles.

L'OEUVRE DE SAINT-URBAIN.

Le mot *Médaille*, employé depuis la Renaissance pour désigner les *monnaies* antiques que l'on conserve dans les collections archéologiques, doit cependant être réservé pour exprimer l'idée particulière qui s'attache à certains monuments spéciaux, dénués de valeur vénale comme espèces courantes, et destinés à rappeler des événements historiques ou à retracer des portraits. —

Les Grecs n'ont pas connu l'usage des médailles ; leurs monnaies mêmes ne rappellent qu'indirectement les faits historiques. Chez eux, des individus de condition privée, des hommes d'Etat, des poètes, des artistes eussent été mal venus à essayer de mettre leur image dans la circulation publique. Les rois qui vinrent après Alexandre-le-Grand ne parurent d'abord sur la monnaie qu'avec l'addition de quelques symboles qui leur donnaient le caractère divin. Sous les empereurs romains, au contraire, il est incontestable que les *médailles* ont été en usage, principalement à partir du règne de Néron. Les pièces connues par les antiquaires sous le nom de *médaillons*, sont en général de véritables médailles ; cependant l'amour aveugle des séries complètes a fait ranger à tort dans cette classe des *monnaies* de grand module ; il appartient à la science moderne de faire justice de cette puérile fantaisie.

Vers la fin du IIIe siècle, les médaillons reçurent une plus grande dimension. Après Constantin et sous Justinien, les médailles atteignirent presque les limites du module possible. On en connaît qui ont près de 10 centimètres de diamètre.

Les médaillons romains étaient distribués comme pièces de plaisir, comme souvenirs de la faveur impériale ; mais il est aussi constant qu'ils servirent à orner les *phalères*, ces décorations militaires que le général distribuait sur le champ de bataille, haute distinction qui se trouve mentionnée dans les inscriptions tumulaires d'officiers et de soldats romains.

On frappa aussi au IV° et au V° siècle de grandes médailles à l'occasion de jeux, de courses, de représentations théâtrales. Le nom des vainqueurs du Cirque, des acteurs, des musiciens, celui même des chevaux qui avaient remporté un prix, s'y trouve inscrit.

Au moyen-âge, on fabriqua peu de médailles, à l'exception de quelques plaques métalliques portant des images de saints, et qui servaient d'amulettes ou d'attestation de pèlerinage.

Les premières médailles françaises que l'on connaisse appartiennent au règne de Charles VII; elles sont gravées dans le style des monnaies du temps, ont peu de relief et sont chargées de longues inscriptions en caractère gothique. Sous Louis XI et sous Charles VIII, la Renaissance des arts introduisit l'usage de médailles conçues dans le goût romain. Quelques-uns de ces monuments sont même très remarquables sous le rapport du dessin. Mais c'est surtout en Italie, vers le milieu du XV° siècle, que fleurit l'art de fondre et de ciseler les médaillons.

Vers le milieu du XVI° siècle, deux artistes de

Padoue, Alexandre Bassiano et Jean Cavini, s'associèrent pour fabriquer des médailles *frappées* à la manière antique. Il est évident qu'ils avaient étudié avec un très grand soin les procédés de gravure et de fabrication des Romains. Aussi parvinrent-ils à imiter les grands bronzes et les médaillons des empereurs d'une façon telle, que les collectionneurs s'y trompent encore souvent.

A quelques exceptions près, les médailles du règne de François Ier ne sont pas aussi belles que devrait le faire supposer l'amour de ce prince pour les arts du dessin. Sous Henri II on produisit quelques bons monuments numismatiques; mais le règne de ses fils donna naissance à des médailles d'une sécheresse misérable. Sous Henri IV on voit apparaître une série nombreuse de médaillons admirablement gravés par Dupré. La physionomie des personnages, les détails de costume, les types des revers sont traités avec une habileté, un soin, une harmonie, qui n'ont jamais été depuis égalés. Le mouvement imprimé par Dupré se continua sous Louis XIII et jusque sous la minorité de Louis XIV, grâce au talent de Warin dont les médailles sont extrêmement recherchées. Warin travailla aussi pour l'Angleterre à l'époque de Cromwell, et eut dans ce pays Simon pour successeur.

Les trois derniers quarts du XVIIe siècle nous

présentent une période continuellement décroissante pour l'art de la gravure en médailles. Le règne de Louis XIV vit apparaître les séries historiques de *module uniforme*, déplorable invention qui trouva des propagateurs dans toute l'Europe. Jusque-là les médailles avaient été produites par les artistes à des moments d'inspiration. Les suites uniformes froidement composées dans une intention purement historique, et avec la prétention de laisser à la postérité le souvenir de tous les actes du prince et de son gouvernement, furent la cause et l'occasion de la décadence complète de l'art.

Vers la fin du xviiie siècle, Gatteaux et Duvivier le père firent quelques bonnes médailles à l'occasion des premiers événements de la Révolution française ; mais bientôt après une foule de fabricants vulgaires inondèrent notre pays de produits numismatiques de la dernière barbarie. Le fer, le plomb et l'étain, le métal de cloche, étaient les matières le plus communément adoptées, et chaque jour voyait éclore quelque cliché informe chargé d'inscriptions sans orthographe.

Avec l'Empire on revint à la méthode des suites uniformes et de la numismatique officielle. Aujourd'hui encore le gouvernement et quelques associations qui font frapper quelques jetons, soutiennent à peu près seuls l'art de la gravure en médailles.

Au nombre de ceux qui ont illustré cet art figure notre compatriote Saint-Urbain très illustre au xvii° siècle.

Ferdinand de Saint-Urbain, célèbre graveur en médailles, naquit à Nancy en 1654, d'une famille anoblie par les ducs de Lorraine. Enthousiaste pour les arts, le jeune Saint-Urbain, semblable au Poussin et à Guercino, apprit sans maître le dessin et la peinture. Nancy ne lui offrant aucune ressource, il s'en alla chez un de ses oncles à Munich, en 1671, et là, s'étant lié avec plusieurs grands graveurs allemands, il apprit rapidement à manier le burin. Devenu habile, il parcourut l'Italie, visitant les académies afin de se fortifier, non-seulement comme graveur, mais encore comme peintre et comme architecte. Il vint à Bologne et la trouva veuve de ses grands Carrache, du Guercino, du Dominicain, du Guide : le style de Carle Maratti avait tout envahi, et ce fut peut-être cette décadence qui fit renoncer Saint-Urbain à la peinture. Il fut reçu membre de l'Académie, et le conseil de la Cité, en lui confiant la direction de son cabinet de médailles, le nomma aussi son premier graveur et son premier architecte. Depuis dix ans il remplissait ces fonctions lorsque le pape Innocent XI, ayant vu quelques-unes de ses médailles, le fit venir à Rome et l'investit des mêmes charges. A partir de cette époque il eut un *faire* plus habile, plus large, mieux entendu ; il exécuta un grand nombre de matrices d'une grande beauté, soit pour des jetons, des médailles ou des monnaies courantes ; M. Beaupré a réuni l'œuvre de ce grand artiste et possède les célèbres médailles d'Innocent XI et de Clément XI, qui sont des chefs-d'œuvre. Saint-Urbain conserva son titre sous trois papes : Innocent XI, Alexandre VIII et Innocent XII ; il devait rester à Rome, mais Léopold Ier, duc de Lorraine, voulut jouir du talent d'un artiste qui honorait si fort sa patrie. Ayant obtenu du pape, à force de sollicitations, la démission de Saint-Urbain, il le reçut avec une distinction infinie, lui fit des présents considérables et doubla le traitement qu'il avait jusqu'alors reçu des Bolonais et des papes. Pendant trente-cinq ans, Saint-Urbain grava pour ses souverains : ce travail forme une collection de cent dix médailles ou monnaies. Il avait commencé la suite des papes, qui resta inachevée. Les ducs de Lorraine furent plus heureux, et la leur est d'une grande beauté. Outre ces travaux considérables, il a exécuté cent vingt monnaies ou médailles pour immortaliser des événements remarquables, qui furent frappées, soit en Allemagne, soit en Lorraine ou en Italie. Plusieurs pièces d'un fini, d'un modèle précieux, d'un style ravissant, furent exécutées par lui pour les maisons d'Orléans, d'Espagne, pour des princes italiens, des cardinaux, des hommes illustres, et pour l'électeur palatin. Toutes les matrices sorties de son burin ont été portées à Vienne, où elles se voient dans le cabinet de l'empereur. La fortune et les honneurs sourirent constamment à cet homme célèbre : en 1735, Clément XII lui envoya les insignes de l'ordre du Christ, et le 11 janvier 1738, il mourut à Nancy, âgé de quatre-vingt-cinq ans. Il grava jusque dans ses dernières années, ayant conservé toutes ses facultés. Il s'était marié à Rome, en 1699, avec la fille d'un célèbre sculpteur du roi d'Espagne.

L'œuvre de Saint-Urbain se trouve presque complètement réunie dans la très intéressante collection de M. Beaupré. Voici la nomenclature des médailles exposées dans leur ordre de classement (Vit. XXXIII) :

Ire série. — *Ducs de Lorraine* :

Hugues, comte d'Alsace — Eberhard, comte d'Alsace — Adalbert, comte de Ségovie — Gérard II, comte de Ségovie — Albert.

Ces cinq médailles forment un groupe à part dans l'angle gauche supérieur.

Gérard d'Alsace — Thierry — Simon Ier — Mathieu Ier — Simon II — Ferry de Bitche — Ferry II — Thiébaut Ier — Mathieu II —

Ferry III — Thiébaut II — Ferry IV — Raoul — Jean Ier — Charles II — René d'Anjou — Jean d'Anjou — Nicolas d'Anjou — Ferry Ier de Vaudémont — Antoine de Vaudémont — Ferry II de Vaudémont — René II — Anthoine — François Ier — Charles III — Henry II — François II — Charles IV — Nicolas François — Charles V — Léopold.

La série est terminée par le médaillon dit des alliances orné au revers de trente-deux écussons couronnés. Cette médaille est un des chefs-d'œuvre de Saint-Urbain. Elle est placée au centre, contre le bord supérieur de la vitrine.

Trois médailles. — Nicolas d'Anjou — Nicolas de Vaudémont — François III.

IIe série. — *Médailles particulières de la Lorraine* :

Charles V. — Cinq médailles de Léopold avec divers attributs au revers ; une médaille de François III ; la duchesse douairière régente.

Jetons de Lorraine :

Charles V — Léopold Clément — François Etienne — deux médailles d'Elizabeth Charlotte.

IIIe série. — *Médailles pour les maisons de Bourbon-Orléans.* Ces médailles sont :

La princesse Palatine — La duchesse de Lorraine, fille de Madame — sept médailles du Régent avec attributs divers — Philippe V, roi d'Espagne.

IVᵉ série. — *Hommes illustres.*

Baglivus, professeur de chimie et de médecine à Rome au dix-huitième siècle — l'abbé Bignon — Cassini — Olivier Cromwell — Freind, médecin anglais — le cardinal Gossadin — Jean Guillaume, électeur palatin — Malfrighi — Marsigli — le cardinal Norris. — Deux médailles d'Odescalchi — Renaud, duc de Modène — Sbaralba professeur d'anatomie à Bologne.

Cette série est terminée par le portrait de Saint-Urbain, dont nous trouvons une épreuve en plomb appartenant à M. Martin et placée dans l'angle inférieur à droite de la vitrine VII qui contient aussi plusieurs autres médailles de Saint-Urbain.

Vᵉ série. — *Médailles des Papes.*

Ce sont : Saint-Pierre — Jean XXI — Boniface VIII — Benoit XI — Clément V — Jean XXII — Benoît XII — Clément VI — Innocent VI — Urbain V — Grégoire XI — Urbain VI — Boniface IX — Innocent VII — Grégoire XII — Alexandre V — Diverses médailles de Clément XI — Deux médailles de Clément XII.

VIᵉ série. — *Jetons de la ville de Nancy.*
— *Jetons divers.*
— *Monnaies.* — Innocent XII (neuf pièces) et Clément XI (une pièce).
— Coins divers.

16 Juillet 1875.

Nos lecteurs nous pardonneront-ils d'ajouter un dernier mot à notre trop longue énumération des œuvres remarquables réunies à l'Exposition de Nancy. Nous ne nous flattons nullement d'avoir offert au public un travail complet. Le titre même que nous avons voulu donner à ce travail indique suffisamment que, dès le début, nous ne nous sommes point dissimulé les difficultés de notre entreprise. L'utilité seule du but que nous nous proposions d'atteindre a soutenu nos efforts. Mais, aujourd'hui que nous sommes venu au moment de clore ce volume, l'insuffisance de nos recherches et les trop nombreuses lacunes qui subsistent dans l'ensemble de nos diverses appréciations nous rendent moins hardi encore que nous ne l'étions en écrivant les premières lignes de nos *Impressions et souvenirs*. S'il suffisait toutefois d'avoir été sincère pour être utile et d'avoir recherché la vérité à ses sources pour avoir droit à l'indulgence de ceux qui sont appelés à nous lire, nous nous sentirions quelque peu encouragé et soutenu par le soin que nous avons pris de n'étayer nos critiques que sur des documents historiques d'une incontestable valeur.

Aucun travail d'ensemble n'avait encore été publié sur l'art Lorrain — et le nôtre ne peut mériter ce nom. Mais il suffit que l'occasion nous ait été offerte de grouper dans un même volume les principales données scientifiques et historiques capables de jeter une lumière sur les œuvres de plusieurs de nos artistes pour que nous nous soyons empressé de profiter de cette bonne fortune.

Sans doute il est des noms que nous regrettons de n'avoir pu voir figurer dans ce noble rendez-vous des illustrations lorraines. Quand nous sera-t-il permis de compléter ce premier pas fait dans la voie des recherches artistiques et de joindre aux chapitres qui concernent nos sculpteurs Bagard, Cyfflée, Lemire, Adam, d'autres chapitres non moins intéressants sur l'œuvre des Bérain, des Callot, des Lamour, des Guibal, des Drouin, et de tant d'autres qui sont pour notre pays un honneur et une gloire ! Ce sera, s'il plaît à Dieu, la tâche que s'imposeront nos successeurs dans les expositions futures ; car nous ne pouvons nous résoudre à considérer celle-ci comme la dernière.

L'Exposition nancéienne, résultat magnifique en ce sens qu'il est la première manifestation d'un retour vers les grandes choses du passé, doit être à notre avis simplement envisagé comme un heureux essai dont le succès entraînera nécessairement d'autres tentatives de même genre, tentatives que l'expérience acquise rendra plus complètes et plus profitables.

Si cette pensée pouvait être favorablement accueillie nous émettrions ici même un vœu timide ; c'est que, le jour où de nouvelles expositions lorraines seraient résolues en principe, aux mêmes hommes qui ont partagé l'honneur et la fatigue d'une aussi magnifique entreprise ; aux mêmes hommes qui par l'étendue de leurs relations, et l'honorabilité de leur caractère ont su mériter la confiance des collectionneurs au point d'obtenir le déplacement momentané de tant de chefs-d'œuvre, fussent adjoints dan un tout autre but des spécialistes — et le pays n'en manque point — des archéologues, des artistes, de nombreux savants auxquels serait seulement réservé le travail de classification rationelle, dont le côté pittoresque souffrirait peut-être, mais dont l'histoire profiterait à coup sûr. Ainsi serait allégée la tâche formidable de dresser un inventaire de toutes ces richesses ; et, s'il nous était permis de pousser jusqu'au bout l'expression de notre pensée, nous dirions qu'à ce rôle de classificateurs, nous voudrions en voir adjoindre un autre : celui de monographes et d'historiens des principaux objets exposés.

Sans doute ce n'est là qu'un vœu timide — un rêve même aux yeux du plus grand nombre ; mais est-il pour cela tout à fait irréalisable ? Ne peut-il se faire qu'on adopte à Nancy la méthode si profitable qui a été suivie à Paris dans toutes nos grandes expositions ?... Ne peut-on livrer la classification des objets à un certain nombre d'érudits qui auraient pour mission, l'ordre étant une fois établi, de consigner les motifs de cet ordre dans une sorte de procès-verbal, et l'ensemble de ces documents réunis ne constitueraient-ils pas dans l'avenir une source précieuse de renseignements pour l'art lorrain ?

Ce projet, pour être difficile dans l'exécution, n'est point impraticable. A ceux qui en douteraient nous répondrons : cela peut se faire parce que cela s'est fait. Si une exposition rétrospective n'est point une véritable enquête sur le passé, où est le profit? et quelle est l'enquête qui ne donne lieu à aucun procès-verbal résultant de recherches contradictoires ?

Toutes ces réflexions se sont présentées naturellement à notre esprit lorsque, ayant entrepris, comme nous l'avons dit au commencement de cet ouvrage, d'établir un lien littéraire entre les diverses parties de ce grand tout artistique, nous nous sommes trouvé arrêté à chaque pas par l'insuffisance du temps, par le défaut de documents, par l'ignorance même des sources où nous pourrions vérifier le bien fondé de certaines traditions locales dont, jusqu'à présent, on s'est généralement contenté sur tout ce qui touche l'art lorrain. En présence de tant d'obstacles, nous nous sommes dit qu'un tel travail serait à coup sûr plus aisé et plus profitable si, autour de tous ces témoins muets de nos vieilles gloires disparues, venaient spontanément se grouper, unis dans un même désir, tous ceux qui peuvent leur rendre la vie de l'histoire ; tous ceux qui portent en eux plus qu'un simple intérêt de curiosité aux choses de la Lorraine ; tous ceux qui possèdent ce que l'on pourrait appeler la science du terroir ; combien plus faciles deviendraient alors les recherches ; combien plus rapides et plus certains les résultats ! L'Exposition cesserait d'être un stérile rendez-vous de tous ceux qui cherchent simplement dans la réunion des choses belles et anciennes, le banal attrait du clinquant, du pittoresque et du mystérieux. L'Exposition, si on lui donnait surtout une forme périodique — décennale par exemple — deviendrait un véritable foyer de progrès où chacun tiendrait à honneur d'apporter — mieux que le simple concours de sa bourse et de ses collections — celui plus précieux de son autorité, de ses lumières, et de sa science. La *chose* n'est rien par elle-même. C'est l'*esprit de la chose* qui est tout et qui donne à l'objet exposé une valeur relative mille fois supérieure à sa valeur intrinsèque. Or jusqu'à présent cet esprit — en Lorraine du moins — est le privilége heureux de quelques Sociétés savantes dont l'action est malheureusement demeurée presque nulle. Il faut que cet esprit se répande et porte au sein de nos masses la bienfaisante et salutaire action de la vérité et de la lumière. Il faut, et nous le demandons hautement sans préoccupation des personnes ni des choses, que, pendant qu'il en est temps encore, on pose des jalons pour nos Expositions futures afin qu'elles soient non-seulement belles — mais utiles. Il faut qu'à certaines heures les portes de l'Exposition soient grandes ouvertes aux enfants de nos lycées, aux classes supérieures de nos écoles, soit municipales, soit congréganistes ; aux corporations de certains genres de métiers, qui ne peuvent que trouver dans le spectacle des belles choses un encouragement moral dans la voie du travail. Pourquoi borner au public éclairé les bienfaits du beau ? N'y a-t-il donc là aucun enseignement pour nos jeunes apprentis, pour nos élèves de dessin, de sculpture, pour nos tourneurs en bois, nos ouvriers de toutes sortes, nos modeleurs en terre, nos ébénistes, nos graveurs, nos serruriers, tous ceux en un mot qui ont un double intérêt à connaître les glorieuses traditions de l'art Lorrain puisqu'ils sont les plus directement appelés à les perpétuer ?...

Peut-être alors, si ceux-là même qui ont eu l'honneur d'une telle initiative devenaient témoins des féconds résultats de leur œuvre, se sentiraient-ils entraînés à prêter une oreille plus attentive aux réclamations d'une voix qui s'élevait, voilà bientôt six ans, au sein de l'Académie de Stanislas, et qui joignait à l'autorité de la science théorique celle de l'expérience et du talent (1).

(1) M. Morey, discours prononcé à l'Académie de Stanislas, 1869.

Cet orateur après avoir rappelé l'institution à Nancy par Léopold d'une école des Beaux-Arts, à l'imitation de celle de Louis XIV à Rome, institution disparue vers la fin du dernier siècle, s'écriait :

« Une école des Beaux-Arts à Nancy ! mais, en vérité, Messieurs, si quelque chose étonne, ce n'est pas que nous en réclamions une, c'est que nous ne l'ayons point. Nulle ville en France n'a les mêmes droits que la nôtre à cet honneur. Et je ne conçois pas, disait un peintre célèbre à l'un de nous, il y a quelques années, qu'une institution de ce genre manque à la capitale d'un pays d'où sont venus tant d'hommes, tant d'œuvres illustres, que dans le monde des arts l'école Lorraine brillait au rang des plus fameuses.

« Je me résume, Messieurs, et je dis : Nos pères en s'adonnant à l'étude des beaux arts, en s'y livrant avec autant d'amour que de succès ont contribué pour une part considérable à la gloire de notre pays, à sa richesse, à sa prospérité ; suivons leur exemple ; créons comme eux une Ecole pour guider et instruire les jeunes générations. En présence de ces Facultés qui, depuis leur rétablissement, répandent un si vif éclat, redoublons non-seulement d'espérance et de vœux, mais surtout d'efforts actifs et de sollicitations pressantes, afin de populariser chez nous le culte de l'esthétique, ces principes éternels qui sont les puissants corollaires des lettres et des sciences. »

Depuis six ans les éloquentes réclamations de M. Morey n'ont point eu d'écho. Les désastres d'une terrible invasion ont mis à néant les plus brillantes et les plus généreuses espérances. Nancy s'est recueillie et son Exposition rétrospective, bientôt suivie de solennités non moins scientifiques semble seulement le réveil de sa grande âme courbée pendant trois ans sous le poids des plus amères infortunes. Nous sera-t-il permis, en saluant ce réveil, de nous unir par un dernier vœu aux justes réclamations de M. Morey. Metz et Strasbourg sont venus verser au milieu de notre population des trésors d'expérience et de lumière qui ne veulent que de nouvelles institutions pour se manifester et se répandre en vivifiant de leur féconde influence ce qui nous reste encore de notre chère Lorraine. Depuis trois ans de nouvelles Facultés se sont élevées ; la Science a obtenu son asile, l'Art n'aurait-il pas aussi le sien, où pourront se réfugier les plus chers souvenirs de notre patriotisme, les plus généreuses traditions de nos mœurs et de nos tendances locales ?... Dans un livre qui fut écrit voilà près de trente ans, alors que rien ne laissait pressentir un prochain cataclisme politique, une plume dont la vigueur n'a été ébranlée ni par l'âge, ni par nos révolutions successives, déplorait déjà dans ces termes le dépérissement des traditions locales, qui donne au génie d'un peuple sa force et sa dignité :

« Il faut être presque nonagénaire pour se rappeler distinctement le luxe et la majesté de Nancy capitale. Toutefois de pareils témoins respirent, et l'impression en subsiste chez eux. Un ancien jardinier du faubourg St-Pierre, par exemple — le sieur Grisou — en a la mémoire très présente. Il assistait, placé auprès de Bon-Secours, contre le mur des maisons qui forment actuellement la Collégiale, à l'une des entrées de Stanislas, venant de Lunéville en voiture découverte. Il a parfaitement le cortége devant les yeux. Il voit très bien la figure du dernier monarque Lorrain. Quelques années de plus et des vestiges auront disparu, et nulle trace vivante ne restera d'un grand et glorieux passé. Sur les lieux mêmes, une génération indifférente, dont les idées ne s'élèveront pas au-dessus de l'athmosphère des bureaux de sous-préfectures, aura pleinement oublié son ancienne illustration locale, les vertus et les hauts faits de ses frères, et comptera pour rien de sentir couler dans ses veines le sang de ces hommes généreux, dévoués, aimants, invincibles, qui résistaient, un contre dix, aux meilleurs soldats de l'Europe... et qui donnèrent à leur pays, — comme jadis les enfants de Lacédémone ou d'Athènes, mais beaucoup plus longtemps — une importance vingt fois supérieure à celle de son territoire. » (1.)

Cette citation est extraite d'un article qu'on lisait dans l'*Espérance* vers la fin de 1846, et qui vaait pour titre, *Les derniers Lorrains*. Bien que ces lignes n'aient point été signées, leur auteur — nous croyons qu'il existe encore — nous permettra de lui remettre respectueusement en mémoire cette prophétie un peu sombre qui s'échappait de son cœur, alors qu'il déplorait « la nationalité titulaire et jusqu'au rêve de la patrie évanouis avec Stanislas. » Sans doute depuis cette époque, les faits obéissant aux lois invariables de la nature, bien des prévisions du savant auteur de *Nancy* se sont réalisées. Le vieux jardinier du faubourg Saint-Pierre est mort ; l'incendie à emporté tout ou partie de ces murs de la Collégiale devant lesquels le pauvre homme contemplait le cortége de Stanislas; une génération nouvelle est venue (peut être même une génération de sous-préfecture) — tout cela est vrai. Mais, malgré l'oubli qui s'attache à la ruine, au renouvellement incessant des sociétés, quelque chose d'impérissable survit dans le cœur des générations présentes, quelque chose de généreux et de grand comme le respect du passé

(1) Voir M. Guerrier de Dumas, *NANCY, Histoire et Tableau,* 1847.

qui l'inspire. Ce quelque chose, c'est le vivace amour du sol natal dont le nom seul emplit l'âme de je ne sais quel feu soudain, mélange terrible d'amour de jalousie et de fierté. La Lorraine de 1875 ! Ce n'est point seulement pour le cœur de tous ceux de ses enfants qui pensent et qui réfléchissent les profondes impressions de la famille, les souvenirs bénis de l'éducation maternelle, les longues et chères contemplations des mêmes collines, des mêmes vallées, du même ciel. La Lorraine ! c'est aussi le culte des traditions généreuses, le pieux souvenir accordé aux récits vénérés, aux mœurs, aux coutumes des aïeux ; c'est le premier tressaillement d'un cœur de douze ans, sur une page glorieuse d'histoire, c'est l'enthousiasme d'un fils pour la race dont il descend, c'est le serment fait par les jeunes de sacrifier jusqu'à leur dernière goutte de sang pour protéger la tombe qui s'ouvre devant les vieillards et d'où la vue s'étend jusqu'aux horizons des prochaines frontières !.....

Non ! la grande âme de la Lorraine épurée par la douleur, est immortelle. Chacun de nous vient de la voir revivre dans cette éclatante manifestation de ce qu'elle a produit de beau et d'utile aux siècles passés. Mais ce n'est point assez que cette grande âme vive, il faut que sa vie se produise au dehors sous des formes variées ; il faut que, dans un même lieu — Ecole ou Conservatoire, — sous une direction puissante, soient concentrés les efforts de la jeunesse ouvrière, intelligente et laborieuse; il faut que Nancy, fécondée par la lumière des Lettres et des Sciences, emprunte aux splendeurs de l'Art un éclat qui ne laisse point périr dans son sein le feu sacré de l'enthousiasme ; c'est le libre vœu que nous tenions à honneur de former, avant de clore notre travail, heureux de penser que si ce vœu se réalisait, chacun pourrait puiser dans le souvenir de nos vieilles annales de gloire l'énergie et la volonté du progrès, et que les générations qui viendraient après nous resteraient dignes de celles qui les ont précédées !...

Matre pulchrâ filia pulchrior.

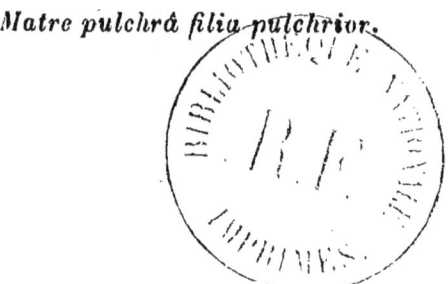

Nous avons cru devoir publier, pour rendre les recherches plus faciles, le plan de la salle avec l'indication des numéros de chaque vitrine, auxquels nous renvoyons nos lecteurs.

PLAN DE L'EXPOSITION

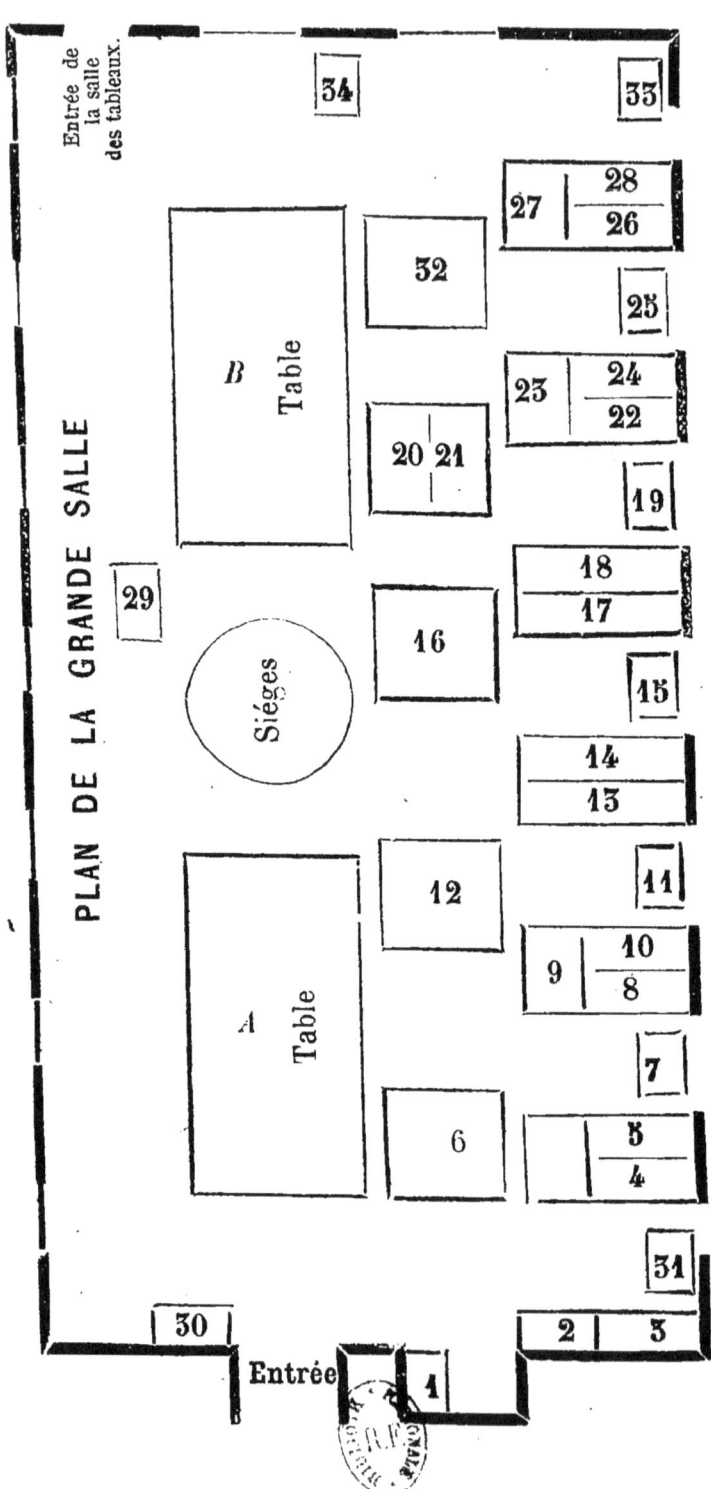

TABLES

TABLE DES MATIÈRES

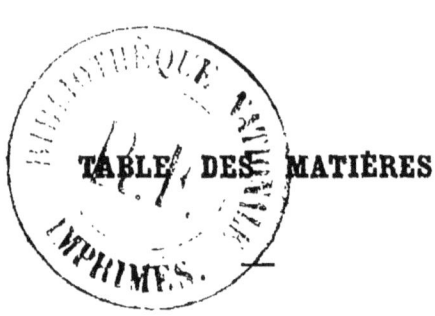

Avant-Propos	7
I. — **Meubles meublants**	16
II. — **Ivoires**	101
III. — **Émaux**	121
IV. — **Bois sculptés**	143
Bagard	150
V. — **Céramique**	188
FAYENCE. — Histoire générale	189
Tableau chronologique	200
Bernard Palissy	202
Nevers	206
Rouen	209
Moustiers	213
Marseille	214
Aprey	216
Bois d'Espence	217
Wegwood	217
Majoliques	219

Table des matières.

FAYENCES DE LA RÉGION DE L'EST	220
Strasbourg et Haguenau	220
Niederviller	230
Lunéville	238
Saint-Clément	246
Paul-Louis CYFFLÉE	261
LEMIRE (Charles SAUVAGE, dit)	293
CLODION (CLAUDE-MICHEL dit)	300
ADAM (Les)	308
FAYENCES ÉTRANGÈRES	318
Delft	318
Fayences allemandes	320
PORCELAINES. — Tableau chronologique	323
Sèvres	327
Vieux-Sèvres	332
Vieux-Saxe	335
Mennecy-Villeroy	341
Niederviller	342
Chantilly	343
Clignancourt	344
Frankenthal	344
Berlin	345
Rudolstadt	346
Hœscht-sur-le-Mein	347
Louisbourg	347
Kelsterbach	348
Nymphembourg	348
Stradfort-le-Bow	349

	Chelsea.	349
	Moscou.	349
	Vienne.	350
	Porcelaine d'Espagne .	350
	Zurich	351
	Porcelaines de Chine .	351
	Porcelaines du Japon .	359
VI.—	**Orfévrerie**	367
VII.—	**Bronzes**.	379
VIII.—	**Bijoux et Miniatures**.	387
IX.—	**Éventails et Dentelles**.	397
X.—	**Manuscrits et Reliures**	403
XI.—	**Médailles**	411
	Dernières réflexions	425
	Plan de la salle.	439
	Table des Matières.	441

TABLE DU VOLUME

SUIVANT L'ALPHABÉTIQUE DU NOM DES EXPOSANTS.

NOTE. — *Les noms indiqués sont ceux des propriétaires dont les objets sont mentionnés dans ce volume. Les chiffres indiquent les pages du volume.*

AERTZ . . . . , ... 161
AMANN 237
ARTAUD. 395
ASSONVILLEZ (d') 76 — 85 — 148 — 217. . 362
AUDIAT 91
AUGUIN 28
BALBATRE . — 38 — 83 — 136 — 385 — 394
BARBEY . . . . 84 — 400
BARBIER . . . . . 70 — 74 — 85 — 149 — 162
BATTA . . . . 284 — 332

BAUDOT (de) . . . . 52 — 54 — 299
BEAUMINY . . . . 299 — 395
BEAUPRÉ. . . . 56 — 69 — 85 — 89 — 112
   130 — 135 — 150 — 172 — 174 — 184 — 346
   384 — 385 — 390 — 391 — 395 — 421 — 422
   423
BEIDETRO 392
BERNAUER . . . . 42 — 53 — 184
BERTAUX . . 27 — 42 — 44 — 45 — 53
   69 — 111 — 113 — 116 — 134 — 135 — 210
   333 — 345 — 346 — 347 — 348 — 349 — 350
   351 — 358 — 377
BESVAL . . . , ... 35 — 277
BIBLIOTHÈQUE. . . . . 92 — 377
BLONDIN . . . . , ... 83 — 184
BONVIÉ . . . . 43 — 74 — 77 — 237
BOUCHOTTE. 27
BRACKENHOFFER . . 229 — 343 — 345 — 393
   394 — 395 — 512
BRAUX (de). . . . . 22 — 392 — 400
BRETAGNE. . . . 57 — 114 — 124 — 133 — 135
   170 — 172 — 173 — 174 — 390 — 392 — 393
   394
BRICE 358
BROISSIA . . . . 73 — 91
BRUNEAU . . . . 69 — 75 — 386 — 392
BUTTE 27 — 30 — 38 — 51 — 55 — 69
   71 — 87 — 111 — 112 — 114 — 116 — 136
   173 — 229 — 339 — 357 — 361 — 362
CAILLY 77

Table des matières.

CARCY (de)... 21 — 39 — 70 — 91 — 361
362 — 390 — 391 — 393 — 395 — 396
CHABON (de)...... 44 — 53 — 129 — 377
CHAPITRE DE LA CATHÉDRALE. 103 — 124
CHAPPUY................... 401
CHARLOT............... 281 — 285
CHERISEY (de)................ 363
COETLOSQUET (du) .. 33 — 80 — 129 — 136
COSTÉ..... 91 — 115 — 317 — 400 — 401
COTELLE .... 393 — 394
COURANT............ 392 — 400 — 401
DAGAND..................... 394
DAUZAS.................... 339
DAUVÉ. 25 — 38 — 53 — 207 — 210 — 211
213 — 216 — 230 — 319 — 320 — 351 — 358
DÉGLIN 51
DELCOMINÈTE .... 207 — 259 — 284
DENYS..................... 176
DEVILLY 392
DIETRICH (de)............... 79 — 162
DUPONT 21 — 27 — 31 — 43 — 70 — 74
211 — 229 — 307 — 332 — 357 — 361 — 363
392
DUMAST (de) .... 390 — 395 — 396
ESPÉE (de l')............... 73 — 330
EVÊCHÉ.................... 21
EGVILLY (d')................ 91
FABVIER .... 75 — 85 — 332
FABVIER (Mme)............... 71
FAIBVRE (Mlle). 71 — 73 — 85 — 334 — 362

Table des matières.

FAIBVREL. 395
FRANÇOIS 80
FRÉGEVILLE (de) 113
GALLÉ-REINEMER . . . . 205 — 320
GAILLIARD . . . . . . 43 — 46 — 51 — 400
GAUTHIER 114
GÉNY... 19 — 30 — 36 — 88 — 111 — 114
   116 — 145 — 150 — 160 — 162 — 167 — 170
   172 — 174 — 184 — 276 — 286
G. PICART. . . 46 — 72 — 237 — 284 — 298
   299 — 332 — 339 — 345 — 357 — 362 — 363
   375 — 376 — 377 — 396
GONTHIER 363
GOUGENHEIM . . . . 375 — 376
GOUY . . . . 162 — 385 — 386
HALDAT (de). . 27 — 39 — 44 — 46 — 51
   88 — 183 — 230 — 319 — 333 — 357 — 358
   362 — 385
HANNEQUIN . 71 — 113 — 212 — 216 — 219
HANNONCELLES (d') 196
HEMMERDINGER. . . 36 — 38 — 84 — 207
   219 — 320 — 324
HENRIET 394
HERBIN 207 — 208 — 212 — 319 — 320 — 391
HERRGOTT . . . . 52 — 412
HOSPICE SAINT-CHARLES. . . . . . 235 — 236
HUYAUX . . . . 279 — 314
IMHAUS . . . . 79 — 83 — 91 — 149
LAMBERT-LEYVILIERS. 40 — 47 — 339 — 378
LANDRES (baron de).. 184 — 212 — 216 — 331
   333 — 357 — 392 — 395

Table des matières. 451

LANDREVILLE (comte de) 299
LAPREVOTE. 41 — 42 — 124 — 148 — 362 — 384
LASALLE (de).   70 — 112 — 160 — 259 — 298
    332 — 357 — 363 — 391 — 394 — 395 — 412
LACOMBE (de). 391
LAVAL (de) 391
LEGAY . . . . 79 — 395
LIFFORT DE BUFFÉVENT. . 42 — 135 — 299
LIOCOURT (de). . . . . 78 — 87
LOMBARD 45
LUDRE (comte de). . .   20 — 46 — 56 — 63
    71 — 85 — 96
LUXER (de). 22
LUXER. 45 — 58 — 71 — 149 — 219 — 230
    299 — 320 — 332 — 344 — 345 — 358 — 362
MAIRIE (de Saint-Dié) 409
MAJORELLE 50
MANGIN . . . . 135 — 276
MANGIN (Ed.) 85
MARNÉZIA (Marquis de) . . . 36 — 71 — 77
    92 — 357 — 362
MARTIN. . . . 29 — 42 — 53 — 54 — 57
    70 — 71 — 74 — 89 — 108 — 113 — 128
    129 — 135 — 165 — 174 — 183 — 277 — 287
            299 — 312 — 314 — 395 — 412
MAURE. . . . . 296 — 299
MEIXMORON (de). . . 35 — 38 — 42 — 44
    45 — 51 — 70 — 89 — 107 — 108 — 115
    116 — 134 — 135 — 136 — 174 — 210 — 211
    219 — 237 — 278 — 299 — 315 — 320 — 332
            362 — 363 — 386 — 392 — 401

Table des matières.

MELIN. . . , ... 175
DE METZ . . . . 38 — 210
METZ (Ville de). . . . . 18 — 56 — 87
METZ (Mlle de). 401
MICHEL . . . . 53 — 113 — 217 — 345
MOREY   41 —   84 —   90 —   96 — 148 — 179
   277 — 278 — 279 — 282 — 283 — 285 — 286
   307 — 314 — 315 — 385

MUSÉE LORRAIN 96
NOEL. . 29 — 31 — 39 — 89 — 91 — 92
   115 — 211 — 214 — 259 — 288 — 278 — 299
   317 — 320 — 358 — 362 — 391 — 392 — 400
PERCEVAL (de) 31 — 35 — 39 — 53 — 333
   391 — 392 — 394

PETITJEAN. 78
QUINTARD . . 124 — 130 — 174 — 276 — 299
   384 — 390 — 392

REIBER (Mme). 170
RENAUD. 219
RIOCOURT (de) . . . . 89 — 96 — 112
RICAUMONT (de) 391
ROLLAND (de Malleloy) 333
ROLLIN (Mlle) . 27 — 38 — 46 — 80 — 90
   116 — 172 — 173 — 206 — 211 — 214 — 218
   299 — 315 — 317 — 319 — 320 — 345 — 357
   358 — 361 — 362
ROQUEFEUIL (vicomte de) . . 357 — 358 — 363
ROUSSET 150
SALADIN (baronne). . . . . . . 52 — 157 — 333
SCITIVAUX DE GREISCHE (de) . . . 31 — 34

36 — 39 — 44 — 56 — 69 — 72 — 79 — 89
91 — 96 — 116 — 135 — 150 — 183 — 333
SAINT-PAUL (de)................ 70
SAINT-REMY .... ¡ .... 298 — 311
SOGNIES...................... 91
THILLOY ..., ... 74 — 346
TESTA (de) 412
VEHRLE...................... 392
VILLEMIN..................... 57
VOIRIN .... · 339
WALTER...................... 392
WARREN (comte de)........... 57 — 412
WELCHE .... 361 — 391 392
WELSCH...................... 42

TABLE DU VOLUME

PAR NUMÉROS D'ORDRE DU CATALOGUE.

Note. — *Les numéros du catalogue sont ceux qui sont inscrits sur les objets, dans la salle d'exposition.*

Nos du Catalogue	Pages	Nos du Catalogue	Pages
6	91	21	92
12	89	22	92
13	89	26	18
14	89	27	156
15	89	29	115
16	84	33	91
18	27	37	85
19	27	38	92
20	43, 84	39	92

Table des matières.

Nos du Catalogue	Pages	Nos du Catalogue	Pages
40	92	120	75.362
41	113	125	75
55	115	126	74
56	89	127	74.128
61	1	129	116
63	170	130	219
66	170.173	131	312
71	90.148	132	74
72	135	133	74
73	162	134	74
80	157	136	73.330
81	136	138	74.346
87	184	139	72.150.183
92	80	140	73
93	80	141	73
94	33.83.184	145	71
96	79	146	71
97	83	147	71
98	83	150	19
99	79.395	151	69
100	79	154	170
101	78	155	170
102	77.362	156	157
105	77	158	70
106	83	160	299
108	178	161	69
110	76.150	162	69
115	76.362	163	171
116	77	167	70

Table des matières.

Nos du Catalogue	Pages	Nos du Catalogue	Pages
168	170	210	
169	71	212	56
170	69	213	70
171	69.136	215	70.362
172	69	216	55
174	71	219	57
175	71	220	57
176	219	221	51
178	31	223	51
179	70.172	225	43.51
180	58.149	227	46
182	362	228	46
183	70.362	230	45
186	57	231	45
187	71	232	45
189	112.72	233	45
190	91	234	45.157
191	111.72	235	44.357
192	57	236	44
194	70	237	44
195	70	238	46
196	57	239	46
197	135	240	45
200	96	241	45
202	63	242	44
303	63	243	43.135
207	377	244	43.357
208	56	245	144
209	56	246	144

Table des matières.

N.os du Catalogue	Pages	N.os du Catalogue	Pages
247	45	278	38
248	45	282	38
249	46	283	38
250	46.362	284	145
251	46.262	285	38
252	42.46	286	38
254	47	287	38
255	46.51	288	38.262
256	51	289	38
257	51	290	38
258	52	292	31
259	42	293	31.35
260	42.299	294	36
261	42	295	36.320
263	42	296	36
264	41.148	297	36
265	42	298	30
266	42.165	299	30
267	42	300	35
268	42	301	30.276
269	39	302	31
270	39	303	31
271	39	304	35.183
272	39	305	35
273	39	309	35.299
274	39.357	310	31
275	40	311	31
276	41.148.362	312	34.150.31
277	42	313	34

Table des matières.

N°˚ du Catalogue	Pages	N°˚ du Catalogue	Pages
314	27	356	357
315	34	363	299
317	28	366	385
318	29	367	385
319	29.183	370	284
320	29.183	371	116
325	25	374	167
326	27 113	376	385
327	27	377	88
328	116	382	85
329	116	383	385
330	27	384	36
332	27	386	87
333	27	387-388	385
335	27	389	88
337	29	391	162
340	21	394	385
341	21	395	385
342	19.150	396	385
343	20	397	385
344	21.362	401	135
345	21	402	135
346	362	405	87
350	85	406	314
351	143	407	314
352	315	408	337
353	363	410	85
354	363	413	82
355	357	416	84

Table des matières.

Nos du Catalogue	Pages	Nos du Catalogue	Pages
427	184	466	386
430	219	467	386
436	279	468	314
437	229	469	314
450	357	470	314
451	229	471	314
452	378	472	314
453	277	475	296
455	211	476	296
460	277	486	85 119
463	85	508	179
464	85	509	176

Table des matières.

VITRINES

NOTE. — *Les chiffres romains indiquent les numéros des vitrines; les chiffres arabes indiquent les pages.*

I.

II.
111 — 115 — 116 — 167 — 184

III.
89 — 211 — 278 — 281 — 285 — 298 — 339 — 345

IV.
89 — 207 — 213 — 319 — 351

V.
89 — 284 — 298 — 332

VI.

VII.
108 — 112 — 113 — 114 — 135 — 160 — 384

VIII.
69 — 278 — 279 — 298 — 307 — 314 — 315

IX.
89 — 339

X.
173 — 208 — 319 — 361

XI.
114 — 130 — 172 — 173 — 174 — 339

XII.
103

XIII
91 — 259 — 276 — 346 — 347 — 350 — 351

XIV.
112 — 259 — 319 — 332 — 358 — 432

XV.
112 — 174 — 412

XVI.
91 — 287 — 390 — 391 — 392 — 393 — 394 — 395 — 396

XVII.
91 — 237 — 259 — 278 — 298 — 299 — 345 — 358

XVIII.

91 — 119 — 206 — 320 — 332 — 347 — 348 — 349 — 358 — 361 — 384 — 386

XIX.

124 — 129 — 133 — 134 — 135 — 136 — 205 — 265

XX.

361 — 384

XXI.

111 — 112 — 172

XXII.

320 — 332 — 333 — 344 — 345

XXIII.

91 — 396

XXIV.

307 — 219 — 331 — 332 — 333

XXV.

160 — 167 — 170 — 171 — 172 — 174 — 175.

XXVI.

91 — 333 — 334

XXVII.

375 — 376

XXVIII.

230 — 333 — 357 — 375 — 376

XXIX.

299

XXX.

30 — 219 — 286 — 333 — 339 — 348 — 349

XXXI.

XXXII.

400 — 401

XXXIII.

421 — 422 — 423

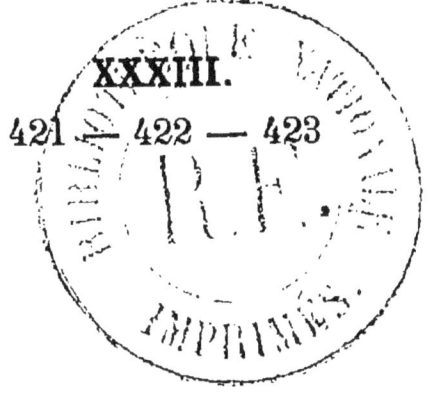

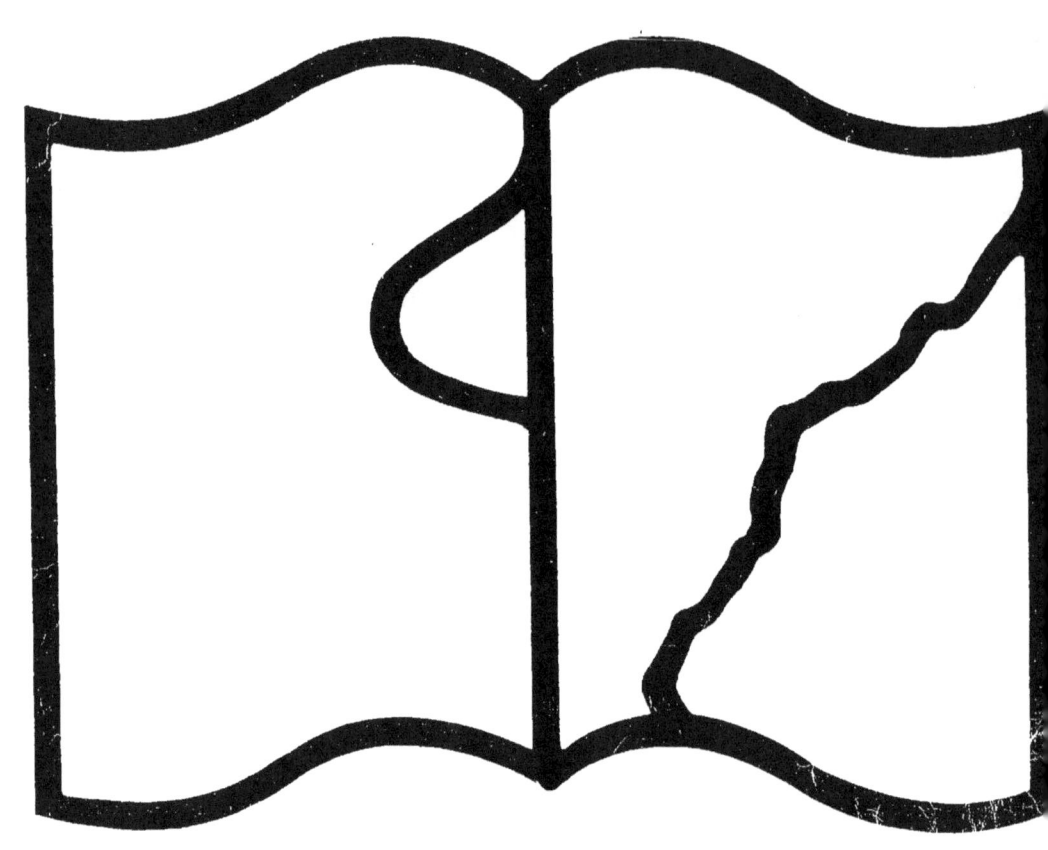

Texte détérioré — reliure défectueuse

NF Z 43-120-11

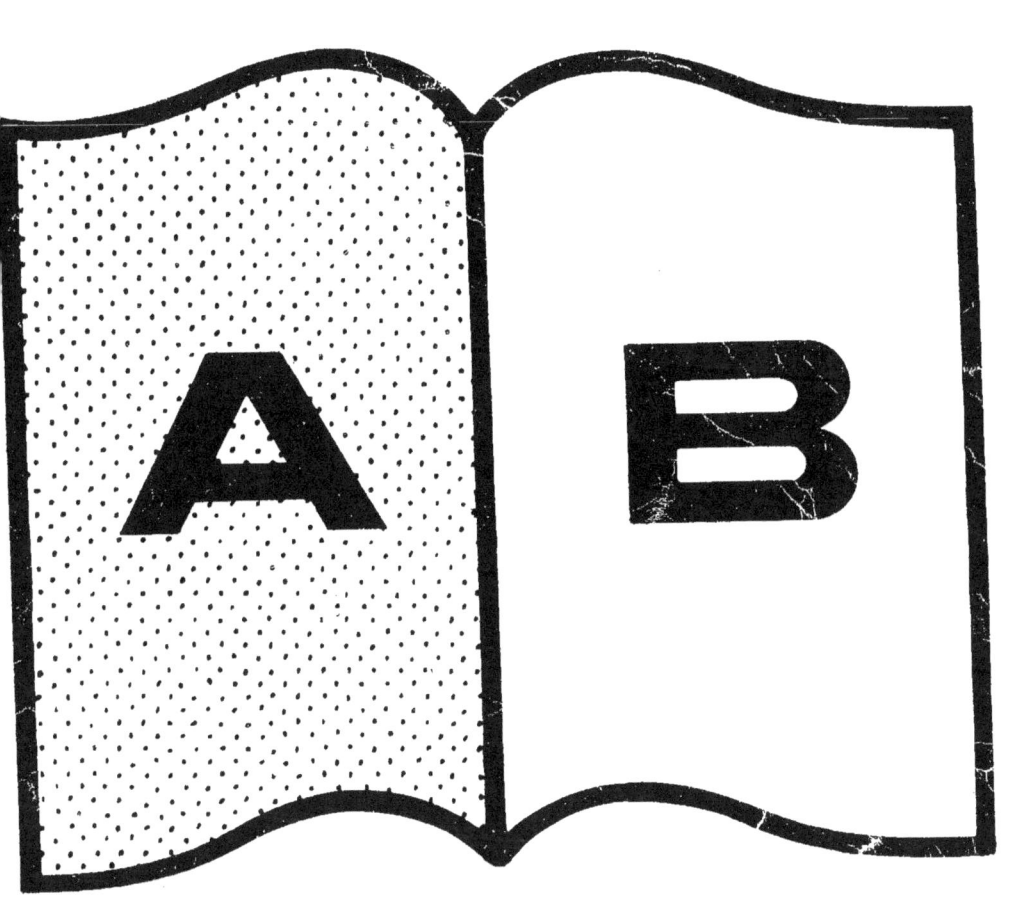

Contraste insuffisant

NF Z 43-120-14

www.ingramcontent.com/pod-product-compliance
Lightning Source LLC
Chambersburg PA
CBHW052233220526
45471CB00001B/27